नयी कविता का आत्मसंघर्ष

नयी कविता का आत्मसंघर्ष

गजानन माधव मुक्तिबोध

राजकमल प्रकाशन

ISBN : 978-81-7178-865-1

मूल्य : ₹695

संशोधित एवं परिवर्द्धित रूप में पहला संस्करण : 1983
छठा संस्करण : 2018
पहली आवृत्ति : 2022

प्रकाशक : राजकमल प्रकाशन प्रा.लि.
1-बी, नेताजी सुभाष मार्ग, दरियागंज
नई दिल्ली-110 002

शाखाएँ : अशोक राजपथ, साइंस कॉलेज के सामने, पटना-800 006
पहली मंज़िल, दरबारी बिल्डिंग, महात्मा गांधी मार्ग, प्रयागराज-211 001
1, अनमोल सोराबजी संतुक लेन, धोबी तलाव, मरीन लाइंस, मुम्बई-400 002
वेबसाइट : www.rajkamalprakashan.com
ई-मेल : info@rajkamalprakashan.com

मुद्रक : राजकमल प्रेस
नई दिल्ली-110 002

NAYI KAVITA KA AATMA SANGHARSH
Criticism by Gajanan Madhav Muktibodh

मेरी ओर से

मेरे पिताजी स्व. गजानन माधव मुक्तिबोध की प्रस्तुत पुस्तक 'नयी कविता का आत्मसंघर्ष' के इस नये संस्करण में पच्चीस निबन्ध हैं। इनमें से आठ निबन्ध पहले 'नये साहित्य का सौन्दर्यशास्त्र' में संकलित थे, जिन्हें विषयानुसार अधिक संगत मानते हुए अब इस पुस्तक में रखा गया है। इसी प्रकार इसके पूर्व प्रकाशित संस्करण से कुछ निबन्ध 'समीक्षा की समस्याएँ' तथा 'नये साहित्य का सौन्दर्यशास्त्र' नामक पुस्तकों में सम्मिलित कर दिये गये हैं। इसलिए एक बड़ी हद तक यह पुस्तक परिवर्तित रूप में पाठकों के सामने आ रही है।

यहाँ इस पुस्तक में प्रयुक्त कोष्ठकों के बारे में कुछ स्पष्टीकरण आवश्यक है। 'मुक्तिबोध रचनावली' के सम्पादन के दौरान ऐसी अनेक समस्याएँ सामने आयीं कि जहाँ मुद्रित सामग्री में ही नहीं, पिताजी की हस्तलिखित पाण्डुलिपि में भी शब्दों की छूटें मिलीं, जिनके कारण सम्बद्ध वाक्य का अर्थ स्पष्ट नहीं होता था। अत: रचनावली का सम्पादन करते समय श्री नेमिचन्द्र जैन ने कुछ शब्द जोड़ने की ज़रूरत महसूस की। लेकिन पाठकों को मालूम रहे कि ये शब्द सम्पादक द्वारा जोड़े गये हैं, जिन्होंने यह उचित समझा कि ऐसे अंशों को बड़े कोष्ठकों [ ] में रखा जाये और वही रूप इस पुस्तक में स्वीकार किया गया है। मुक्तिबोधजी ने अपने लेखन में सर्वत्र छोटे कोष्ठक ( ) का इस्तेमाल किया है।

—रमेश मुक्तिबोध

अनुक्रम

मानव जीवन-स्रोत की मनोवैज्ञानिक तह में

जगत् और जीवन में अन्तर इतना! मनुष्य की अपनी आन्तरिक मौलिक प्यास क्या यों ही अँधेरे में रह जाए सिसकती-सी? क्या यह जगत् केवल बाज़ार की सड़कों पर घूमनेवाले, ख़रीदने के लिए आतुर जन-समुदाय या सरकारी दफ़्तरों में बैठनेवाले कृत्रिम महान मनुष्यों तक ही सीमित है? इनसे बाहर, इनसे परे, क्या जगत् का फैलाव नहीं है? फिर क्यों है यह जगत् और जीवन का विरोध?

जब जीवन की वेदना और उसकी शक्तिमान विश्वस्त प्रसन्नता अगाध हो जाती है, तभी वह सम्पूर्णता का क्षण आता है, जिसके सामने जगत् एक विरोधी भीत के समान पड़ा न रहकर धूल के कण के समान नम्र हो जाता है।

यह सच है कि जीवन की कुछ ऐसी गहरी अनुभूतियाँ होती हैं जो कभी भी प्रकाश में नहीं आ पातीं। आ नहीं सकतीं। उन पर व्यावहारिक जगत् की कुछ ऐसी बन्दिश और क़ैद होती है कि उनका प्रकटीकरण सामाजिक अशोभनता की सीमा छू आता है। हमारे समाज में पुरुष-स्त्री से कुछ अधिक स्वतंत्र होने के कारण अपने हृदय को मुक्त रखने में अधिक सफल होता है, परन्तु स्त्री कौटुम्बिक सामाजिक बन्धनों और संसारात्मक व्यक्तिगत रुकावटों की चट्टानों से टकराकर अपनी बेबसी के अँधेरे में बिलख पड़ती है, रो पड़ती है। यह उसकी काव्यात्मकता एक बहुत बड़ी हद तक सामाजिक अनौचित्य से उत्पन्न हुई है। परन्तु, फिर भी ऐसी अनुभूतियाँ स्त्री-पुरुषों में रह ही जाती हैं जिनकी अभिव्यक्ति के मार्ग बन्द हैं। पुरुष अपने परमप्रिय मित्र से भी, फिर स्त्री का क्या सवाल, अपने व्यक्तित्व की ऐसी बाज़ुएँ बचा जाता है, अपने अनजाने ही, कि उनका पता स्वयं उसको भी ठीक-ठीक नहीं हो पाता। व्यक्ति अपने-आपमें पूर्ण (whole) है, अलग है और यह अलगाव, पूर्णता ही उसे दूसरों से अलग रखती है, जुदा रखती है, कि कहीं वह अपने व्यक्तित्व को विसर्जित न कर दे, उसको हार न बैठे।

ये अज्ञात-कारण भावनाएँ मनुष्य के मनोलोक में कम्पन पैदा किया करती हैं। इन्हीं स्रोतों के आस-पास, कभी-कभी, उसके जीवन का तत्त्व इकट्ठा होने लगता है। और हम देखते हैं कि उसके व्यवहार में विशेषता या वैचित्र्य प्रकट होने लगता है। यह क्यों है, ऐसा क्यों? यह प्रश्न जीवन के सारे व्यथित प्रवाह की ओर संकेत

करता है, उसको उघाड़ा करने के लिए, नग्न करने के लिए। इन बातों को अलग छोड़कर हम देख पाते हैं कि कभी-कभी, यदि मनुष्य सावधान कलाकार हो, या चतुर आत्मविश्लेषक हो, तो वह इन स्रोतोमयी अनुभूतियों से सचेत हो जाता है, और उनको जगत् के सन्दर्भ से देखकर उन्हें मान्य करने की अधीर आकुल चाह से पीड़ित हो उठता है।

यह एक बड़ा ही अजीब दृश्य है कि कई सुन्दरतम् अनुभूतियाँ विविध नर-नारियों के मन में गुप्त रह जाती हैं। उनका कोई प्रकाश विश्वात्मक तौर पर हो ही नहीं पाता। यह वैयक्तिक आगे व्यक्ति के साथ ही समाप्त हो जाती है। और वे अनुभूतियाँ ऐसी होती हैं जिनके एकत्रीकरण से सर्वोत्तम विश्व-साहित्य तैयार हो सकता है। साधारण मनुष्य जिसके पास क़लम का ज़ोर या वाणी की प्रतिभा नहीं है, और न विश्वात्मक तरीक़ों का माद्दा है, इस विषय में बहुत अधिक दुर्भाग्यशाली है, क्योंकि उसकी अभिव्यक्ति का मार्ग रुका हुआ है।

इस विशाल जड़ीभूत, पूँजीभूत संसार में गति का एक कम्पन, रेगिस्तान से निकलनेवाले छोटे-से चश्मे की भाँति, अनायास होते हुए भी अपने लघु अस्तित्व की दीवारों में घिरा होने के कारण, अपने-आपमें ही जीकर ख़त्म हो जाता है, जिस तरह मध्य एशिया से तारीम नदी एक विशाल निर्जल कन्दरा से निकलकर तिब्बत के शुष्क प्रदेशों में अपने शोचनीय अस्तित्व को वहन करती हुई एक नमकीन, कड़ुल, रेगिस्तानी झील में डूबकर ख़तम हो जाती है। यह सोचना ग़लत है कि साहित्यकार, वैज्ञानिक तथा अन्य कलाकारों को छोड़कर, अनुभूति साधारण जन-समुदाय में हो ही नहीं पाती। अनुभूति-क्षमता मानव-जीवन की विशेषता है। हृदय के निबिड़तम कोनों में से जीवन का बलवान प्रवाह इन्हीं भावनानुभूतियों के रूप में द्विगुणित होता है, तीव्र हो पड़ता है। व्यक्तित्व का विकास भले ही अन्तर्बाह्य संघर्ष से हो, परन्तु, फिर ये अतृप्त अनुभूतियाँ, यहाँ जीवन की स्वाभाविक रीति से बहने की प्यास, जीती ही रहती है, जागती ही रहती है। ऐसी अतृप्त सम्पन्न भावनानुभूतियों का कोष भारतीय नारियों के मन के अपने कोने में पड़ा ही रहता है, सड़ा ही करता है। भारतीय स्त्रियाँ जो अपने अनजाने प्रेम कर लेती हैं, एक दो होती हैं। क़रीब-क़रीब शेष अपने पति के घर को अपनी आत्मा से स्निग्ध करने की चेष्टा करती हैं। परन्तु पति जो मूर्तिमान बाह्य है, उसकी अन्दरूनी हक़ीक़त से बहुत कम वाकिफ़ होता है। स्त्री ठुकराई जाती है, जाने-अनजाने। फिर वह अनुभूतियों का कोष, जीवन के उदग्र प्रवाह की अभिव्यक्ति होने की विलासमय लालसा, दब जाती है, या दबाई जाती है। तो, ये सम्पन्न भावनानुभूतियाँ स्त्री-पुरुष सबके मन में होती हैं। उनके अनुसार अपने जीवन का निर्माण तो क्या, उनकी अभिव्यक्ति का पता ही नहीं होता।

जैसे अमावस्या की रात।

एक काफ़ी अच्छे और प्रसिद्ध समलोचक ने कहीं एक जगह लिखा कि वे उन एकान्त भावना-विश्लेषण में रस नहीं ले पाते जिन्हें मनोवैज्ञानिक कलाकार खोज-खोजकर सामने रखता है। उन भावनाओं की ऐकांतिकता के प्रति उन्हें अरुचि है। जो हो, अनुभूति, क्रिया-प्रतिक्रियात्मक मनोविकार और भावनाओं से जुदा, जीवन की गुप्त प्यास के अनेक प्रकट रूप हैं—जहाँ जीवन विकसित, तन्मय और प्रतिफलित होना चाहता है, वस्तु-जगत् पर अपना एकाधिकार चाहता है, जिस पर वह खुलकर बह सके, फैल सके। वह उस पर अपना अबाध प्रसार चाहता है। अनुभूतियाँ निबिड़ अन्तर्लोक में प्रवहमान, जीवन के निर्झर स्रोत हैं, जहाँ से जीवन का चश्मा निर्मल बहा करता है बहने के लिए, फैलने के लिए—वह जीवन जो अन्धकारमय अन्तर-कन्दराओं में से गुप्त बहता हुआ अनुभूति-द्वारों से ऊपर की सतहों पर आ जाता है; चेतन मन में अपने अबाध आकुल उत्साह से फट पड़ता है।

अब तक हमारी सभ्यता इस विकासमूलक प्रसरणशील प्यास को समझ नहीं पाई है। यही कारण है कि आजकल के व्यक्ति बहुत अधिक अंशों में degenerate, गतप्रभ और यांत्रिक होते चले जा रहे हैं। उनमें की विकासधारा को दबा दिया गया है। समाज की मशीन में सामान्यता के सिक्के तैयार होते हैं। यह सामान्यता आजकल का मापदंड हो गया है।

परन्तु एक जीवन का कलाकार अपने आसपास, व्यक्तियों के खँडहरों को देखकर स्वयं को अति-मानव देख पड़ता है। अपने राक्षसीय दीर्घ पैरों से उन खँडहरों को लाँघता हुआ एक नवीन मूल्य-स्थापना, एक नूतन व्यक्ति-प्रतिष्ठा की टोह में निकल पड़ता है, अपार आकाश के नीचे, सुदीर्घ फैली हुई पृथ्वी के बृहद वक्ष पर! जीवन की प्रवहमान दुर्दम आकांक्षा से प्रेरित यह मानव-मन उत्कट हो पड़ता है, तन्मय हो जाता है, आत्मविस्मृत हो जाता है, अपने ही सृजन में, अपने ही युद्ध के, नाश के, प्रेम के, आवेशमय अत्युच्च बिन्दु पर। यह जड़-चेतन का युद्ध हमारी सारी नीति की मूल धारणा, और जीवन का तल्लीन सृजन-क्षण हमारे सारे अध्यात्म का मूल आधार है।

[आगामी कल : फरवरी, 1942 में प्रकाशित]

साहित्य में व्यक्तिगत आदर्श

व्यक्ति प्रकृति की विराटता अपने अन्दर भी बन्द किये है। प्रकृति की क्रियमाणता उसके अन्दर भी चल रही है। प्रकृति का खेल इस लघु विराट से बृहत्तर विराट के मेल में ही चलता और फलीभूत होता है।

प्रकृति के इस खेल में ही संघर्ष है। प्रकृति स्वयं वस्तु बनकर आत्मा को धक्का देती है। आत्मा धक्के खाकर अपने रूप को परिवर्तित करती है। व्यक्ति, समाज और समाजोत्तर प्रकृति, तीन हिस्से हैं। व्यक्ति के लिए समाज एक परिस्थिति है; दूसरी, समाज-बाह्य प्रकृति। समाज के लिए केवल समाज-बाह्य प्रकृति एकमात्र परिस्थिति है। और प्रकृति इन तीनों को अन्तर्भूत करती है। उसकी क्रियमाणता इन तीनों के परस्पर द्वन्द्वों के द्वारा चला करती है। व्यक्ति और समाज के द्वन्द्व के मूल और अन्त में समन्वयात्मक एकता है।

साहित्य इसी अन्त:स्थित समन्वयात्मक एकता का रूप है। व्यक्तिगत स्फूर्ति का मूल है यही समन्वयात्मक एकता। स्फूर्ति का अभिव्यक्ति-प्रयत्न एक साक्षात् द्वन्द्व है। यही साहित्य-मनोविज्ञान का द्वन्द्ववाद है। इसीलिए कलाकार की लेखन-स्फूर्ति के आधार—वे तत्त्व जो उसकी सृजन-भूमि हैं, जिसकी एकीकृत अभिव्यक्ति वह चाहता है—से अलग उसका अभिव्यक्ति-चित्र पाता है। सृजन-भूमि के तत्त्व जो कि स्फूर्ति के द्वारा अभिव्यक्त होने पर वैसे नहीं रह पाते, बल्कि कुछ अलग विशेष हो पड़ते हैं। कलाकार स्वयं अपने को उस अभिव्यक्ति-चित्र में नया देखता है।

साहित्य वह समन्वय है जिसकी रूप-रचना का आकार व्यक्तिगत शक्ति से बना होकर भी जिसके तत्त्व सामाजिक हैं। जिसके तत्त्व समाज-प्राप्त होकर भी वैयक्तिक शक्ति से शरीर-प्राप्त हैं। साहित्य आत्मा की संस्कृति है, और आत्म-संस्कृति समाज की अन्तश्चेतना है। आत्म-संस्कृति के माध्यम से ही समाज की अन्तश्चेतन चेतना विकसित होकर अभिव्यक्त होती है। केवल संस्कृति समाज-चेतना है और आत्म-संस्कृति समाज की अन्तश्चेतना।

समाज की अन्तश्चेतना के माध्यम से, आत्म-संस्कृति के मार्ग के द्वारा ही प्रकृति की विकास-तृषा साहित्य में अपनी अभिव्यक्ति और पूर्ति प्राप्त करती है। परिणामत:,

साहित्य में विशाल समन्वय होने के बाद भी उसकी व्यक्ति-रूपता रक्षित रहती है। प्रकृति अपने Species के द्वारा ही अपनी गति जारी रखती है। अत: विशालतम समन्वय में भी व्यक्ति की छाप घनी रहती है। यह सब इसलिए होता है कि व्यक्ति की इकाई के बग़ैर समन्वय-स्थिति असम्भव है।

अत:, साहित्य जितना भी ऊँचा होगा, उतनी ही व्यक्ति-विशेषता भी अपने सम्पूर्ण निजत्व के साथ प्रकट होगी। व्यक्ति के अन्दर जितनी भी प्रकृतियाँ हैं, वे उसकी तृषाओं के अनुसार ही आगे बढ़ती और परिपूर्ण होती हैं। अत: और अन्तत: व्यक्ति इन्हीं आत्मतृषाओं की पूर्णतम अभिव्यक्ति के लिए अपने से और बाह्य से लड़ता रहता है। परिणामत:, चाहे जितना भी वस्तुतथ्यात्मक वह हो ले, उसके आन्तरिक व्यक्तित्व की माँग ही उसे मूल में मिल जाएगी। परन्तु यह आत्म-तृषा समूह उस वर्ग का अभिन्न अंग होगा जिसका प्रतिनिधि होकर कलाकार अपनी बात कह रहा है, कि जिस वर्ग में उसकी आत्म-तृषाओं की परिपूर्णता की आशा है, क्योंकि अपने को इनकार करके वह उस वर्ग-विश्व को इनकार करता है। अपने को इनकार करके मनुष्य विश्व को इनकार करता है, जिसमें साहित्य भी शामिल है।

कलाकार का व्यक्तित्व उसके सामाजिक अर्थ में सामाजिक तत्त्वों से बना हुआ है। परन्तु मेरे प्रस्तुत विषय के लिए मुझे उसका मनोवैज्ञानिक विश्लेषण करना ज़रूरी है। अतएव मैं केवल उसकी निराली व्यक्ति-मनोरचना की गतिमान शक्तियों का, जो कि साहित्य में अभिव्यक्त होती हैं, अंकन करना चाहता हूँ। इसीलिए मैं जानबूझकर ऐसी शब्दावली का उपयोग कर रहा हूँ जो मनोविश्लेषणात्मक दृष्टिकोण के अनुकूल है।

तो मैंने यह कहा कि उसका आन्तरिक व्यक्तित्व, जो एक समाज-वृक्ष का फूल है, उसकी विकास-तृषाओं का संगठित और एकीकृत पुंज है, जो तृषाएँ एक ओर उसकी अवचेतन शक्ति रहते हुए आदर्श स्वप्न, या कह लीजिए कल्पना-स्वप्न, बनकर चेतन-मार्ग द्वारा समाज-प्रकाश प्राप्त कर लेती हैं, तो दूसरी ओर, समाज-व्यक्ति द्वन्द्व में व्यक्ति को समाज के ऊपर और समाज को व्यक्ति के ऊपर विजय प्राप्त करती कराती हैं। व्यक्ति समाज का अनुभव-केन्द्र है। इन विकास-तृषाओं के अनुकूल ही व्यक्ति अपनी दूसरी प्रवृत्तियों को गति देता है, उनका मूल्य-निर्णय करता है और इसी के द्वारा समाज से अपना गतिमान सामंजस्य प्राप्त करता है। ये ही विकास-तृषाएँ अपनी अवचेतन आदिम स्थिति रूप में मनुष्य को आगे बढ़ने के लिए धक्का देती हैं, और आदर्श-स्वप्न बनकर मोहित करती, तर्क प्रदान करती और सक्रियता की ओर बढ़ा ले जाती हैं। इसी अर्थ में वे उसकी भावना-बुद्धि (brain of passion) हो जाती हैं।

साहित्यकार के मन में जब तक कि चेतन के किसी भाग का अवचेतन से आवयविक सम्बन्ध न हो तब तक उस चेतन-शक्ति की साहित्यिक अभिव्यक्ति

असम्भव है। इसी अर्थ में यह ठीक है कि चेतन मन की जो सृजनशील धारा होगी, उसके अनुकूल ही अवचेतन शक्तियाँ भी होंगी। चेतन मन की सृजनशीलता अवचेतन शक्ति की प्राकृत धारा के बिना असम्भव है।

फ्रॉइड का यह कहना ठीक है कि कला में जो अनायासता और प्रवाह है, जो रंगीन चित्रात्मक वातावरण है, वह अवचेतन स्रोतों के कारण है। मैं अपनी एक बात स्पष्ट कर दूँ कि फ्रॉइड का Sub-conscious केवल दमित इच्छाओं का पुंज मात्र है। मेरे लिए वह केवल यही न होकर प्राकृत शक्ति का एक गतिमान प्रवाह है जिसके तत्त्व समाज से प्राप्त होते हैं, संस्कारों द्वारा, आनुवंशिकता द्वारा यह प्रवाह अपने शक्ति-रूप में व्यक्तिगत (genotype) होता है। परन्तु प्रवाह में बहनेवाले तत्त्व सामाजिक ही होते हैं।

साहित्य में अवचेतन मन अनायासता और रंगीन चित्रात्मकता भरता है, परन्तु वही प्राकृत शक्ति चेतन, मन में परिकल्पना (conception) होकर उस अवचेतन की चेतन में मार्ग-रेखा बनाती है। कलाकृति की कल्पना (conception) चेतन मन का एक उच्चतर समन्वय है। कला में इन दोनों की अवचेतन शक्ति और कल्पना का सामंजस्य अनिवार्य है। अवचेतन सामंजस्य की क्रिया में चेतन को सशक्त करता है, और चेतन-अवचेतन का उदात्तीकरण (sublimation) करता है। चेतन-अवचेतन की यह क्रियमाणता एक वैयक्तिक गति है, परन्तु अवचेतन स्वयं अनभिव्यक्त और आपेक्षित रूप में दमित विकास तृषाओं का शक्तिमान केन्द्र है। यह मानवी प्रकृति की अन्तर्धारा का स्वरूप है। किसी बाह्य को पहचानने के लिए एक अनुभव-केन्द्र की रचना बाह्य तत्त्व और आत्मशक्ति का संयुक्त रूप है। इसीलिए अवचेतन की शक्ति व्यक्तिगत होते हुए भी उसका कण्टेंट बाह्यगत और समाजगत होता है।

तो यह अनायास बहने वाली अवचेतन शक्ति का रूपाधार मनुष्य की तृषाएँ ही हैं, जो मनुष्य के समाज से गतिमान सम्बन्ध को ही बतलाती हैं। चेतन मन का सृजनशील धर्म-समन्वय स्वयं अन्त:शक्ति और बाह्यधार के तत्त्वों से निर्मित होता है। इसलिए, चेतन से निर्मित (conception) और अवचेतन शक्ति-धारा का जब सामंजस्य हो जाता है तभी किसी भी क्षेत्र में सृजन सम्भव है। यह सामंजस्य तभी सम्भव है जबकि मनुष्य को आन्तरिक आवश्यकता के अनुकूल सामाजिक रोल प्राप्त हो। यानी, व्यक्ति और समाज के सामंजस्य से चेतन और अवचेतन का सामंजस्य सफल हो सकता है, अन्यथा नहीं।

यदि ऐसा न हो तो मन:शक्तियों के और इतर उच्च गुणों के बावजूद कलाकार विभ्रमित असन्तुलित और आत्मध्वंस में संलग्न होगा।

[आगामी कल, सितम्बर 1943, में प्रकाशित, दूसरी किश्त। पहली किश्त अप्राप्य]

नवीन समीक्षा का आधार

संघर्ष करनेवाले व्यक्ति को जिस क्षेत्र में, जिन वास्तविकताओं के विरुद्ध, जिन मूल्यों की स्थापना के लिए, प्रयास करना होता है, उसे सर्वप्रथम जीवन के उन दृश्यों से तदाकार होना पड़ता है, जो उसके स्वयं के दृश्य और उसके आसपास के लोगों के दृश्य हैं। न केवल यह, इन दृश्यों का एक छोर, यदि वह स्वयं और उसकी जीवन-परिधि है, तो दूसरा छोर विरोधी वास्तविकताओं तक फैलकर उन्हें समेटे हुए है। इस सम्पूर्ण के भीतर व्यक्ति और स्थिति के आपसी भीतरी सम्बन्धों, उनके रूप-स्वरूप, उनकी तेज़ या धीमी होती गतिविधियों और उनकी दिशाओं के ज्ञान का अर्थ ही यह है कि मनुष्य अपनी वास्तविकताएँ समझता है, और उन्हें समझकर, उनकी आन्तरिक क्रिया-प्रतिक्रियाओं के तजुर्बे से सहायता लेते हुए, वह अपने प्रयास में तत्पर रहता है।

साहित्य-समीक्षा के मूल बीज वास्तविक जीवन में तजुर्बे के बतौर उपलब्ध होनेवाले ज्ञान-संवेदन तथा संवेदन-ज्ञान में ही हैं। इस ज्ञान-संवेदन और संवेदन-ज्ञान के परे जानेवाली 'समीक्षा' में न 'ईक्षा' यानी देखना या दृष्टि है, न सम्यकता। जब-जब समीक्षा इस मूलाधार को छोड़कर, विचारों की बारीकी और लक्ष्यों की ऊँचाई प्रदर्शित करने के गोपनीय या प्रकट उद्देश्य से, इधर-उधर भटकी है, उसने लेखकों और पाठकों को सच्ची सहायता देना छोड़ दिया है। कहा जाता है कि साहित्य जीवन का प्रतिबिम्ब है। इस खंड-तथ्य को हम यों भी कह सकते हैं कि साहित्य में इन प्रतिबिम्बों की रचना अनेक पैटर्न्स में होती है। जब तक समीक्षक उस जीवन को नहीं जानता, जिसके प्रतिबिम्बों के विभिन्न पैटर्न्स में गुँथी हुई रचना की वह आलोचना करने बैठा है, तब तक वह समुद्र-दर्शन के नाम पर लहरें गिनता हुआ बैठा है। यदि वे लहरें आलोचक की बुद्धि की आज्ञाएँ न मानें तो इसमें आश्चर्य ही क्या है! आलोचक या समीक्षक का कार्य, वस्तुतः कलाकार या लेखक से भी अधिक तन्मयतापूर्ण और सृजनशील होता है। उसे एक साथ जीवन के वास्तविक अनुभवों के समुद्र में डूबना पड़ता है, और उससे उबरना भी पड़ता है, कि जिससे लहरों का पानी उनकी आँखों में न घुस पड़े। अपने वर्ग, समाज या श्रेणी की ज़िन्दगी में अपनी ज़िन्दगी की सही हिस्सेदारी के बग़ैर, जो समीक्षक उस ज़िन्दगी के प्रतिबिम्बों के पैटर्न्स का मूल्यांकन

करने बैठता है, वह कभी भी सच्ची आलोचना नहीं कर सकता। जीवन के वास्तविक अनुभवों से प्राप्त सत्यों के अभाव में, बौद्धिक खामख़याली को वह सूक्ष्मदर्शिता का लिबास भले ही पहना दे, उसकी समीक्षा कभी भी सृजनशील नहीं हो सकती। क्योंकि साहित्य में उतरे हुए उन प्राण-प्रतिबिम्बों का महत्त्व वह समझ ही नहीं सकता, चाहे वह कविता हो, निबन्ध हो या उपन्यास।

जिस प्रकार अनुभव-ज्ञान सम्पन्न मनुष्य, वास्तविक जीवन में पाये जानेवाले व्यक्तित्वों, परिस्थितियों और प्रवृत्तियों का हार्दिक और बौद्धिक आकलन करके अपना मार्ग बनाता है, यानी, दूसरे शब्दों में, अपनी संवेदनात्मक ज्ञान-शक्ति के द्वारा वह मार्ग बनाने के लिए लगातार समीक्षा करता चलता है (इस समीक्षा के बग़ैर उसका मार्ग ही नहीं बन सकता), उसी प्रकार, ईमानदार समीक्षक वास्तविक जीवन की मूलभूमि में उपजी हुई समीक्षा-शक्ति के सहारे साहित्य की समीक्षा करता है। यदि वह ऐसा न करे तो शैले के कल्पना-बिम्बों के रूप-स्वरूप के कारणों को, वह स्पेन्सर के कल्पना-बिम्बों के रूप-स्वरूप के कारणों से, अलग नहीं कर सकता। आज भी, इसी भारतीय ज़िन्दगी में, शैले, व्यक्तित्व की दृष्टि से, एक 'टाइप' है, स्पेन्सर दूसरा 'टाइप'। टॉल्स्टॉय की नैतिक भावना की मूल पीड़ा जिन परिस्थितियों में बद्ध और ग्रस्त जिस 'टाइप' में हो सकती है, वह परिस्थिति और व्यक्तित्व का वह 'टाइप' आज भी हमारे भारतीय जीवन में, जैसा कि वह जिया जाता है, पाया जाता है। असल में, वास्तविक जीवन की संवेदनात्मक समीक्षा-शक्ति के अभाव में, साहित्य के क्षेत्र की समीक्षा-शक्ति थोथी होती है। इसीलिए समीक्षक का आदि कर्तव्य वास्तविक जीवन की संवेदनात्मक समीक्षा-शक्ति का विकास करना है। जीवन की परिस्थितियों, प्रवृत्तियों, गतिविधियों और उसमें पले हुए व्यक्तियों का संवेदनात्मक ज्ञान जब तक समीक्षक को नहीं है (और वह हो नहीं सकता जब तक कि अपने वर्ग, श्रेणी या समाज की व्यापक ज़िन्दगी में समीक्षक की ज़िन्दगी की हिस्सेदारी न हो), तब तक समीक्षक की साहित्यिक समीक्षा कुतिया के उस बच्चे के समान है जिसकी आँखें नहीं खुली हैं।

वास्तविक जीवन की संवेदनात्मक समीक्षा-शक्ति के द्वारा ही हम यह जान लेते हैं कि प्रत्येक परिस्थिति की सर्वसामान्यता और निजी विशेषता कौन-सी है, और किस प्रकार अलग-अलग व्यक्तियों पर उसका भिन्न-भिन्न मनोवैज्ञानिक प्रभाव होता है। परिस्थिति की सर्वसामान्यता के कारण, प्रभाव में भी सामान्यता है, किन्तु व्यक्तियों की भिन्नता के कारण ही प्रभावों की विशेषता है। सारांश यह कि वास्तविक जीवन के संवेदनात्मक धरातल पर लेखक और समीक्षक की होड़ है। लेखक और समीक्षक की यह प्रतियोगिता निःसन्देह अत्यन्त वांछनीय है। ज़िन्दगी को कौन ज़्यादा समझता है ? समीक्षक या लेखक ? यद्यपि इन दो के कर्तव्य अलग-अलग हैं, फिर भी उनके

कर्तव्यों की पूर्ति जीवन के वास्तविक संवेदनात्मक ज्ञान के आधार पर ही होगी। यदि साहित्य जीवन का उद्घाटन है, तो समीक्षक को तो यह जानना ही पड़ेगा कि उद्घाटित जीवन वास्तविक जीवन है या नहीं। असल में, कसौटी वास्तविक जीवन का संवेदनात्मक ज्ञान ही है, जो न केवल लेखक और समीक्षक में होता है, वरन् पाठक में भी रहता है। वास्तविक जीवन की संवेदनात्मक समीक्षा-शक्ति किसी की बपौती नहीं है। इसी समीक्षा-शक्ति के सहारे बड़े-बड़े व्यक्तित्वों का निर्माण होता है।

साधारण मनुष्य में प्रकट होनेवाली महानता भले ही उसे समाज के ऊर्ध्व-स्थान पर प्रतिष्ठित न करे, उसी की महानता पूरी दुनिया को चला रही है। नहीं तो राग-द्वेष के आघात-प्रत्याघातों से वह कभी की चूर-चूर हो गई होती। साधारण मनुष्य की इस असाधारणता का मर्म समीक्षक क्या समझेगा, यदि उसकी ज़िन्दगी अपने वर्ग, श्रेणी या समाज के वास्तविक जीवन की हिस्सेदारी नहीं है! घर की पड़ोसिन, जो बड़ी लड़ाकू है, न मालूम कब और क्यों पिघल जाती है, कि आपके संकट के काल में सारा भार अपने ऊपर ले लेती है! उसके हृदय का न मालूम कौन-सा छोर भीग गया है!

क्या समीक्षक को इन तथ्यों से मतलब नहीं है? साहित्य में व्यक्तित्व-चरित्रों का, मानव-मूल्यों का, जीवन-प्रवृत्तियों का उद्घाटन होता है। ज़िन्दगी से तटस्थ रहकर उसके साहित्यिक प्रतिबिम्बों की नाप-जोख करनेवाला समीक्षक, सामाजिक प्रतिष्ठा के शिखर की फटी हुई पताका का एक लत्तर भले ही हो जाए, वह उस शिखर के नीचे बैठी हुई देवमूर्ति की स्थापना करनेवाले अनगिनत लोगों का जीवन नहीं समझ सकता।

वास्तविक जीवन की संवेदनात्मक समीक्षा-शक्ति के अभाव में, साहित्य-समीक्षा का हाल बुरा होता है। रोम्याँ रोलाँ के प्रसिद्ध उपन्यास ज्याँ क्रिस्तोफ़ के अन्तर्गत दार्शनिक मनःस्थिति में लिखे गए प्रदीर्घ जीवन-आलोचनात्मक खंडों को निकाल देने की सलाह देनेवाले समीक्षकों की कमी कभी नहीं रही। मोपासाँ तक आते-आते फ्रेंच साहित्य ह्रासग्रस्त हो गया था। ठीक उसी प्रकार, समीक्षा ने भी ह्रासकालीन चौखटों के मूल्यों की वकालत शुरू कर दी थी। वस्तु-सत्यों के मानवीय महत्त्व का लोप होकर, यानी स्वरूप को आँखों से ओझल कर, रूप की सराहना होने लगी। निश्चय ही, यह रूप भी विशिष्ट कोटि या विशिष्ट श्रेणी का होना चाहिए। समीक्षा जब ह्रासकालीन जीवन-मूल्यों की वकालत करने लगती है, तब रूप के नाम पर भी एक विशेष प्रकार के रूप का ही समर्थन किया जाता है। ह्रासकालीन फ्रेंच लेखकों की वास्तविक जीवन-संवेदनाओं से इन समीक्षकों का कोई सम्बन्ध नहीं था। फिर भी, उनकी निराशा, नकारवाद, उदास रंग की वकालत करने में वे, वस्तुतः, ख़ुद की वकालत कर रहे थे। इसके विपरीत मैक्सिम गोर्की इन लेखकों की वास्तविक अन्तर्भूमि समझता था।

उनकी वेदना के रूप-स्वरूप के कारणों का विश्लेषण करके, उनकी पीड़ा में अपनी हिस्सेदारी करके भी, मैक्सिम गोर्की ने ह्रास-मूल्यों की वकालत नहीं की। मैक्सिम गोर्की ज़्यादा गहरा उतरा। उस ढंग की जीवन-गहराई के सत्यों का निरूपण करके उन्हीं सत्यों के अनुभव-सिद्ध तर्कसंगत निष्कर्ष उसने सामने रख दिये। किन्तु, फ्रेंच समीक्षक कभी अतीत के साहित्य की तुलना में नवीन को हेच ठहराने लगे, तो कभी नये ह्रासकालीन साहित्य के जीवन-मूल्यों की वकालत करने लगे।

वास्तविक जीवन की संवेदनात्मक समीक्षा शक्ति की दुर्बल मन:स्थिति का ही यह परिणाम है कि समीक्षा कभी साहित्य के पीछे-पीछे चलने लगती है, (उसकी अनुगामी हो जाती है), या उसके नेतृत्व के जोश में मीलों आगे बढ़ जाती है। किन्तु उसका हाथ पकड़, उसके साथ-साथ चलते हुए, उसको मार्ग नहीं बताती। हम इसका एक उदाहरण देंगे। छायावाद की आलोचना करनेवाले हमारे महान आलोचक छायावाद के नि:सहाय बच्चे हैं। प्रसाद ने 'नारी तुम केवल श्रद्धा हो, विश्वास-रजत-नग-पग-तल में' कहा तो आलोचकों ने नारी का कैसा-कैसा आदर्शीकरण नहीं किया! वास्तविक नारी और समाज में उसके व्यक्तित्व की गरिमा की स्थापना के लिए सामाजिक संघर्ष आदि समस्त बातें छूट गईं। छायावादी आलोचक छायावाद के कल्पना-स्वप्नों के उलझे भटकाव-भरे मार्ग पर ही चले। छायावादी सम्मोह और उसके अद्वैतवादी प्रयास साहित्यिक आलोचना के मानदंड नहीं हैं। इन सम्मोह, कल्पना-स्वप्नों का भावुक विवरण, विश्लेषण नहीं है। बताया जाना चाहिए था कि छायावादी मनोवृत्ति क्यों और कैसे उत्पन्न होती है। उसमें सन्निहित भावों और मनोविचारों और जीवन-मूल्यों से आच्छन्न होने की कोई ज़रूरत ही नहीं थी।

साहित्य के वास्तविक जन्मदाताओं के जीवन से मीलों आगे बढ़कर नेतृत्व प्रदान करनेवाले आलोचकों में प्रगतिवादी समीक्षकों का स्थान अग्रणी है। उस पीढ़ी का जीवन, जो आगे आ रही है और लिख रही है, इन समीक्षकों के लिए तभी तक महत्त्वपूर्ण है, जब तक वह 'प्रगतिवादी' भावों को उन्हीं के ढर्रे पर प्रकट करे। उस पीढ़ी की असली ज़िन्दगी के संघर्ष, कष्ट और संवेदनाओं से उन्हें कोई मतलब नहीं। जब यह पीढ़ी निराशा, घुटन, उदासीनता, प्रणय, स्नेह, सौन्दर्य, आश्चर्य, साहस, उत्साह, संघर्ष और विजय की भावनाओं का मनोवैज्ञानिक चित्रण करती है, तो उन्हें वह आत्मबद्ध, आत्मग्रस्त, कुंठामय, अवरुद्ध और व्यक्तिनिष्ठ, अहंवादी और गतिरुद्ध प्रतीत होती है। कुल मिलाकर नतीजा यह है कि ये आलोचक साहित्य की वास्तविक जन्मदात्री पीढ़ी की ज़िन्दगी समझ ही नहीं पाते। एक ओर ऐतिहासिक भौतिकवाद की दृष्टि से वे साहित्य की व्याख्या करते हैं, किन्तु उसी दृष्टि से वे हमारे साहित्यिक नौजवानों के जीवन को और उनकी मनोभावनाओं को हृदयंगम नहीं कर पाते। नतीज़ा यह है

कि हमारे नवयुवक साहित्यिकों को उनकी आलोचनाओं से विशेष लाभ नहीं होता। वास्तविक जीवन की ज्ञान-संवेदनात्मक और संवेदन-ज्ञानात्मक समीक्षा-बुद्धि का अभाव ही इस असामर्थ्य का मूल कारण है।

समीक्षकों की इस दयनीय उपहासात्मक स्थिति के कारण ही आज प्रत्येक लेखक को अपना समीक्षक होना पड़ रहा है। लेखक और कुछ न सही, जीवन की संवेदनाएँ प्रकट करने का प्रयत्न तो कर रहा है। समीक्षक तो एकदम 'चिन्तक' हो गया है, उसकी असली ज़िन्दगी के आवेगों से कोई मतलब नहीं। यह सही नहीं है कि लेखक समीक्षा की सारी आवश्यकताओं की पूर्ति कर सके। बहुधा, उसके मतों में एकांगिता और उसके निर्णयों में अधूरापन पाया जाता है। अपने जीवन में प्राप्त संवेदनात्मक अनुभव के आधार पर ही वह मत बना रहा है, या निर्णय दे रहा है। यह हो सकता है कि उसके ये आधार सभी के लिए समान न हों। अंग्रेज़ी में कोलरिज, वर्ड्सवर्थ, शैले, टी.एस. इलियट, आदि प्रमुख कलाकार आलोचक हैं। इनमें से मुख्यत: विचारणीय कोलरिज और टी.एस. इलियट ही हैं। स्पष्ट है कि इन सबके मूलाधार अलग-अलग हैं। किन्तु कौन कह सकता है कि वास्तविक साहित्यिक सृजन में इनकी समीक्षाओं का योगदान न रहा? कारण साफ़ है। इनका समीक्षात्मक चिन्तन वास्तविक अनुभवों का निष्कर्ष है। बुज़ुर्ग की सीख सभी के लिए और सब जगह यकसाँ फ़ायदेमन्द नहीं होती। किन्तु उनका आधार वास्तविक जीवन होता है। लोग अपनी-अपनी विवेक-बुद्धि से अपने लिए अनुकूल बातें उठा लेते हैं, प्रतिकूल अस्वीकार कर देते हैं। समीक्षा के बारे में यह बिलकुल सही रुख़ है। किन्तु ऐसे लेखक-समीक्षकों में बहुधा जीवन के महत्त्वपूर्ण सत्यों के ऐसे-ऐसे उद्घाटन होते हैं कि दंग रह जाना पड़ता है।

क्या इसका अर्थ यह है कि आलोचना के कोई मूल सिद्धान्त नहीं हैं? हैं, किन्तु सिद्धान्तों का प्रयोग किस ढंग से होना चाहिए, यह भी महत्त्वपूर्ण है। यह विज्ञान या शास्त्र, मूलत: इन्डक्शन (आगमन)पर आधारित है, उसके बाद ही डिडक्शन (निगमन)होता है। डिडक्शन इन्डक्शन का स्थान नहीं ले सकता, वह अपने सही होने के लिए इन्डक्शन पर ही अवलम्बित है। ठीक उसी प्रकार, सिद्धान्त जीवन के आन्तरिक और बाह्य तथ्यों का स्थान नहीं ले सकता, वस्तुत:, वह स्थिति के लिए उन्हीं पर अवलम्बित है। जो सिद्धान्त इन तथ्यों और सत्यों की अवहेलना कर आगे बढ़ेंगे, वे चाहे किसी वाद की दुहाई दें, असफल ही रहेंगे, क्योंकि उन सिद्धान्तों का प्रयोग वास्तविक जीवन-सत्यों को हृदयंगम करके नहीं किया जा रहा है। केवल वही समीक्षा महत्त्वपूर्ण होती है जो संवेदनात्मक जीवन के सत्य उद्घाटित करते हुए लेखक को अपने वस्तु-सत्यों से अधिक परिचित सचेत करती है। लेखक जीवन की विभिन्न मनोवृत्तियों, स्थितियों, आदि-आदि का अंकन करने का प्रयत्न करता

है। समीक्षक को इन जीवन-सत्यों से अधिक परिचय होने की आवश्यकता है, तभी वह लेखक की सहायता कर सकता है, उसकी चेतना की परिधि विस्तृत कर सकता है, अन्यथा नहीं। लेखक को सचमुच सहायता करनेवाले समीक्षक जीवन-सत्यों से लेखक से भी अधिक परिचित होते हैं। तभी वे लेखक द्वारा प्रस्तुत की गई जीवन-समीक्षा की समीक्षा कर सकते हैं। समीक्षक द्वारा प्रस्तुत की गई ऐसी समीक्षा का आधार वस्तुतः जीवन, जैसा कि वह जिया जाता है, ही है, किताबी शब्द-समुदाय नहीं। जीवन-सत्यों पर आधारित साहित्यिक समीक्षा स्वयं एक सृजनशील कार्य है, और वह न केवल लेखक को वरन् पाठक को भी जीवन-सत्यों के अपने उद्घाटनों द्वारा सहायता करती जाती है।

कहा जाएगा कि ये सब प्रारम्भिक बातें हैं। समीक्षा इसके बहुत आगे बढ़ गई। इस आपत्ति का उत्तर यह है कि वर्तमान समीक्षा ऐसी मूलभूत बातें भूल रही है, जिन बातों के आधार पर ही सिद्धान्तों की मीनारें खड़ी की जा सकती हैं। वास्तविक जीवन की ज्ञान-संवेदनात्मक और संवेदन-ज्ञानात्मक समीक्षा-शक्ति का इतना ह्रास हो गया है कि सिद्धान्तों के आधार पर साहित्यिक बातें देखी जाती हैं, किन्तु जीवन-सत्यों के आधार पर स्वयं सिद्धान्तों का परीक्षण और प्रयोग नहीं किया जाता। सीधी बात यह है कि आज की तरुण संघर्षशील पीढ़ी की ज़िन्दगी के भीतर समाई हुई पीड़ित मनुष्यता को किस समीक्षा ने अपना आधार बनाया है ? इस पीढ़ी के संघर्षशील जीवन के स्नेह और मैत्री, बाधा और विजय, अनुत्साह और निराशा, उत्साह और विश्वास, लक्ष्य और आदर्श को ज़रा नज़दीक से देखने पर पता चलेगा कि उसके द्वारा पैदा किये गए साहित्य की समीक्षा किस ढंग की होनी चाहिए। एक ओर, व्यक्ति-स्वातंत्र्य और व्यक्तित्व की सम्पूर्ण मानवीय गरिमा की स्थापना, और दूसरी ओर, सामाजिक प्रवंचनाओं तथा बाधावरोधों पर विजय की स्थिति की स्थापना, इस ज़िन्दगी का तकाज़ा है। व्यक्ति-स्वातंत्र्य और व्यक्तित्व की सम्पूर्ण मानवीय गरिमा, तथा नये साम्यमूलक शोषणविहीन मानवोचित समाज की स्थापना, एक ही सत्य के दो पहलू और दो तक़ाज़े हैं, जो एक-दूसरे पर अपनी पूर्ति के लिए, अपने विकास के लिए, अवलम्बित हैं। प्रश्न यह है कि यह सत्य ज़िन्दगी में किस प्रकार, किन मानसिक क्रिया-प्रतिक्रियाओं, स्थिति-प्रतिस्थितियों, आघात-प्रत्याघातों द्वारा प्रकट होते हैं ? इनका उद्घाटन करनेवाला साहित्य, इनका उद्घाटन करने वाली समीक्षा, वस्तुतः महत्त्वपूर्ण साहित्य और महत्त्वपूर्ण समीक्षा होगी।

आलोचना दो प्रकार की होती है; एक, रूप की; दूसरी, तत्त्व की। महत्त्वपूर्ण बात यह है कि रूप अपनी स्थिति के लिए तत्त्व पर ही अवलम्बित होता है। तत्त्व अपने प्रकट होने की प्रक्रिया में रूप निर्धारित और विकसित करता है। इसीलिए तत्त्व

की आलोचना रूप की आलोचना से अधिक मूलभूत है। आपत्ति की जाएगी कि यह तत्त्व, जो समीक्षा का विषय है, साहित्यिक तत्त्व है (साहित्य में प्रकट तत्त्व है), न कि जीवन में जिया जानेवाला तत्त्व। जीवन में जिये जानेवाले तत्त्व साहित्यिक समीक्षा के क्षेत्र के बाहर की चीज़ें हैं। यह आपत्ति एकदम निराधार है। साहित्य में प्रकट तत्त्व की सत्यता की जाँच की कसौटी क्या है ? सिद्धान्त ? समीक्षक की कल्पनाएँ ? नहीं, बिलकुल नहीं। साहित्य में प्रकट तत्त्व की जाँच की कसौटी है–वास्तविक जीवन में पाये जानेवाले तत्त्व। इसी कसौटी के आधार पर हम यह कहते हैं कि अमुक कवि के आँसू वास्तविक करुणा नहीं, करुणा की विलासपूर्ण कल्पना हैं। इसी कसौटी के आधार पर हम यह कहते हैं कि सच्ची वेदना की 'भावना' छायावाद में मुख्य नहीं है, जैसे आपको बहुत-से ठाकुर-जैसे रीतिकालीन कवियों और सूर और मीरा-जैसे सन्तों में मिल जाएगी। पात्रों के चरित्र की स्वाभाविकता या कृत्रिमता हम वास्तविक जीवन के अपने अनुभवों से ही घोषित करते हैं।

निष्कर्ष यह है कि जब तक वास्तविक जीवन की संवेदन-ज्ञानात्मक और ज्ञान-संवेदनात्मक समीक्षा-शक्ति लेखक और समीक्षक दोनों में विकसित और सम्पन्न नहीं होती, तब तक हमारे सारे प्रयत्न अधूरे हैं। जिस लेखक की यह जीवनगत समीक्षा-शक्ति बढ़ी हुई होगी, वह अपनी संवेदनाओं के माध्यम से जीवन-तथ्यों का सही-सही मूल्यांकन और चित्रण करेगा, उसकी दृष्टि उतनी ही गहरी और विशाल होगी। समीक्षक की सफलता के लिए भी यही स्थिति आवश्यक है।

[वसुधा : मई, 1956 में प्रकाशित। नयी कविता का आत्मसंघर्ष में संकलित]

साहित्य और जिज्ञासा

बाल्यकाल, नवयौवन और तारुण्य के विभिन्न उष:कालों में जिज्ञासा, हृदय का छोर खींचती हुई, आकर्षण के सुदूर ध्रुव-बिन्दुओं से हमें जोड़ देती है।

बाल्यकाल की जिज्ञासा बड़ी ही ख़तरनाक होती है। उसकी साहसिक दुर्निवारता न केवल रंग-बिरंगी चीज़ों को तोड़कर उनमें क्या है, यह देखने के लिए प्रवृत्त होती है, वरन् सायं के अँधेरे-भरे घट में भी उँगली डालने के लिए प्रवृत्त होती है। घर की छत पर चढ़कर चारों ओर देखना और मुँडेर पर से धड़ाम से गिरकर माँ के हाथों पीटे जाना तो मामूली बात है। टाइमपीस तोड़कर उनके अन्दर के कल-पुर्जों का आकार-प्रकार और उसका हिलना-डुलना देखने के लिए लालायित होना तो बहुत बड़ी वैज्ञानिक जिज्ञासा है। बच्चे सचमुच इतने मूर्ख नहीं हैं, जितने उनके माता-पिता, जो कभी यह देखने की कोशिश ही नहीं करते कि टाइमपीस चलती कैसे हैं। आख़िर बच्चा यही तो देखना चाहता है।

'देखने' की इच्छा 'जानने' की इच्छा, 'रहस्य' की उलझी हुई बातों को सुलझाने की इच्छा, कितनी मनोहर, कितनी दुर्निवार और अदम्य हो सकती है, यह उसी से जाना जा सकता है जो जिज्ञासा का शिकार है। जिज्ञासा की सबसे बड़ी विशेषता यह है कि यह वस्तु की तह में जाना चाहती है, अपने इच्छित विश्वासों को, अपनी इच्छित आशाओं को, उस पर लादना नहीं चाहती। वह किसी दुर्भावना से पीड़ित नहीं है, किसी आग्रह और दुराग्रह से ग्रस्त नहीं है, अनुमान और अन्दाज़ भटककर रास्ता पा जाने के लिए तैयार हैं, किन्तु वे खोज के आधार नहीं हैं।

ज्यों-ज्यों मनुष्य उम्र में बढ़ता है, जिज्ञासा पर न केवल आग्रहों और दुराग्रहों के पुंज लदते चलते हैं, वरन् स्वयं जिज्ञासा भी (शतधा) होती चलती है। तब हमें एक प्रयासहीन थोथी जिज्ञासा के दर्शन होते हैं, इच्छित विश्वासग्रस्त दुर्भावनाग्रस्त जिज्ञासा एक वेश्या की भाँति मन के विभिन्न स्वार्थ-लक्ष्यों की वासना का आहार बन जाती है। उम्र में बढ़कर जब हमें 'ओपीनियन' बनाने की आदत पड़ जाती है, जब हम बुद्धिमान और बुद्धिवादी बन जाते हैं, तब हमारे दिमाग़ की बाल-कमानी यानी जिज्ञासा पुरानी और घटिया हो जाती है। तब हमें किसी बालक की ज़रूरत पड़ती

है, जो यह टाइमपीस तोड़कर देखे कि उसकी भीतरी बनावट क्या है।

लेकिन पुराने बालकों में से ऐसे लोग भी निकलते हैं जो जिज्ञासा के मामले में एक साथ बालक, युवक और वृद्ध होते हैं, जिनमें जिज्ञासा की तीव्र दृष्टि और आग्रहहीनता के साथ उस ओर यौवनसुलभ श्रम करने की प्रवृत्ति और खोज के आधार पर वृद्धसुलभ अनुभवपूर्ण मत बनाने की शक्ति रहती है। साहित्य इस जिज्ञासा का ऋणी है।

मनुष्य क्या है, मनुष्य के लक्ष्य क्या हैं, मानवोचित जीवन क्या है, वह किन कोशिशों और किन रास्तों से प्राप्त किया जाए, इन कोशिशों और रास्तों पर चलने के लिए किन चारित्रिक शक्तियों और आध्यात्मिक गुणों की आवश्यकता है और क्या इस सम्बन्ध में हमारे द्वारा प्राप्त निष्कर्ष, वस्तुतः, लक्ष्य की प्राप्ति के मार्ग में सहायक हैं या नहीं, कहीं वे जो कल के लिए उचित थे, आज के लिए अपर्याप्त और अनुचित तो नहीं हैं, आदि प्रश्न साहित्य के लिए महत्त्वपूर्ण रहे हैं। जिस साहित्य में इसका जीवन-चित्रात्मक, चरित्र-चित्रणात्मक यथार्थवादी अंकन होता है, वह साहित्य महान हो जाता है।

यूरोप के अन्यतम साहित्यकारों ने, जिनमें मुख्यतः निबन्धकार और उपन्यासकार तथा अन्य कथा-लेखक भी सम्मिलित हैं, इन प्रश्नों के विभिन्न पक्षों का चित्रण किया। प्रश्नों के जीवन-चित्रात्मक, मानव-चरित्रात्मक अंकन का महत्त्व उनके उत्तरों के (इस ढंग से) चित्रों से भी अधिक प्रधान रहा है। यथार्थवाद में—किसी भी यथार्थवाद में—जिज्ञासा बहुत रोल अदा करती है। जिज्ञासा निरीक्षण की ओर प्रवृत्त करती है, निरीक्षण के लिए हमें अपने आग्रहों और दुराग्रहों को छोड़ना पड़ता है। चरित्र-दर्शन तो हमें तब तक ठीक-ठीक नहीं हो सकता, जब तक हममें चरित्र-सम्बन्धी मूलभूत जिज्ञासा न हो। माना कि बहुत जगह अनुमान काम करता है (और हम अनुमान को ही सत्य का जामा पहना देते हैं), किन्तु अनुमान यदि जिज्ञासा का अंग बना रहता है, तो हम उसके विरोध में यदि कोई तथ्य प्राप्त कर लें तो तुरन्त ही उसे बदल देते हैं। किन्तु अनुमान यदि जिज्ञासा का अंग नहीं है, तो वह हमारे इच्छित विश्वासों की पूर्ति का एक उपादान बनकर रह जाता है। साहित्य में ऐसे अनुमानों के आधार पर खड़े किये गए चरित्र प्रभावशाली नहीं हो पाते।

जिज्ञासा केवल एक स्थिति, एक परिस्थिति, एक व्यक्ति, एक चरित्र, की सीमारेखा में नहीं बँधी रहती। जब वह एक श्रेणी की अनेक स्थिति-परिस्थितियों, व्यक्तियों और चरित्रों का अध्ययन कर लेती है, तब वह उस श्रेणी के सम्बन्ध में न केवल अन्तर्दृष्टि प्राप्त कर लेती है, वरन् अनेक सत्य-सामान्यीकरणों को जन्म देती है।

इन सत्य-सामान्यीकरणों के आधार पर एक कॉम्पोज़िट टाइप का, एक प्रतिनिधि चरित्र का, जन्म होता है। निश्चय ही, इसके लिए मनोवैज्ञानिक जिज्ञासा के अन्तर्भूत तथ्य-निरीक्षण और तथ्य-विश्लेषण के साथ ही, तथ्यों के यथार्थ सामान्यीकरण की

प्राप्ति, सहानुभूति, मर्मज्ञता और जीवन-अनुभव के मानवीय उपादानों के पैनेपन से ही हो सकती है। साहित्यिक प्रतिभा के अन्तर्गत ये सब तत्त्व आ जाते हैं। इनके बिना प्रश्नों को मानव-चरित्रात्मक, जीवन-चित्रात्मक रूप से उपस्थित ही नहीं किया जा सकता।

कहा जाता है कि साहित्य हृदय की भावनाओं से उत्पन्न होता है। इस वाक्य में यह जोड़ा जाना चाहिए कि भावना जिज्ञासा की पैठ के, उसके द्वारा की जानेवाली तटस्थ तथा तीव्र खोज के, बिना ऊँचा साहित्य उत्पन्न नहीं कर सकती। ध्यान में रखने की बात है कि भावना, जिसके प्रति वह है, उसके प्रति आकर्षण या विरोध के [बिना], काम नहीं कर सकती; अर्थात् वह पक्ष में या विपक्ष में ही काम कर सकती है। किन्तु जिज्ञासा के द्वारा की गई यथार्थवादी खोज से प्राप्त ज्ञान के आधार पर, और उसकी सहायता से, चलनेवाली भावना अलग होती है। वह एक चरित्र या स्थिति के विश्लेषण के टुकड़ों को फिर से जोड़कर समन्वय और सामान्यीकरण करती है। किन्तु वह इतना करके ही चुप नहीं रहती, चरित्र के विकास के मूल कारणों की खोज करती है, प्रश्नों के कारणों का अनुसन्धान और उसका चित्रण करती है और इस दृष्टि से, वह चित्रण और स्थिति दोनों के प्रति अधिक न्याय करती है। आज जब साहित्य मनुष्य के आध्यात्मिक उत्थान और सामाजिक परिवर्तन के एक अस्त्र के रूप में स्वीकृत हो चुका है, तब इन कारणों का, इन प्रश्नों का, मानव-चरित्रात्मक, जीवन-चित्रात्मक निरूपण और अंकन महत्त्वपूर्ण नहीं है?

जिज्ञासा ही के आधार पर किये गए बौद्धिक सामान्यीकरणों और अनुभवात्मक समझ के आधार पर किये गए सामान्यीकरणों में बृहद् अन्तर है। एक तो हिन्दी साहित्य में वैसे ही जिज्ञासा का उद्भास कम है, किन्तु जो है, थोथे तरीक़े से बौद्धिक है। यही कारण है कि आधुनिक हिन्दी-साहित्य साधारण जन का जीवन-ज्ञान ऊँचा नहीं कर पा रहा है।

[रचनाकाल अनिश्चित]

सौन्दर्य-प्रतीति और सामाजिक दृष्टि

साहित्यकार सामाजिक दृष्टिकोण से जनता की सेवा के लिए साहित्य-सर्जन करे, या अपने भीतर सौन्दर्य-प्रतीति से अभिभूत होते हुए आत्म-प्रकटीकरण के रूप में साहित्य लिखे ? यह वह प्रश्न है, जिस पर हाल ही में एक लेखक-सम्मेलन में हिन्दी के साहित्यकारों द्वारा चर्चा की गई। जैसाकि स्वाभाविक था, एक दल ने एक पक्ष लिया, दूसरे ने अन्य। एकमत होने या उसकी कोशिश करने का सवाल ही नहीं उठता, क्योंकि वस्तुतः, दोनों पक्ष केवल आत्म-प्रकटीकरण ही कर रहे थे, न कि एक-दूसरे को समझने का प्रयास।

यह प्रश्न जिस ढंग से उठाया गया है, उससे वह बड़ा ही अद्‌भुत और चमत्कारपूर्ण मालूम होता है। अद्‌भुत और चमत्कारपूर्ण इसलिए कि जो बात प्राकृत व स्वाभाविक नहीं है, उसे प्राकृत और स्वाभाविक करके बता देना बड़ी भारी कीमिया है। यह प्रश्न इस दिमाग़ी कीमिया की उपज है।

जिस समाज में सौन्दर्य-प्रतीति और सामाजिक दृष्टि में परस्पर विरोध माना जाता है, अथवा, दूसरे शब्दों में, इन दो के भीतर किसी आन्तरिक गहरी एकता का अस्तित्व नहीं माना जाता, वह समाज भी ख़ूब है! और वे दार्शनिक या विचारक भी ख़ूब हैं जो इन मान्यताओं को लेकर चलते हैं! आजकल की कृत्रिम विभाजन-बुद्धि का ही यह सबूत है।

कवि, कहानी-लेखक, उपन्यासकार की सौन्दर्य-प्रतीति में वह सामाजिक दृष्टि सन्निहित है, जिसका उसने उन जीवन-प्रसंगों के मार्मिक आकलन के समय उपयोग किया था। इस सामाजिक दृष्टि के बिना वह सौन्दर्य-प्रतीति ही असम्भव थी। हो सकता है कि यह दृष्टि उसने परम्परा से, सामाजिक-राजनीतिक वायुमंडल से, प्राचीन तथा नवीन के संस्कारों-परिष्कारों से, प्राप्त की हो। किसी भी विषय के आत्मगत आकलन तथा संकलन करने के समय से, हमारे मन में उसकी विविध बातों का जो मूल्यांकन शुरू होता है, वह अन्त तक रहता है, जब तक कि वह सृजनशील प्रक्रिया समाप्त नहीं हो जाती। सृजनशील प्रेरणा या बुद्धि स्वयं एक आलोचनाशील मूल्यांकनकारी शक्ति है, जो इस मूल्यांकन के द्वारा ही अपने प्रसंग को उठाती है,

और उसे कलात्मक रूप से प्रस्तुत करती है। बिना मूल्यांकनशील शक्ति के कोई सृजन, कम-से-कम साहित्यिक सृजन, नहीं ही हो सकता, चाहे वह प्रातःकाल में गुलाब सूँघने का, प्रणयिनी के चुम्बन या कारख़ाने में हड़ताल का, प्रसंग हो। जब-जब ये चित्र सृजनशील प्रक्रिया का एक अंग बनेंगे, उनमें उचित काट-छाँट और संकलन होता रहेगा। इस पूरी मनोवैज्ञानिक प्रक्रिया में हमारी मूल्यांकनकारी शक्ति बराबर उसी बात को लेगी जिसे हम मार्मिक समझते हैं। इस मूल्यांकनकारी शक्ति के बिना हम मार्मिक अंश का सम्पादन नहीं कर सकते। दूसरे शब्दों में, हमारी सृजन-प्रतिभा जीवन-प्रसंग की उद्‌भावना से लेकर तो अन्तिम सम्पादन तक अपनी मूल्यांकनकारी शक्ति का उपयोग करती रहती है। अच्छे लेखक तब भी सन्तुष्ट नहीं होते, और सोचते हैं कि बहुत-कुछ कहना रह गया, और जो कुछ कहा गया, वह या तो समुचित नहीं था या उससे भी अच्छे ढंग से कहा जा सकता था। मतलब यह कि जीवन-प्रसंग में तल्लीनता प्राप्त कर हम उसमें इतने डूब नहीं जाते कि समाधि लग जाती हो, वरन् मूल्यांकनकारी शक्ति के सचेत प्रयोग से हम उसके मार्मिक अंश उठाते हैं। अपनी ज्ञान-संवेदनाओं और संवेदना-ज्ञान के प्रयोग से, हम उनके उचित अंशों को प्रस्तुत करने के लिए अनवरत मूल्यांकन और सतत सम्पादन करते जाते हैं, चाहे वह चित्रकला ही क्यों न हो।

इस मूल्यांकन के अन्तर्गत, जिन मूल्यों से प्रेरित होकर हम जिसे मर्म कहने-समझने लगते हैं, और उसके यथायोग्य हार्दिक संकलन, सम्पादन तथा प्रस्तुतीकरण का योगाभ्यास करते हैं, वे मूल्य और वह मर्म बिना हमारी सामाजिक दृष्टि के असम्भव है (चाहे वह रवीन्द्रनाथ की उर्वशी क्यों न हों)।

जिस समाज में हम रहते हैं, उसके द्वारा प्रदत्त अथवा उत्सर्जित भाव-परम्परा तथा मूल्यों से विच्छिन्न होकर, सृजन-प्रक्रिया के अंगभूत मूल्यों का अस्तित्व ही नहीं है। सौन्दर्य-प्रतीति की डुग्गी पीटनेवाले लोग सामाजिक दृष्टि को भले ही ऊपर से थोपी हुई समझें, वह, वस्तुतः, यदि दृष्टि है तो, कभी भी थोपी हुई नहीं रहती, वरन् हमारे अन्तर का एक निज-चेतस् आलोक बनकर सामने आती है। और जिस सामाजिक दृष्टि में यह निज-चेतस् आलोक नहीं है, वह दृष्टि नहीं है, और कुछ भले ही हो। हम जिस समाज, संस्कृति, परम्परा, युग और ऐतिहासिक आवर्त में रह रहे हैं, उन सबका प्रभाव हमारे हृदय का संस्कार करता है। हमारी आत्मा में जो कुछ है, वह समाज-प्रदत्त है—चाहे वह निष्कलुष अनिन्द्य सौन्दर्य का आदर्श ही क्यों न हो। हमारा सामाजिक व्यक्तित्व हमारी आत्मा है। आत्मा का सारा सार-तत्त्व प्राकृत रूप से सामाजिक है। व्यक्ति और समाज का विरोध बौद्धिक विक्षेप है, इस विरोध का कोई अस्तित्व नहीं। जहाँ व्यक्ति समाज का विरोध करता-सा दिखाई देता है, वहाँ, वस्तुतः, समाज के भीतर

की ही एक सामाजिक प्रवृत्ति दूसरी सामाजिक प्रवृत्ति से टकराती है। वह समाज का अन्तर्विरोध है, न कि व्यक्ति के विरुद्ध समाज का, या समाज के विरुद्ध व्यक्ति का। 'व्यक्ति-विरुद्ध समाज' की इस विचार-शैली ने ही हमारे सामने कृत्रिम प्रश्न खड़े किये हैं—जिसमें से एक है, सौन्दर्य-प्रतीति के विरुद्ध सामाजिक दृष्टि।

हाँ, यह सही है कि सृजन-प्रक्रिया के भीतर जो मूल्यांकनकारी दृष्टि है, वह समाज के भीतर की एक प्रवृत्ति-परम्परा का ही एक रूप होने के कारण, उसके लिए यह स्वाभाविक है कि वह उसी समाज की दूसरी प्रवत्तियों से तथा परम्परा से टकराए, और ऐसी स्थिति में हम लोग उस साहित्य को व्यक्तिवादी या छायावादी या प्रयोगवादी या प्रगतिवादी कहकर उसकी निन्दा करें। प्रश्न यह है कि अन्तर्विरोध-ग्रस्त समाज की किन प्रवृत्तियों से आप तदाकार हैं ? यह आपकी मानवीय सहानुभूति तथा मानव-कल्याण भावना से कहीं अधिक आपकी ऐतिहासिक संवेदनात्मक अनुभूति पर निर्भर है।

समाज के भीतर के अन्तर्विरोधों के विकास की जो अवस्था-विशेष होगी, उसी के अनुसार सांस्कृतिक श्रेणी के सामने विषयों के विकल्प प्रस्तुत होंगे। उत्तररामचरित के लेखक भवभूति के सामने वे विकल्प प्रस्तुत नहीं थे जो आज हमारे सामने हैं। श्रृंगार के ज़माने में उन्होंने नारी के भाग्य पर आँसू बहाकर करुणरस-प्रधान साहित्य सिरजा। वह उसके आगे बढ़ ही नहीं सकते थे, क्योंकि समाज ने उसके आगे के और विकल्प प्रस्तुत ही नहीं किये थे। अपने-अपने अनुभवों तथा सामाजिक परिवेश के अनुसार (जिससे आपका सारा व्यक्तित्व निर्मित हुआ है, जिससे आपका पूरा जीवन रँगा हुआ है), इन विकल्पों में से आपको अपने लिए एक अनुकूल चुनना पड़ेगा। विकल्प केवल विषय तक सीमित नहीं है, वरन् दृष्टिकोणों, विचारधाराओं, रुख़ों और रवैयों तथा आदर्शों के भी विकल्प हैं।

इसीलिए, आलोचना न केवल रूप की, की जाती है वरन् तत्त्व की भी। और इसलिए तत्त्व की आलोचना महत्त्वपूर्ण भी है।

और असल में, उस सम्मेलन में सौन्दर्य-प्रतीति के नाम पर जिस दृष्टि की वकालत की गई, वह वस्तुतः, तत्त्व का भी समर्थन था। उस प्रतीति के नाम पर एक विशेष प्रकार तथा शैली के साहित्य में ही, यहाँ तक कि विशेष प्रकार के चित्रण-निवेदन में ही, सौन्दर्य देखा जाता है, अन्य में नहीं। उसी तरह, अन्य पक्ष के द्वारा यद्यपि 'सामाजिक दृष्टि'—इस व्यापक अर्थवाले शब्द का उपयोग किया गया, किन्तु उस दृष्टि का अर्थ उनके तईं समाज द्वारा पेश किये गए दूसरे विकल्प के पक्ष में था।

उनका आशय यह था कि सामाजिक प्रगति की दृष्टि से मानव-मुक्ति की प्रेरणा देनेवाले साहित्य का सृजन हो। निश्चय ही इसके विरुद्ध अन्य पक्ष को, इस ढंग के

प्रस्तुत साहित्य में, व्यक्ति की अवहेलना और सौन्दर्य की उपेक्षा तथा कलाकार के व्यक्तित्व की हानि दिखाई दी। यद्यपि बहस केवल सामान्य स्तर की थी, किन्तु यह टकराहट दो विकल्पों के बीच दो विरोधी प्रवृत्तियों की थी।

हम साहित्यकार, जो पीड़ित मध्यवर्गीय श्रेणी से आए हैं, अपना विकल्प सामाजिक प्रगति और मानव-मुक्ति ही चुनते हैं, और इस पक्ष में हमें कलाकार के मानव-व्यक्तित्व का हनन, सौन्दर्य की उपेक्षा, तथा व्यक्ति की अवहेलना नहीं दिखाई देती, क्योंकि उसी राह पर हमें सौन्दर्य का साक्षात्कार होता है। हाँ, यह सही है कि यदि हम अपने साहित्य के द्वारा अपना पूरा प्रभाव उत्पन्न नहीं कर सके, तो इसका अर्थ केवल यही है कि हमारी राह तो बिलकुल सही है, किन्तु उस पर जो चलनेवाले हम लोग हैं, उनमें कुछ ख़ामी है। मेरे ख़याल से, यह ख़ामी 'व्यक्ति-विरुद्ध-समाज' की ख़ामख़याली से सम्बधित है। यदि हम काल्पनिक विरोध करना छोड़ दें और अपने-आपकी सम्पूर्ण ज्ञान-संवेदनाओं और संवेदन-ज्ञान को ईमानदारी से बरतते हुए, अपने जीवन-पक्षों को प्रबुद्ध रूप से प्रकट करने लगें, तो हम वास्तविक जीवन को ही प्रकट करने लगेंगे। निर्द्वन्द्व और मुक्त भाव से यदि हम अपने-आपको प्रकट करेंगे, तो हम ग़रीब मध्यवर्ग के साहित्यकार उन्हीं मनःस्थितियों, भाव-स्थितियों, आदर्शों और मूल्यों को प्रकट करेंगे, जिनसे हम जिस हद तक और जिस प्रकार तदाकार हैं। आवश्यकता है, वस्तुतः, प्राकृत होने की, क्योंकि हमारे संघर्ष भी प्राकृत हैं, करुणा और क्षोभ भी, और हमारे लक्ष्य भी—वे लक्ष्य और वे क्षोभ, जो हमें समस्त पीड़ित मानवता से एकाकार होने की तरफ़ प्रवृत्त करते हैं और उससे उद्धार का रास्ता ढूँढ़ते हैं। लेकिन जहाँ हम प्राकृत नहीं हो पाते, तो वहाँ हमारे अपने लक्ष्य भी, उनके सही होने के बावजूद, ऊपर से थोपे हुए मालूम होते हैं, और हमारा साहित्य रिक्त या कृत्रिम मालूम होता है।

इसका मुख्य कारण ही यह है, कि जो हम हैं और जैसा, वस्तुतः हमारा जीवन है, उससे प्रबुद्ध साक्षात्कार करना खेल नहीं। आज के ज़माने में प्राकृत होना ही सबसे ज़्यादा मुश्किल है। किन्तु, जो इस वास्तविक सत्य और यथार्थ के अधिकाधिक समीप पहुँचेगा, जो इसका जितना मार्मिक आकलन और उद्घाटन करेगा, वही साहित्यकार समाज की और जनता की अधिकाधिक सेवा करेगा, और उसके लिए अनन्य सौन्दर्य की सृष्टि करेगा।

[सम्भावित रचनाकाल : 1952-53]

काव्य : एक सांस्कृतिक प्रक्रिया

यदि मैं अपने निवेदन में नई कविता ही को प्रमुखता दूँ तो आप मुझे क्षमा करें। यह नये कवियों का अपराध नहीं है कि छायावादी कवि आज क्रमशः उच्च से उच्चतर स्तर प्राप्त नहीं कर पा रहे हैं। यह नई कविता का अपराध नहीं है कि पुराने प्रगतिवादी कवि बहुत दिनों से चुप हैं।

आज की नई कविता के भीतर जो मनोवैज्ञानिक प्रक्रिया लक्षित होती है, वह निःसन्देह छायावादी या प्रगतिवादी अथवा उसके पूर्व की काव्य-प्रक्रिया से बिलकुल भिन्न है। रोमैंटिक कवियों की भाँति आवेशयुक्त होकर, आज का कवि भावों के अनायास, स्वच्छन्द अप्रतिहत प्रवाह में नहीं बहता। इसके विपरीत, वह किन्हीं अनुभूत मानसिक प्रतिक्रियाओं को ही व्यक्त करता है। कभी वह इन प्रतिक्रियाओं की मानसिक रूपरेखा प्रस्तुत करता है, कभी वह उस रूपरेखा में रंग भर देता है। इसका अर्थ यह नहीं है कि वह व्याकुलता या आवेश का अनुभव नहीं करता। होता यह है कि वह अपने आवेश या व्याकुलता को बाँधकर, नियंत्रित कर, ऊपर उठाकर, उसे ज्ञानात्मक संवेदन के रूप में या संवेदनात्मक ज्ञान के रूप में प्रस्तुत कर देता है। यह सबके अनुभव का विषय है कि मानसिक प्रतिक्रिया हमारे अभ्यन्तर में गद्यभाषा को लेकर उतरती है, कृत्रिम ललित काव्य-भाषा में नहीं। फलतः, नई कविता का पूरा विन्यास—गद्यभाषा के अधिक निकट है।

आज की नई कविता में तनाव का वातावरण है। ऐसा बहुत थोड़ा काव्य है जिसमें ऐसा वातावरण न हो। प्रकृति के कोमल दृश्य, हल्की प्रेममयी व्यंजना तथा कहीं-कहीं वासना के चित्र भी देखने को मिलते हैं। किन्तु यदा-कदाचित, वहाँ भी हमें तनाव ही दृष्टिगोचर होता है। हाँ, यह अवश्य है कि यह तनाव विविध रूपों में, अथवा गहरे या हल्के ढंग से, प्रकट होता है। आज हमारा जो व्यक्ति-जीवन है—साधारण मध्यवर्गीय लोगों का व्यक्ति-जीवन—उसके अच्छे या बुरे, ऊँचे और नीचे, गहरे और उथले क्षणों की झाँकी हमें उसमें प्राप्त होती है। मुख्य बात यह है कि आज का कवि अपनी बाह्य स्थिति-परिस्थितियों और अपनी मनःस्थितियों से न केवल परिचित है, वरन् अपने भीतर वह उस तनाव का अनुभव करता है जो बाह्य-पक्ष और आत्म-

पक्ष के द्वन्द्व की उपज है। हाँ, सही है कि यह तनाव विभिन्न क्षेत्रों को—यथा, प्रणय जीवन को, आपूर्तिग्रस्त व्यक्ति-मानस को, तो कभी-कभी सामाजिक पक्ष को—लेकर उत्पन्न होता है। कवि के आस-पास जो जीवन लहरायित और तरंगायित है, उसे अनुभव कर और उसके भीतर अपनी स्थिति को लेकर वह विशेष सुख अनुभव नहीं कर पाता। यह तनाव कभी-कभी आत्मालोचन के स्वर में फूट पड़ता है, तो कभी प्रकृति के रमणीय दृश्य में उदास भावों का आरोप करता-सा प्रतीत होता है, कभी वह आत्मविश्वास से प्लुत होकर गरज उठता है, तो कभी वह मात्र नपुंसक अहंकार का विस्फोट बनकर प्रकट होता है, कभी वह आस्था और प्रेम की बात करने लगता है। यह भी होता है कि कवि अपने मन के भीतर के उस तनाव को सामाजिक प्रश्नों के साथ जोड़ देता है, यहाँ तक कि वह सभ्यता के प्रश्न भी शान से उपस्थित करता है।

संक्षेप में, नई कविता, वैविध्यमय जीवन के प्रति आत्म-चेतन व्यक्ति की संवेदनात्मक प्रतिक्रिया है। चूँकि आज का वैविध्यमय जीवन विषम है, आज की सभ्यता ह्रासग्रस्त है, इसलिए आज की कविता में तनाव होना स्वाभाविक ही है। किसी भी युग का काव्य अपने परिवेश से या तो द्वन्द्व रूप में स्थित होता है, या सामंजस्य के रूप में। नई कविता अधिकतर द्वन्द्व रूप में स्थित है। इसका अर्थ यह नहीं है कि नई कविता में हृदय का सहज रस या रमणीयता नहीं है। नई कविता के निकृष्ट उदाहरणों को चुनकर उस पर दोषारोपण करना व्यर्थ है। उसके श्रेष्ठ उदाहरणों को लेकर ही उसके विषय में कुछ कहा जा सकता है। नई कविता ने नये विषय, नई उपमाएँ, नई प्रतीक-योजना, नई भाव-प्रद्धति प्रदान की है। लेकिन ये सब बातें मैं सिर्फ़ इसलिए कह रहा हूँ कि हम लोग उसकी उपलब्धियों को सबसे पहले पहचान लें। नई कविता का स्वर एक नहीं है, विविध है। एक ओर, यदि उसमें सुकोमल तीव्र गीतात्मक स्वर है, तो दूसरी ओर, तीव्र आलोचना का स्वर भी। यह स्वर कभी आत्मालोचन का रूप धारण कर लेता है, तो कभी समाजोन्मुख आलोचना भी करता है। प्रकृति के कोमल रमणीय दृश्यों से लेकर तो हृदय की रसात्मक अनुभूतियों तक के मार्मिक चित्र नई कविता में कम नहीं हैं। सच तो यह है कि नई कविता के भीतर कई स्वर हैं, कई शैलियाँ हैं, कई शिल्प हैं, और कई भाव-पद्धतियाँ। नई कविता एक काव्य-प्रकार का नाम है। उस काव्य-प्रकार के भीतर अनेकानेक व्यक्तिगत शैलियाँ, शिल्प, रचना-विधान और जीवन-दृष्टियाँ हैं। नई कविता की प्रतिभा किस लेखक में कहाँ है और कहाँ तक है, यह विवाद का विषय है। आज काव्य-क्षेत्र में बहुत-से नये कवि हैं। इनमें से बहुतेरे अच्छी कविता करते हैं। इन सारी उपलब्धियों को ध्यान में रखते हुए, मैं अब अपनी कुछ विशेष बातों को आपके सामने रखना चाहता हूँ।

पहली बात तो यह है कि युग-परिवर्तन के साथ, भिन्न स्वभाव वाले कवि सामने

आते हैं। उन कवियों के विषय भिन्न होते हैं और काव्य-शिल्प भी भिन्न। छायावादी कवि और रीतिकालीन कवि के अपने-अपने स्वभावों में बहुत भेद है। नई कविता का स्वभाव भी पहले के कवि-स्वभावों से भिन्न है। सबसे पहली बात तो यह है कि नया कवि बाह्य के प्रति संवेदनशील है। इस संवेदना को वह आत्मपरक रूप में प्रकट करता है। किन्तु छायावादियों और प्रगतिवादियों की भाँति कोई दार्शनिक विचारधारा उसके पास नहीं है। यह बात मैं नई कविता के बारे में कह रहा हूँ। हाँ, यह अवश्य है कि कुछ विशिष्ट कवियों के पास अपने विशिष्ट दृष्टिकोण, सर्वांगीण विचारधाराएँ हो सकती हैं; किन्तु सबके साथ यह बात सच नहीं है। हाँ, कुछ में कुछ विशेष वैचारिक प्रवृत्तियाँ हो सकती हैं, बाक़ी में बिलकुल नहीं। अधिक-से-अधिक, वे लोग मानवता में, मानवतावाद में, अपनी आस्था प्रकट करते हैं; किन्तु यदि उनके बौद्धिक विचारों की जाँच की जाए तो आप पाएँगे कि मानवता की उनकी कल्पना अमूर्त और वायवीय है। फिर भी, इनमें से बहुतेरे लोग व्यक्तिगत भावना के धरातल पर समाज के शोषकों और उत्पीड़कों के विरुद्ध हैं। विषम समाज के भीतर ग़रीब मध्यवर्गीय जनता की स्थिति से उनका लगाव है। मैं नई कविता के अधिकांश कवियों की बात कर रहा हूँ। शेष ऐसे भी राजनीतिक रूप से सचेत कवि हैं, जो लेखकों को समाज के उत्पीड़कों के विरुद्ध (अपने काव्य द्वारा) आवाज़ उठाने नहीं देते अथवा उन्हें ऐसे कार्य में हतोत्साह करते रहते हैं। किन्तु, दिवसानुदिवस, समाज और सभ्यता के प्रश्न विकट हो रहे हैं। नई कविता उन प्रश्नों से बच नहीं सकती, न वह बची ही है। नई कविता के क्षेत्र में, असन्दिग्ध रूप से, प्रगतिशील परम्परा की एक लीक चली आई है। प्रश्न इस परम्परा को आगे बढ़ाने का है। कविता बाह्य के प्रति सामंजस्य के रूप में उपस्थित होती है या द्वन्द्व के रूप में। क्या यह आवश्यक नहीं है कि कवि अपनी मानसिक प्रतिक्रिया को उत्पन्न और उत्सर्जित करनेवाले मूलभूत द्वन्द्वों का ठीक-ठीक आकलन करे, उन्हें समझे, और उनके कारणों का अध्ययन करे, उनका वैज्ञानिक विश्लेषण करे। यह तो कवि की जीवन-दृष्टि और जीवन-ज्ञान पर निर्भर है कि वह किस भाँति (1) बाह्य-पक्ष, (2) आत्म-पक्ष और (3) उन दोनों के द्वन्द्व से उत्पन्न तनाव को जाने-समझे, और उनकी व्याख्या करे। यदि कवि का ज्ञान-पक्ष दुर्बल है, यदि उसका ज्ञान आत्म-पक्ष और बाह्य-पक्ष और तनाव के सम्बन्ध में अधूरा अथवा धुँधला है, अथवा यदि वह तरह-तरह के कुसंस्कारों और पूर्वग्रहों तथा व्यक्तिबद्ध अनुरोधों से दूषित है, तो ऐसे ज्ञान की मूलभूत पीठिका पर विचरण करनेवाली भावना या संवेदना निःसन्देह विकारग्रस्त होगी। यही कारण है कि नई कविता के क्षेत्र में हमें बहुतेरी ऐसी रचनाएँ मिलती हैं, जिन्हें हम स्पष्टतः लोकविरोधी कह सकते हैं। इसके साथ ही यह भी भूलने की बात नहीं है कि नई कविता के क्षेत्र में ऐसी भी बहुतेरी रचनाएँ

हैं, जिन्हें हम पूर्णत: लोकोन्मुख कह सकते हैं। मेरे ख़याल से, आज की कविता का मूल प्रश्न जीवन-जगत् के ज्ञान के अधूरेपन या पूरेपन, विकारग्रस्तता या शुद्धता, के प्रश्न के साथ अटूट रूप से जुड़ा हुआ है। आज के कवि को, अर्थात् हमें, ज्ञान-पक्ष के विकास की जितनी अधिक आवश्यकता है, उतनी पहले कभी नहीं रही।

इसका कारण यह है कि आज का कवि एक असाधारण असामान्य युग में रह रहा है। वह एक ऐसे युग में है, जहाँ मानव-सभ्यता-सम्बन्धी प्रश्न महत्त्वपूर्ण हो उठे हैं। समाज भयानक रूप से विषमताग्रस्त हो गया है। चारों ओर नैतिक ह्रास के दृश्य दिखाई दे रहे हैं। शोषण और उत्पीड़न पहले से बहुत अधिक बढ़ गया है। नोच-खसोट, अवसरवाद, भ्रष्टाचार का बाज़ार गर्म है। कल के मसीहा आज उत्पीड़क हो उठे हैं। अध्यात्मवादी विचारक, जनता से दूर जा बैठे हैं। अधिकांश समीक्षकों का जीवन से कोई सम्बन्ध नहीं रहा। वे जीवन के कलात्मक-साहित्यिक बिम्बों की तो व्याख्या करेंगे, किन्तु जीवन से दूर रहेंगे। सर्वत्र क्षोभ, कष्ट, अन्याय और उत्पीड़न के दृश्य दिखाई दे रहे हैं। समाज के भीतर के विभिन्न वर्गों की खाइयाँ और भी चौड़ी हो गई हैं। यहाँ तक कि मध्यवर्ग में भी दो श्रेणियाँ पैदा होकर अपनी परस्पर दूरी ख़तरनाक तरीक़े से गहरी और चौड़ी कर रही हैं। जनपद स्कूल के शिक्षक और यूनिवर्सिटी-प्रोफ़ेसर के बीच, ग़रीब जनता और खादीधारी नेता के बीच, क्लर्क और अफ़सर के बीच, दूरियाँ और खाइयाँ मुँह फाड़े खड़ी हैं—किसान-मज़दूर और पूँजीपति-ज़मींदार के बीच की दूरियों का तो क्या कहना! मानव-सम्बन्ध टूट-फूट गए हैं, उलझ गए हैं। समाज में शोषकों, उत्पीड़कों और उनके साथियों का ज़ोर बढ़ गया है। नई कविता के क्षेत्र में भी दो दल तैयार हो रहे हैं। एक दल वह है जो उच्च-मध्यवर्ग का अंग है; दूसरे वे हैं जो निचले ग़रीब मध्यवर्ग से सम्बन्धित हैं। उनकी वर्गीय प्रवृत्तियाँ न केवल उनके काव्य में, वरन् साहित्य-सम्बन्धी उनके सिद्धान्तों में, परिलक्षित होती हैं।

ध्यान में रखने की बात है कि नई कविता के अभ्युदय और प्रभाव के विस्तार के साथ ही काव्य-सौन्दर्य के सम्बन्ध में प्रश्न उठाये गए। ऐसा हमेशा होता आया है कि नई काव्य-प्रवृत्ति के उदय के साथ ही, काव्यात्मक प्रभाव के सिद्धान्तों, साहित्य-सिद्धान्तों, की पुनर्व्याख्या हो। किन्तु नई कविताओं ने काव्य-सौन्दर्य-सम्बन्धी जो व्याख्या की, वह भले ही चाहे जितनी लचीली बना ली जाए, उन सिद्धान्तों का प्रयोग करते समय ऐसी विशेष भावनाओं और उनकी अभिव्यक्ति को असुन्दर समझा गया जिनका सम्बन्ध ह्रासग्रस्त सभ्यता के विरोध से हैं। संक्षेप में, एक विशेष प्रकार की काव्याभिरुचि की औचित्य-स्थापना के लिए सिद्धान्त लाये गए अथवा सिद्धान्तों की पुनर्व्याख्या की गई। दूसरे शब्दों में, अपनी काट की कविता—अपने फ्रेम में फ़िट होनेवाली कविता—को तो कविता माना गया, चाहे वह महत्त्वहीन गद्य ही क्यों न

हो; पर इसके विपरीत, राजनीतिक भावावेश से सम् अथवा उसकी जान–बूझकर उपेक्षा की गई। जहाँ भी जीवन–दृष्टि उत्पीड़ित जनता का पक्ष ले रही है, वहीं नाक दिया गया दिखाई दिये। ये सौन्दर्यवादी लोग यह भूल गए कि बंजर कान्य की एक अजीब वीरान भव्यता होती है, गली के अँधेरे में उगे छोटे चिन्ह में भी भी एक विचित्र संकेत होता है। विशाल व्यापक मानव–जीवन में पाये में संघर्ष के रौद्र रूप तो उनकी सौन्दर्याभिरुचि के फ़्रेम के बाहर थे। आप मुझ यदि मैं यह कहूँ कि नई कविता में आवेश के पंख काट दिये गए, कल्पना पिंजरे में पालकर रखा गया। उसे मानव–जीवन को मूर्त और साक्षात् करने रचनात्मक शक्ति के रूप में उपस्थित नहीं किया गया, क्योंकि वह एक विशेष प्रक की भद्रजनोचित सौन्दर्याभिरुचि के फ़्रेम के ख़िलाफ़ जाती थी। व्यक्ति–मन की बात करके आत्मा की महान, दुर्दम, विप्लवकारिणी ज्ञानमूलक शक्ति को भुला दिया गया। 'लघु मानव' के सिद्धान्त का प्रचार किया गया। संक्षेप में, विषम ह्रासग्रस्त सभ्यता को उलटनेवाली महान भावनाओं को परित्यक्त करके, तथाकथित आधुनिक भाव–बोध को उद्घोषित किया गया।

लेकिन, वस्तुतः, आधुनिक भाव–बोध क्या है ? मैं अपनी ख़ुद की ज़िन्दगी और दोस्तों की ज़िन्दगी के तजुर्बे से बता सकता हूँ कि अन्याय के ख़िलाफ़ आवाज़ बुलन्द करना आधुनिक भाव–बोध के अन्तर्गत है। आधुनिक भाव–बोध के अन्तर्गत यह भी है कि मानवता के भविष्य–निर्माण के संघर्ष में हम और भी अधिक दत्तचित्त हों, तथा हम वर्तमान परिस्थिति को सुधारें, नैतिक ह्रास को थामें, उत्पीड़ित मनुष्य के साथ एकात्म होकर उसकी मुक्ति की उपाय–योजना करें। क्या यह आधुनिक भाव–बोध के अन्तर्गत नहीं है कि मैं अपनी लेखनी द्वारा किसी विशेष लोकादर्श के लिए कविता लिखूँ ? क्या जब बंगाल में अकाल पड़ा तब महादेवी से लेकर बच्चन तक ने, मैथिलीशरण गुप्त से लेकर मेरे जैसे तुच्छ कवि ने, कविताएँ नहीं लिखी थीं ? क्या यह बात किसी से छिपी है कि कैसी श्रेष्ठ कविताओं का संकलन निकला और उसके पैसे अकाल फंड में गए ? क्या वह रेज़िमेंटेशन था ? क्या वह आधुनिक भाव–बोध के अन्तर्गत नहीं आएगा ?

इसी प्रकार हम आत्माभिव्यक्तिवाद को लें। हमारी आत्मा को जो अनुभूत होता है, उसे हम लिखते हैं। ऊपर–ऊपर से यह सिद्धान्त सही मालूम होता है। किन्तु हमारी आत्मा में बहुतेरा अनुभव संचित है। वह सब साहित्य में क्यों नहीं आता ? इसके उत्तर में यह कहा जाता है कि गहन अनुभूति के क्षण थोड़े होते हैं, वे सौन्दर्यानुभव के क्षण होते हैं। जब हममें एस्थेटिक इमोशन जाग उठता है, तब हम कविता लिखते हैं। आत्मा

एस्थेटिक नहीं होतीं, इसलिए वे काव्य-रूप में व्यक्त नहीं होतीं।
...ल अपने एस्थेटिक इमोशन को ही प्रकट करो, दूसरों के चक्कर में
... तुम दूसरों के चक्कर में पड़े, तो गए!

...6 से तो मैं भी कविताएँ लिख रहा हूँ। कविता में कहाँ कितना फ्रॉड होता ... जानता हूँ। फ्रॉड को आप कौशल भी कह सकते हैं। नई कविता का कवि ...चेत है, वह काफ़ी फ्रॉड करता है। दूसरे शब्दों में, यह आवश्यक नहीं है, अर्थात् अनिवार्य नहीं है, कि काव्य की वास्तविक रचना का क्षण, युगपत्-रूप से, हृदय ... द्रवण का, चित्त की रसात्मकता का, भी क्षण हो। हृदय में संचित प्रतिक्रियाएँ, अनुभव, आवेशमय अनुरोध, अतृप्त स्वप्न-राशियाँ—जो हृदय में संचित हैं—उत्थित, तरंगित और प्रवाहित होकर संवेदनात्मक उद्देश्यों की दिशा में जब उमड़ने लगती हैं, और साथ ही जीवन-दृष्टि से ज्योतित होकर अन्तर्नेत्रों के सम्मुख दृश्यमान होने लगती हैं, तब वस्तुत:, हमें एस्थेटिक इमोशन प्राप्त होता है। ऐसे एस्थेटिक इमोशन्स हमें लिखते वक़्त ही नहीं, सड़क पर चलते हुए भी प्राप्त होते हैं। माँ से, मित्रों से, बातचीत करते समय, जुलूस में जाते समय, किसी फूल या पत्ते को देखकर, किसी सुन्दर मुख का दर्शन कर, किसी भव्य श्रद्धेय व्यक्ति का सम्पर्क पाकर, वे भाव हमें प्राप्त हो जाते हैं। ऐसे एस्थेटिक इमोशन केवल लेखक में नहीं होते, साधारण जन-हृदय में भी आते-जाते हैं और ख़ूब आते हैं। जनता स्वयं एस्थेटिक इमोशन का भंडार है। यह कोई राजनीतिक बात नहीं, नितान्त सत्य है। फिर हमीं क्यों कवि हो जाते हैं, वे क्यों नहीं होते? यह इसलिए नहीं हो पाता कि यद्यपि वे भावों की व्यक्तिबद्ध दशा से हटकर, ऊपर उठकर, सामान्य और उच्चतर रस-दशा में चले जाते हैं, फिर भी कभी-कभी वे उनका एब्स्ट्रैक्शन—विलगीकरण—नहीं कर पाते। किन्तु बहुत बार वे लोग बातचीत के दौरान में वैसा कर जाते हैं। तब उनकी बात का प्रभाव रसात्मक होता है, और वाणी द्वारा प्रस्फुटित उनकी अभिव्यक्ति की अपनी शैली होती है, जिसमें प्रभावोत्पादक शब्द-योजना रहती है। काव्य या साहित्य पर्याप्त अमूर्त (एब्स्ट्रैक्ट) कला है। उसकी मूर्तिमानता उसकी बुनियादी विलगीकरण-क्रिया पर आधारित है। विलगीकरण-क्रिया ही एब्स्ट्रैक्शन है। सामान्य जन में बहुधा उचित शब्द-सम्पदा नहीं होती कि जिससे वह अपने सूक्ष्म भावों और आवेशों को ठीक-ठीक प्रस्तुत कर सके।

संक्षेप में, नये कवियों को यह बताया गया है कि वे तथाकथित एस्थेटिक इमोशन तक ही सीमित रहें। हृदय में संचित वास्तविक जीवनानुभवों को—यदि वे एस्थेटिक इमोशन के क्षण में बहकर नहीं आते—व्यक्त करना ग़लत होगा। यह एक ऐसा सिद्धान्त है, जिसके पीछे न केवल विशेष सौन्दर्याभिरुचि है, वरन् विशेष प्रकार के विषय-संकलन का आग्रह भी है। किन्तु इस सिद्धान्त का मुख्य हेतु यह है कि व्यक्ति को

व्यक्तिबद्ध बनाया जाए। यह सिद्धान्त मनोवैज्ञानिक दृष्टि से अनुचित और व्यावहारिक दृष्टि से प्रतिक्रियावादी है। नई कविता के आचार्यों की कविता में कितना एस्थेटिक इमोशन है, यह हम जानते हैं।

माना कि नये कवि के पास कोई सर्वांगीण दार्शनिक विचारधारा नहीं है, किन्तु वह अपने जीवन की वास्तविकता के सम्पर्क में तो है। मैं यह मानने के लिए तैयार नहीं हूँ कि उसका मन आज की विषम परिस्थितियों के बीच पाए जाने वाले करुण, बीभत्स और कठोर, सुन्दर और सुषमामय, दृश्यों से संवेदित तथा व्याकुल नहीं होता। ये कवि-गण निःसन्देह इन स्थितियों का संवेदनात्मक अनुभव करते हैं। संवेदनशील मनुष्य होने के कारण, मानव के कष्टपूर्ण जीवन का उन पर अवश्य प्रभाव पड़ता है। आज की विषम सभ्यता के भयानक दृश्यों से उनका भी चित्त क्षुब्ध हो जाता है। फिर भी वे इन सब बातों के चित्रण की ओर ध्यान नहीं देते—भोक्ता और स्रष्टा मन के बीच का यह पार्टीशन बहुत ख़तरनाक है, अस्वास्थ्यमूलक है। किन्तु वे ऐसा क्यों नहीं कर पाते?

मेरे ख़याल से इसके कई कारण हैं। पहला कारण तो यह है कि विषय-संकलन सम्बन्धी उनकी मूल्य-भावना, अर्थात् विवेक, क्षीण है। किन्तु वह क्षीण क्यों है? इसलिए कि वे उच्च-मध्यवर्गीय, सम्पन्न, विलायती संस्कारों से युक्त सौन्दर्याभिरुचि के चक्कर में हैं। वे एक विशेष प्रकार की सौन्दर्याभिरुचि की तानाशाही के शिकार हैं। इस विशेष प्रकार की सौन्दर्याभिरुचि ने विशेष प्रकार के भावों और शैलियों को ही उभारकर नई कविता को, अदृश्य रूप से, एक ढर्रे में ढाल दिया है। नई कविता की भी अपनी एक लीक बन गई है, उसमें भी एक फ़ॉसिलाइज़ेशन—जड़ीभवन—परिलक्षित होता है, जो रेज़िमेंटेशन ही का दूसरा रूप है।

सौन्दर्याभिरुचि के अपने सेंसर्स होते हैं। इन भीतरी थानेदारों के हाथ में पड़कर, हृदय में संचित महत्त्वपूर्ण वास्तविक अनुभव-संवेदनाएँ स्वतंत्र नहीं रहतीं, दबाव दी जाती हैं। कभी-कभी वे अनुभव-संवेदनाएँ जाग उठती हैं, लेखक उन्हें व्यक्त करने का प्रयत्न करता है। किन्तु सक्षम सुन्दर अभिव्यक्ति तो अविरत साधना और श्रम के फलस्वरूप उत्पन्न होती है। उन भावों से सम्बन्धित अभिव्यक्ति की साधना तो उसने कभी की नहीं; इसलिए उसकी वह अभिव्यक्ति अधूरी और पंगु दोनों हो जाती है। दूसरे, अन्य प्रकार के व्यक्तिबद्ध भावों को प्रकट करते रहने के कारण, उसकी शब्द-सम्पदा और भाषा-शक्ति उन्हीं भावों से बद्ध तथा उन्हीं तक सीमित रहती है—वह उसके आगे नहीं बढ़ पाती। फलतः, अपने ही वे विशेष स्व-दृष्टि और स्वानुभूत भाव-संवेदन पूर्णतः अभिव्यक्त नहीं होते, उन भाव-समुदायों से सम्बन्धित अभिव्यक्ति की पंगुता से चिढ़कर वह उस रास्ते को ही छोड़ देता है, और फिर अपनी पुरानी लीक

पकड़ लेता है। साथ ही, उसमें इतना प्रबल आग्रह और अनुभव अथवा भावनात्मक आस्था नहीं है कि वह (लेखक) आगे बढ़े। उन भावों की अभिव्यक्ति से सम्बन्धित उसके पास जो भी आत्मविश्वास है, वह गड़बड़ा जाता है।

संक्षेप में, यदि लेखक आज ईमानदार है, तो उसे अपने प्रति और अपने युग के प्रति अधिक उत्तरदायी होना होगा। उसे अपनी सौन्दर्याभिरुचि के सेंसर्स ज़रा ढीले करने होंगे, विषय-संकलन को स्वानुभूत विवेक के विश्व-चेतस् हाथों में सौंपना होगा, अभिव्यक्ति-क्षमता बढ़ाने के लिए अथक प्रयास करना होगा। अधिक साहस और ज़्यादा हिम्मत से काम लेना ज़रूरी है। अपनी सौन्दर्याभिरुचि के सेंसर्स के वशीभूत होना ठीक नहीं है। अनुभव-वृद्धि के साथ-साथ, सौन्दर्याभिरुचि का विस्तार और पुनः-पुनः संस्कार होना आवश्यक है।

मैं यह नहीं कहता कि अपने अन्तर्जीवन के विविध पक्षों के चित्रण में सौन्दर्य नहीं है, या आत्मपरकता ग़लत है। मैं यह कह रहा हूँ कि अपने अन्तःकरण में स्थित जीवनानुभवों को उनके सम्पूर्ण बाह्य सन्दर्भों के साथ उपस्थित करना आवश्यक है। हम अपने-आपको यदि काट देंगे, जैसे कि सौन्दर्याभिरुचि के नाम पर हम अपने-आपको काट रहे हैं, तो फिर कुछ नहीं बचेगा। इसलिए आवश्यक है कि हम अपने-आपको सम्पूर्ण रूप में देखें। प्रगतिवाद ने मनुष्य-जीवन का केवल राजनीतिक पक्ष उठाया, उसने सम्पूर्ण मनुष्य को अपना काव्य-विषय नहीं बनाया। यदि इसी प्रकार नई कविता (भिन्न प्रकार से) एकांगी हो जाती है, तो उसके लिए यह कल्याणकर सिद्ध नहीं होगा। संक्षेप में, चेतना के निरन्तर प्रसार और अभिव्यक्ति के विस्तार की अत्यन्त आवश्यकता है। नई कविता को मानवता के भविष्य-निर्माण के संघर्ष से जोड़ना ज़रूरी है। मैं नई कविता की उपलब्धियों को कम करके नहीं देखना चाहता। मैं उसके क्षेत्र का एक अंग हूँ।

फिर से कह दूँ कि काव्य-रचना केवल व्यक्तिगत मनोवैज्ञानिक प्रक्रिया नहीं, वह एक सांस्कृतिक प्रक्रिया है। और फिर भी वह एक आत्मिक प्रयास है। उसमें जो सांस्कृतिक मूल्य परिलक्षित होते हैं, वे व्यक्ति की अपनी देन नहीं, समाज की या वर्ग की देन हैं। यह ध्यान में रखने की बात है कि नई कविता वर्तमान ह्रासग्रस्त, अधःपतनशील सभ्यता की असलियत को जब तक पहचानती नहीं है, सभ्यता के मूलभूत प्रश्नों से अपने को जब तक जोड़ नहीं लेती है, मानवता के भविष्य-निर्माण के संघर्ष से जब तक वह स्वयं को संयोजित नहीं कर पाती, जब तक उसमें उत्पीड़ित और शोषित मुखों के बिम्ब दिखाई नहीं देते, उनके हृदयों का आलोक नहीं दिखाई देता, तब तक सचमुच हमारा कार्य अधूरा रहेगा। यह ठीक है कि शायद हम यह काम एक दिन में नहीं कर सकते। किन्तु विवेक-संवेदना, अनुभव-पीड़ा और अथक श्रम

की सहायता से हम उस ओर बढ़ तो सकते ही हैं।

यहाँ मुझे एक इटैलियन कवि दोमेनिको कादोरेसी के एक वक्तव्य का स्मरण हो आता है। उसने एक जगह कहा है :

'हम व्यक्तिवाद के गहन दंडकारण्य में से बाहर निकल पड़ें, जिन-जिन स्थानों पर मनुष्य अपनी अस्तित्व-रक्षा में लीन है, वहाँ-वहाँ हमारे हित लगे हुए हैं। हमारे काव्य का चरित-नायक आज स्वयं मूर्तिमान यथार्थ ही हो...

'कला को अपने औज़ार उठा लेना चाहिए, शायद बारूद भी ज़रूरी है, जिससे कि चट्टानें तोड़ी जा सकें और युग के उन स्पन्दनशील सप्राण भाव-निर्झरों को मुक्त किया जा सके, कि जो उन चट्टानों के नीचे दबे हुए हैं। मनुष्य की मनुष्य के साथ बातचीत शुरू करनी होगी, मनुष्य का समाज के साथ वार्तालाप आरम्भ करना होगा। अब समय आ गया है कि हम अतीत के रहस्यात्मक जादुई धुँधले सूत्र-मंत्रों को त्याग दें। यदि विशुद्ध काव्य हमें जीवन ही से पूर्णतः पृथक् करता है, तो उस काव्य को विशुद्ध रखने की आवश्यकता ही क्या है? हम गोल चहारदीवारी को तोड़कर निकल जाएँ और कूदकर खाइयाँ लाँघ लें। हम स्वगत-भाषण और एकालाप से हटकर वार्तालाप की ओर जाएँ। निःसंगता से हटकर संघर्ष में योग दें। अलग-अलग टुकड़ों-टुकड़ों में काम न कर अखंड पूर्ण रचना करें। लोगों की आँखों के सामने हम उन्हीं की ग़रीबी और दारिद्र्य की स्थिति स्पष्ट करें, और यदि हो सके तो हम उनकी मुक्ति के और सान्त्वना के शब्द खोज निकालें।'

संक्षेप में, आज का कवि तब तक अपनी चेतना का संस्कार नहीं कर सकता, तब तक वह वस्तुतः आत्म-चेतस् हो ही नहीं सकता, जब तक वह विश्व-चेतस् न हो। इसी बात को हम दूसरे शब्दों में इस प्रकार कहेंगे कि कवि-हृदय आज के जगत् के मूल द्वन्द्वों का अध्ययन करे, अर्थात् अपनी सम्पूर्ण चेतना द्वारा आज की वास्तविकता की तह में घुसे और ऐसी विश्व-दृष्टि का विकास करे, जिससे व्यापक जीवन-जगत् की व्याख्या हो सके, और अन्तर-जगत् के महत्त्वपूर्ण आन्दोलनों का बोध हो। तभी उसका विषय-संकलन-सम्बन्धी विवेक भी अधिक पुष्ट होगा। तभी हम आस-पास फैली हुई मानव-वास्तविकता के मार्मिक पक्षों का उद्घाटन और चित्रण कर सकेंगे। यह उद्घाटन-चित्रण मात्र विवेचनात्मक-बौद्धिक दृष्टि में ही सीमित रहकर नहीं होगा। उस बौद्धिक प्रतिभा के फलस्वरूप संवेदनात्मक ज्ञान और ज्ञानात्मक संवेदन अधिक पुष्ट होंगे, और अनुभूति को ज्ञान-प्रेरणा प्राप्त होती जाएगी। साथ ही, उसे अपनी अभिव्यक्ति-शैली ज़्यादा लचीली [बनानी] और शब्द-सम्पदा अधिकाधिक बढ़ानी होगी, जिससे कि वह, एक ओर, हृदय की अत्यन्त सूक्ष्म संवेदनाओं को मूर्तिमान कर सके, तो दूसरी ओर, वास्तव जीवन-

जगत् की लहर-लहर हृदयंगम कर उसे समुचित वाणी दे सके।

आज के विकासमान कवि को तीन क्षेत्रों में एक साथ संघर्ष करना है—

(1) तत्त्व के लिए संघर्ष; (2) अभिव्यक्ति सक्षम बनाने के लिए संघर्ष; और, (3) दृष्टि-विकास के लिए संघर्ष। तत्त्व के लिए संघर्ष का अर्थ अपने वास्तविक जीवनानुभव को सन्दर्भ-सहित व्यक्त करने के लिए उचित विषय-संकलन के विवेक से सम्बन्धित है। हमें अपने ही युग के ऐसे सारभूत बिम्बों और मूल प्रवृत्तियों को उठाना और चित्रित करना होगा, जिससे कि हम अपना युग वस्तुत: जी सकें, और हम सच्चे अर्थों में समसामयिक हो पाएँ। विषय-संकलन का विवेक हमारी अपनी अनुभूतिजन्य मार्मिक ज्ञान-दृष्टि से उत्पन्न होगा। इसीलिए यह आवश्यक है कि हमारा ध्यान दृष्टि-विकास की ओर जाए, और हम आज के तनाव-भरे जगत् की मूल गति और दिशा को समझ सकें।

किन्तु विश्व-दृष्टि का विकास तब तक नहीं होगा, जब तक हम मानवता के भविष्य-निर्माण के संघर्ष में आस्था न रखें और आध्यात्मिक रूप से उससे सम्बद्ध न हो जाएँ। संक्षेप में, आज एक दूसरे ही प्रकार का कवि-चरित्र चाहिए। वह नहीं कि जो निरा कार्यकर्त्ता है, अथवा केवल चारण है; वह भी नहीं जो आराम-कुर्सी-पसन्द बुद्धिजीवी हो; वह भी नहीं जो किसी सम्पन्न उच्च-मध्यवर्गीय परिवार में उत्पन्न चित्रकार है, जो चित्रकला के लिए दुनिया-भर में अपनी प्रदर्शनियाँ आयोजित करता रहता है। आज ऐसे कवि-चरित्र की आवश्यकता है, जो मानवीय वास्तविकता का बौद्धिक और हार्दिक आकलन करते हुए सामान्य जनों के गुणों और उनके संघर्षों से प्रेरणा और प्रकाश ग्रहण करे, उनके संचित जीवन-विवेक को स्वयं ग्रहण करे, तथा उसे और अधिक निखारकर कलात्मक रूप में उन्हीं की चीज़ को उन्हें लौटा दे। सामान्य-जनों की अपार आध्यात्मिक और बौद्धिक क्षमता में यदि हमारा विश्वास है, हमारी आस्था है, तो हम अपने ही पिता के सच्चे पुत्र होंगे। अपने युग की विवेक-चेतना को मूर्तिमान करने का यह कार्य जितना गम्भीर और कठिन है, उतना ही प्रेरणाप्रद है, क्योंकि उससे तो हम अपने ही जीवन के मूल उत्सों के अमृत-रस का पान करेंगे, और अपनी सृजनशील अनुभूति और कल्पना द्वारा उस जीवन की साहित्यिक-कलात्मक पुनर्रचना करेंगे, कि जो जीवन अपने सारे आलोक में हमें इतना प्रिय है। कवि-चरित्र के विकास का हमारा यह संघर्ष, युग की विवेक-चेतना बनने का हमारा यह मौन प्रयास, अपने-आपमें आध्यात्मिक महत्त्व रखता है, इससे कौन इनकार करेगा?

[कृति : मई, 1960 में प्रकाशित]

आधुनिक कविता की दार्शनिक पार्श्वभूमि

साहित्य में दार्शनिक तत्त्व दो प्रकार से पाये जाते हैं। एक वे, जो लेखक की विश्व-दृष्टि का अंग बनकर भाव-दृष्टि का रूप धारण करते हुए, लेखक के आभ्यन्तर मनस्तत्त्वों का अपने अनुसार संघटन-विघटन करते हुए, उन्हें (उन अन्तर्तत्त्वों को) नई व्यवस्था प्रदान करते हैं। ऐसी स्थिति में साहित्य में प्रकट भाव-दृष्टि उस ज्ञान-धारा या विचार-धारा से अनुप्राणित और अनुशासित होती है, कि जिस धारा को हम उस लेखक की विश्व-दृष्टि कह सकते हैं। हाँ, ऐसे भी लेखक होते हैं जो केवल वातावरण से प्रभाव या संस्कार ग्रहण करते हैं। फलत: उनकी भाव-दृष्टि, उस विश्व-दृष्टि या ज्ञान-धारा से किंचित् स्वाधीन होते हुए भी, अन्तत: उसी विश्व-दृष्टि का अंग बन जाती है। संक्षेप में, लेखक की विश्व-दृष्टि (भले ही वह संगठित विचारात्मक व्यवस्था के रूप में स्पष्ट, मूर्त और सुलक्षित न हो) और उसकी भाव-दृष्टि, दोनों मूलबद्ध एकता में जहाँ पाई जाएँ, वहाँ हम यह कह सकते हैं [कि] लेखक के पास अपनी एक दार्शनिक धारा है।

साहित्य में दार्शनिक तत्त्व प्रकट होने का एक अन्य रूप भी है। वह यह कि एक ओर, भाव-दृष्टि और विश्व-दृष्टि, इन दोनों के बीच या तो ख़ूब फ़ासला होता है, या विश्व-दृष्टि का एकदम अभाव होता है। चूँकि लेखक एक जीवन्त, चेतना-सम्पन्न प्राणी है, संवेदनशील आत्मा है, इसलिए जीवन-जगत् के प्रति की गई उसकी संवेदनात्मक और ज्ञानात्मक प्रतिक्रियाओं में, बहुधा, किसी-न-किसी प्रकार के जीवन-मूल्य या तो परम्परा-प्राप्त होने से, अथवा नवीन परिस्थितिगत उपलब्धि के रूप में, प्रत्यक्ष या अप्रत्यक्ष रूप में, स्पष्टार्थों अथवा गर्भितार्थों में, प्रकट होते हैं। साथ ही, कभी-कभी वह अपने काव्य में जीवन-आलोचना भी करता है। इस प्रकार के साहित्य में प्राप्त भावनाओं में प्रकट होनेवाले जीवन-मूल्यों और दृष्टियों का खींच-खाँचकर अर्थ ग्रहण करने से, उन सबको मिलाकर, सम्भवत:, कोई दार्शनिक रूपरेखा प्रस्तुत की जा सकती है।

हिन्दी-साहित्य में सुनिश्चित दार्शनिक आधार पर खड़े हुए भाव-गम्भीर साहित्य की कभी कमी नहीं रही। भक्तिकाल में वह आधार-भूमि सुस्पष्ट थी। आधुनिक युग

के छायावादी काल में वह काफ़ी पीछे ढकेल दी गई। छायावादी भावना में आस्था की जगह व्यक्ति-मन ही प्रधान रहा। अत्याधुनिक नई कविता में सर्वमान्य दार्शनिक भूमि लगभग विलुप्त है। इसके पूर्व एक सुस्पष्ट और सांगोपांग विचारणा थी, प्रगतिवादियों के पास।

प्रगतिवादियों ने साहित्य की आध्यात्मिक व्याख्या का विरोध किया। बड़ा ही कठोर युद्ध रहा। उस काल के अनन्तर, आध्यात्मिक व्याख्या का प्रभाव दुर्बल होता गया। आज वह विचार-सरणि केवल विश्वविद्यालयों में पढ़ाई जाती है। नई कविता के द्वितीय उत्थान काल में, नई कविता के कुछ क्षेत्रों से प्रगतिवादी विचारधारा पर ज़ोरदार हमला किया गया। नि:सन्देह, प्रगतिवादी विचारणा के भारतीय व्याख्याता पर्याप्त अपरिपक्व थे, और उनमें ख़ूब मतभेद भी था। अन्तर्बाह्य कारणों से प्रगतिवाद का प्रभाव, वैसे ही, क्षीण हो रहा था। नई कविता के कुछ क्षेत्रों द्वारा किये गए हमले के बाद, उसका प्रभाव अत्यन्त अल्प हो गया। लेकिन इस पूरे इतिहास का परिणाम क्या हुआ?

नई कविता को उत्तराधिकार के रूप में न अध्यात्मवादी विचारधारा प्राप्त हुई, न भौतिकवादी। विश्व-दृष्टि को—चाहे वह जो भी हो—विकसित करने का प्रयत्न भी नहीं हुआ। कुछ कलाकारों ने आपस में बैठकर भले ही अपने विश्वास एकत्रित कर लिये हों, किन्तु वे विश्वास उनके साहित्य की पार्श्वभूमि नहीं बन पाते। दूसरे शब्दों में, उनके पास ऐसी कोई केन्द्रीय दृष्टि नहीं है जो उनकी भाव-दृष्टि का अनुशासन कर सके।

क्या यह वांछनीय है? इस प्रश्न का उत्तर अलग ढंग से दिया जाएगा। मेरे अपने मतानुसार, यह अच्छा नहीं हुआ। यह अच्छा नहीं है, हानिप्रद है—देश के लिए भी, साहित्य के लिए भी, स्वयं कवियों के अपने अन्तर्जीवन के लिए भी।

आज बहुत-से कवियों के अन्त:करण में जो बेचैनी, जो ग्लानि, जो अवसाद, जो विरक्ति है, उसका एक कारण (अन्य कई कारण हैं)उनमें एक ऐसी विश्व-दृष्टि का अभाव है, कि जो विश्व-दृष्टि उन्हें आभ्यन्तर आत्मिक शक्ति प्रदान कर सके, उन्हें मनोबल दे सके, और उनकी पीड़ाग्रस्त अगतिकता को दूर कर सके। ऐसी विश्व-दृष्टि अपेक्षित है, जो भाव-दृष्टि का, भावना का, भावात्मक जीवन का, अनुशासन कर सके।

मेरे उक्त निवेदन के उत्तर में यह कहा जाएगा कि विश्व-दृष्टि का विकास बुद्धि का कार्य है, तो इसलिए क्या आप कवियों से यह अपेक्षा करते हैं कि वे अपना एक स्वतंत्र दर्शन तैयार करें? यह तो दार्शनिकों का काम है, हमारा नहीं। इस प्रकार का उत्तर दिया जाएगा। किन्तु यह एक मानी हुई बात है कि प्रत्येक युग में जीवन के कुछ ऐसे बुनियादी तथ्य होते हैं, जिनकी उपेक्षा नहीं की जा सकती। यही नहीं, वे मूलभूत जीवन-तथ्य न केवल हमारी निजी ज़िन्दगी पर गहरा असर डालते हैं, वरन् देश के

वर्तमान और भविष्य का भी निर्माण करते हैं। [पर] उन बुनियादी जीवन-तथ्यों के जो तर्कसंगत निष्कर्ष और परिणाम निकलते हैं, हम उनकी तरफ़ भी नहीं जाते। यह नहीं कहा जा सकता कि वे हमारे जीवन-अनुभव के बाहर हैं, अथवा उनके संवेदनात्मक आघात हम पर नहीं हुए हैं, नहीं हो रहे हैं या नहीं होंगे। सच तो यह है कि वे मूलभूत जीवन-तथ्य इतने विस्तृत होते हैं कि उनके चंगुल से, प्रभाव से, उनके संवेदनात्मक अनुभव से, बचा नहीं जा सकता। फिर भी हमारे पास शिक्षा तथा संस्कृति द्वारा प्राप्त जो संचित ज्ञान है, उसके प्रकाश में भी हम उन जीवन-तथ्यों का विश्लेषण नहीं करते। आज की बहुत-सी कविताओं में दुःख, वैकल्य व पीड़ा तथा विरक्ति का स्वर है। उसके मूल में उसको घटित करनेवाले जो कारक तथ्य हैं, उनका विश्लेषण करके उनके तर्कसंगत निष्कर्षों तथा परिणामों के आधार पर, हम अपनी ज्ञानव्यवस्था, तथा उस ज्ञान-व्यवस्था के आधार पर अपनी भाव-व्यवस्था, विकसित नहीं करते। संक्षेप में, हम व्यक्तित्व के विकास की बात तो करते हैं, किन्तु व्यक्तित्व का विकास नहीं कर पाते।

व्यक्ति-स्वतंत्रता की बात तो करते हैं, लेकिन वह स्वातंत्र्य जिस मानवीय लक्ष्य-आदर्श के लिए होता है, या होना चाहिए, वह अपनी शून्य रिक्तता के धुएँ में खो जाता है। आज के जीवन के जो बुनियादी तथ्य हैं, उनके वास्तविक तर्क-संगत निष्कर्षों और परिणामों की ओर जाने में हमें डर मालूम होता है। कहीं हमें कोई राजनीतिक न कह दे, कहीं कोई हमारी कविता को गद्यात्मक न कह दे। संक्षेप में, कवियों में कहीं सौन्दर्यवाद के नाम पर, तो कहीं अन्य किसी नाम पर, यह भय समाया रहता है कि अगर हम जीवन के बुनियादी तथ्य को ही गद्यात्मक संवेदना में प्रस्तुत करें, तो लोग हमारी कृति को कलाहीन कह देंगे, अथवा लोग हमें कम्यूनिस्ट कह देंगे, अथवा वामपक्षी कह देंगे, आध्यात्मिक कह देंगे। तरह-तरह के इन आत्म-निषेधों के फलस्वरूप अनुभवात्मक ज्ञान-व्यवस्था को हम विकसित नहीं कर पाते—ऐसी ज्ञान-व्यवस्था को, जो स्वानुभूत जीवन-तथ्यों की मूल पीठिका पर खड़ी हुई हो।

इस साहसहीनता का मूल कारण है वह चरित्रहीनता, जिसे हम अवसरवाद कहते हैं। यह अवसरवाद अत्यन्त सूक्ष्म और तीव्र रूप धारण कर अन्तःकरण में पैदा हुआ है। वह हमें सच-सच और साफ़-साफ़ नहीं कहने देता। 'साफ़-साफ़' का अर्थ कलाहीन होना या गद्यात्मक होना नहीं है।

इससे एक दूसरा महत्त्वपूर्ण निष्कर्ष भी निकलता है। वह यह कि बाह्य कारकों से जो संवेदनात्मक प्रतिक्रिया, अनुभव रूप में, हमारे मन में होती भी है, वह हमारे व्यक्तित्व के उस गहरे स्तर का अंग नहीं हो पाती, कि जिस गहरे स्तर में संस्कार, शिक्षा-दीक्षा, आदि से संशोधित हमारी आत्म-सम्पदा हमारी अनुभव-सम्पदा है।

जीवनानुभवों को हम आत्मसात् करते नहीं जान पड़ते। इसलिए हम विकास नहीं कर पाते। ज़िन्दगी की मंज़िलें पार करते हुए, सामान्य अनुभवों को आत्मसात् करते हुए, हम अपने-आपको परिणत, संशोधित और विकसित कर नहीं पाते। हमारा अन्तर्मन उन जीवनानुभवों का समन्वय करके, उनके आधार पर अनुभवात्मक ज्ञान-व्यवस्था स्थापित नहीं कर पाता। ऐसी ज्ञान-व्यवस्था, जो जीवनानुभवों और तर्कसंगत निष्कर्षों और परिणामों के आधार पर होती है, निःसन्देह संवेदनात्मक हो जाया करती है। वह सिर्फ़ क़िताबी नहीं होती। यह संवेदनात्मक ज्ञान-व्यवस्था ही समन्वयकारिणी शक्ति हुआ करती है। किन्तु उसके अभाव में जो भी संवेदनात्मक अनुभव हमें होते हैं, वे उस शिशु के अनुभवों के समान हैं, कि जो शिशु उन अनुभवों को अभी अपनी संवेदनात्मक ज्ञान-व्यवस्था के रूप में ग्रथित और गुम्फित नहीं कर पाता। वह बाहरी कारक शक्तियों की प्रेरणा से तीव्र संवेदनात्मक प्रतिक्रिया तो करता है, किन्तु उनके अनुभव उसके भीतर के निज से पूर्णतः समन्वित नहीं हो पाते।

यही कारण है कि कविता में संवेदनात्मक प्रतिक्रिया तो दिखाई देती है, किन्तु वह प्रतिक्रिया किसी अन्तर्निहित अनुभवप्रसूत ज्ञान-व्यवस्था का अंग प्रतीत नहीं होती। वह प्रतिक्रिया, जो कविता में चित्रित हुई है, किसी अन्तर्निहित सागर की लहर नहीं है, वरन् बाह्य से प्राप्त संवेदनात्मक आघात की ऐसी लघु बिम्बमाला है, जिसने अन्तर्मन के केवल छिछले तल को छुआ है, जिसने अपने आघात के भीतर के सारे व्यक्तित्व को नहीं जगाया है, जिसने अन्तःसन्निहित भाव-सम्पदा में भूचाल पैदा नहीं किया है।

इस प्रकार के कवि का आत्म-प्रकटीकरण केवल आंशिक और विकृत होता है। केवल क्षण के द्रवीभवन में सारे व्यक्तित्व का योग न होने से, उस क्षण का चित्र उस व्यक्तित्व का वास्तविक चित्र नहीं हो सकता। व्यक्तित्व अथवा आत्मसत्ता जिस संवेदनात्मक ज्ञान-व्यवस्था का नाम है, उसकी आत्मसात्कारिणी समन्वयकारिणी शक्ति के प्रति उपेक्षा-भाव के कारण, कवि क्षण की संवेदना को चित्रित भले ही कर ले, वह संवेदना उसके अन्तर्जीवन की अनुभवात्मक ज्ञान-व्यवस्था का अंग नहीं बन पाती। फलतः (1) एक ओर, वास्तविक अन्तर्जीवन और निज का व्यक्तित्व तथा, दूसरी ओर, बाह्य से पुनः-पुनः प्राप्त संवेदनाएँ—इन दो के बीच फ़ासला बढ़ता जाता है; एक डबल पर्सनेलिटी-जैसा कुछ तैयार होता जाता है। (2) कवि-व्यक्तित्व और वास्तविक व्यक्तित्व के बीच इस फ़ासले के सबब से, वह साहित्यिक चिन्तन-धारा पैदा होती है, जिसे हम 'सौन्दर्यानुभूति और वास्तविक जीवनानुभव की समानान्तर गति' का सिद्धान्त कह सकते हैं। और, (3) ऐसा काव्य-साहित्य निर्मित होता है कि जिसमें केवल कुछ मनःस्थितियों का फेन, मात्र कुछ मनोदशाओं का धूम, सिर्फ़

कुछ ख़यालों का गुब्बार, प्रकट किया जाता है; किन्तु उन मन:स्थितियों, मनोदशाओं और ख़यालों को जगानेवाली मूल कारक शक्तियों की, मूल जीवन-तथ्यों की, उपेक्षा की जाती है। उन मूल जीवन-तथ्यों के स्वरूप में कोई महत्त्वपूर्ण आकर्षण नहीं देखा जाता, कि जिस आकर्षण के कारण वे काव्य-विषय बन सकें। उन मूल जीवन-तथ्यों का भूगोल और इतिहास, अलजेब्रा और ज्यॉमेट्री, हमारी संवेदनात्मक ज्ञान-व्यवस्था के अंग बन जाएँ तो क्या बात है! लेकिन, सच बात तो [यह] है कि उनके उस भूगोल और इतिहास, अलजेब्रा और ज्यॉमेट्री को आत्मसात् करने का काम संवेदनशील कवि का नहीं है, यह माना जाता है। उन मूल जीवन-तथ्यों द्वारा पैदा होनेवाली मन:स्थितियों और मनोदशाओं के भीतर जो फेन और धूम या धुन्ध उत्पन्न होती है, उनमें डूबकर, उनके पर्दे में से, हम उन मन:स्थितियों और मनोदशाओं को देखेंगे तथा उनके संकेतों की खिड़की में से, सम्भव हुआ तो, हम मूल कारक शक्तिवाले उन जीवन-तथ्यों की सूचना प्राप्त करेंगे। किन्तु स्वतंत्र रूप से हम उन मूल जीवन-तथ्यों का भूगोल और इतिहास, अलजेब्रा और ज्यॉमेट्री, नहीं पाएँगे, उन्हें अपनी निहित संवेदनात्मक ज्ञान-व्यवस्था का अंग नहीं बनाएँगे। आधुनिक विज्ञान-युग में कवियों द्वारा जीवन-ज्ञान का बॉयकॉट सचमुच दर्शनीय और शोचनीय है। वह उनके आत्मिक ह्रास और ह्रास की विद्रूपता का सूचक है।

यही कारण है कि कविता में आज जो निज-समस्या अंकित होती है, वह वास्तविक सन्दर्भों से हीन होने से मानव-समस्या का रूप धारण नहीं कर पाती। यह आध्यात्मिक ह्रास के फलस्वरूप उत्पन्न उस अन्धदृष्टि के कारण है, कि जो दृष्टि जीवन-जगत् के बदलते हुए कैनवास पर, उसकी पार्श्वभूमि में, निज-समस्या को नहीं रख पाती, उस निज-समस्या को व्यापक महत्त्व और व्यापक परिप्रेक्ष्य प्रदान नहीं कर पाती कि जिससे वह, वस्तुत: एक जीवन्त मानव-समस्या के रूप में इस प्रकार प्रस्तुत हो, कि पाठकों की दृष्टि, उस निज-समस्या को मानव-समस्या के रूप में देखे, और उस मानव-समस्या की खिड़की में से जीवन-जगत् का पर्यवलोकन करे। पाठकों की दृष्टि केवल शैली में, बिम्बमाला में, या ऐसी ही किन्हीं बातों में अटककर रह जाती है। अभी इस आत्मिक ह्रास का एक नमूना यह भी है कि सरल गद्यात्मक शैली में लिखी हुई ऐसी नई कविताएँ बहुत थोड़ी हैं कि जिनमें चित्रित अनुभव, वस्तुत:, पाठकों में संवेदनाघात करते हों। बहुत-से कवियों ने अपनी-अपनी कविताओं के ऐसे पैटर्न और ऐसी शब्दावली विकसित की है कि जो पाठकों की तो क्या, अन्य सहचर कवियों की भी समझ में नहीं आती। संक्षेप में, निज-समस्या को विस्तृत परिप्रेक्ष्य में देखकर रखने के बजाय, उसे ऐसे ढंग से घनीभूत किया जाता है कि मानो वह आज के युग के सामान्य मानव-अनुभव के परे की कोई चीज़ हो!

निज-समस्या को व्यापक मानव-समस्या के रूप में न रख पाने की इस महान असफलता के आधार पर, काव्य के क्षेत्र में जो भी नित्य-नवीन प्रयोग किये जाएँगे, वे मूलभूत जीवन तथ्यों के संवेदनात्मक ज्ञान की पूर्वपीठिका की अनवरत उपेक्षा के फलस्वरूप, महत्त्वहीन ही रहेंगे।

आज के युग के मूलभूत जीवन-तथ्यों के तर्कसंगत तथा अनुभवसिद्ध निष्कर्षों और परिणामों की ओर न जा सकने के कारण, आज का कवि वर्तमान मानव-समस्याओं के प्रति भी उदासीन है। सम्भव है कि इस बात में अतिरंजना हो। यह मैं जानता हूँ कि बहुत-से कवि, निर्मित कठघरों और घेरों को तोड़ना भी चाहते हैं। किन्तु, एक ओर, उनकी अभिव्यक्ति के ढाँचे ऐसे हैं जो नवीन अनुभवज्ञानात्मक तत्त्वों को पूर्णतः और पूरे सौन्दर्य के साथ प्रकट नहीं होने देते, तो दूसरी ओर, उन कठघरों और घेरों को तोड़ने की प्रेरणा भी इतनी दुर्बल और अस्थायी है कि वे कठघरे उस प्रेरणा के हल्के स्पर्शों से टूट भी नहीं सकते। सच बात तो यह है कि निज-समस्या को वही व्यक्ति मानव-समस्या का रूप दे सकेगा, कि जिस व्यक्ति को वर्तमान युग में प्राप्त मानव-समस्याओं से दुःख होता है, करुणा उत्पन्न होती है, क्षोभ उत्पन्न होता है, क्रोध उत्पन्न होता है। किन्तु इतनी और ऐसी जीवनशक्ति शायद आज के कवियों के पास नहीं है। क्यों नहीं है ? कारण यह है [कि]आज शिक्षित मध्यवर्ग में जो भयानक अवसरवाद छाया हुआ है, आत्म-स्वातंत्र्य के नाम पर जो स्व-हित, स्वार्थ, स्व-कल्याण की जो भाग-दौड़ मची हुई है, 'मारो-खाओ, हाथ मत आओ' का जो सिद्धान्त सक्रिय हो उठा है, उसके कारण कवियों का ध्यान केवल निज मन पर ही केन्द्रित हो जाता है। आज की कविता, वस्तुतः, पर्सनल सिच्युएशन की, स्व-स्थिति की, स्व-दशा की, कविता है। किन्तु अब ज़िन्दगी का यह तक़ाजा है कि वह अपनी इस निज-समस्या को वर्तमान युग की मानव-समस्याओं के रूप में देखे और उन्हें वैसा चित्रित करे।

किन्तु यह तभी तक सम्भव है जब तक कवि आधुनिक युग के मूल जीवन-तथ्यों के तर्कसंगत निष्कर्षों और अनुभवसिद्ध परिणामों को आत्मसात् करते हुए, अपने अन्तर्मन के भीतर समाई संवेदनात्मक ज्ञान-व्यवस्था में उन्हें महत्त्वपूर्ण स्थान दे, और उनके आधार पर, बदलते हुए युग-जीवन के सन्दर्भ से, वास्तविक जीवन-मूल्यों का विकास करे, और जीवन-मूल्यों और आदर्शों की अग्नि में स्वयं को गलाते हुए वह, वस्तुतः, आचरण करे, आचरण के मार्ग पर चले, चलता रहे। वास्तविक जीवन-साधना के बिना कलात्मक साधना असम्भव है। यद्यपि कलात्मक साधना की, आपेक्षिक रूप से, अपनी स्वतंत्र क्रिया और गति हुआ करती है, किन्तु उसकी मूल प्रेरणा, उसके तत्त्व, उस आत्म-सम्पदा का अंग होते हैं, कि जो सम्पदा अपने वास्तविक जीवन में संवेदनात्मक रूप से अर्जित की जाती है, और एक जीवन-संवेदनात्मक ज्ञान-व्यवस्था

के रूप में परिणत की जाती है। आज के कवि को, सम्भवतः, व्यापक जीवन से डर लगता है, वह उसमें फँसना नहीं चाहता, वह मूल जीवन-तथ्यों के भूगोल-इतिहास, अलजेब्रा-ज्यॉमेट्री को आत्मसात् नहीं करना चाहता। वह उस व्यापक जीवन की मार्मिक प्रक्रियाओं और क्रियाओं में हिस्सा नहीं लेना चाहता। वह उन सबसे अलग रहना चाहता है। उसे इस फैली हुई, बदलती हुई, चलती और मुड़ती हुई, ज़िन्दगी से डर लगता है। लेकिन ज़िन्दगी भी उससे बदला लेती है, उसने ज़िन्दगी की उपेक्षा की, इसलिए ज़िन्दगी उसकी उपेक्षा करेगी। आज के कवि का वैफल्य इस कारण ही है। ज़िन्दगी का शासक बनना होगा, न कि एक घिसटता हुआ कुत्ता जो गाड़ी से बँधा लेटा हुआ घिसट रहा हो। ज़िन्दगी ने उसकी जो उपेक्षा की है, उसके कारण ही उसकी यह दुर्दशा है। किन्तु ज़िन्दगी ने उससे यह बदला इसलिए लिया कि उसने स्वयं ज़िन्दगी की उपेक्षा की थी। अतएव वास्तविक जीवन में अपनी कायरता, साहसहीनता, अकर्मण्यता त्यागकर समाज में फैले अवसरवाद से मोर्चा लेते हुए, मानवीय समस्याओं से दुःखाभिभूत और करुणापन्न होकर, उसे वास्तविक मानवीय जीवन के मूल्यों और आदर्शों के मार्ग पर चलना ही होगा। हो सकता है कि इस स्थिति में वह मर जाए और उसके नाम से रोनेवाला भी कोई न हो। लेकिन कुछ लोगों को इस तरह ज़मीन में गड़ना होगा ही। इस तैयारी के साथ, इस दम के साथ, [कि] यदि हमारा नया कवि मूल्य-व्यवस्था विकसित करते हुए मानव-समस्या चित्रित करता है, तो निःसन्देह वह युग परिवर्तन करने का श्रेय-भागी होगा, भले ही उसे श्रेय मिले या न मिले।

स्वाधीनता-प्राप्ति के उपरान्त, भारत में अवसरवाद की बाढ़ आई। शिक्षित मध्यवर्ग में भी उसकी ज़ोरदार लहरें पैदा हुईं। साहित्यिक लोग भी उसके प्रवाह में बहे और ख़ूब ही बहे। इस भ्रष्टाचार, अवसरवाद, स्वार्थपरता की पार्श्वभूमि में, नई कविता के क्षेत्र में पुराने प्रगतिवाद पर ज़ोरदार हमले किये गए, और कुछ सिद्धान्तों की एक रूपरेखा प्रस्तुत की गई। ये सिद्धान्त और उनके हमले, वस्तुतः, उस शीत-युद्ध के अंग थे जिसकी प्रेरणा लन्दन और वाशिंगटन से ली गई थी। पश्चिम की परिपक्व मानववादी परम्परा से साहित्यिक प्रेरणा ग्रहण न करके, उन नये व्याख्याताओं ने उसकी अत्यन्त प्रतिक्रियावादी साहित्यिक विचारधारा को अपनाया और फैलाया। नई कविता के आस-पास लिपटे हुए बहुत-से साहित्यिक सिद्धान्तों में शीत-युद्ध की छाप है।

ध्यान में रखने की बात है कि एक कला-सिद्धान्त के पीछे एक विशेष जीवन-दृष्टि हुआ करती है, उस जीवन-दृष्टि के पीछे एक जीवन-दर्शन होता है और उस जीवन-दर्शन के पीछे, आजकल के ज़माने में, एक राजनीतिक दृष्टि भी रहती है। नई कविता को तथाकथित सौन्दर्यवाद की भूमिका देते हुए, 'सौन्दर्यानुभूति और वास्तविक जीवनानुभवों की समानान्तर गति' वाला एक कला-सिद्धान्त लाया गया। कला की

ऑटोनॉमी को, कला की स्वायत्त प्रकृति को, इतना निर्विकल्पक (एब्सोल्यूट) किया गया कि साक्षात् जीवन से उसके सम्बन्ध-सूत्र टूटने लगे—विशेषकर उस जीवन से और उसके ज्ञान से, कि जिसमें उपस्थित समस्याएँ मानव-समस्याएँ बनकर वह हालत पैदा कर देती हैं कि मनुष्य उस जीवन को बदल डालने की, उस समाज को कि जिसमें वह जीवन पाया जाता है, बदल डालने की, ओर प्रवृत्त होता हो। इस प्रकार की प्रवृत्ति से उन नये व्याख्याताओं को डर लगता था। उन्हें डर लगता था कि वे परिवर्तनकारिणी प्रवृत्तियाँ कहीं नई कविता में उभरने न लगें। इसलिए ऐसी प्रवृत्तियों की साहित्यिक अभिव्यक्तियों के और भी अधिक प्रभावशाली और सुन्दर ढंग से बनने की अगली सम्भावनाओं के विरोध में, उन्होंने वह सिद्धान्त प्रतिपादित किया जिसमें कला की स्वायत्तता की निर्विकल्पकता की स्थापना की गई, और इस प्रकार नई कविता को जीवन के मूल तथ्यों से अलग करने का प्रयत्न किया गया। बढ़ते हुए अवसरवाद और भ्रष्टाचार, छीन-झपट, भाग-दौड़, ठेलमठेलवाले शिक्षित मध्यवर्ग के तरुणों ने उक्त साहित्यिक सिद्धान्त से प्रभाव भी ग्रहण किया। आधुनिक भाव-बोध वाले सिद्धान्त में, जनसाधारण के उत्पीड़न-अनुभवों, उग्र विक्षोभों और मूल उद्वेगों का बॉयकॉट किया गया। 'लघु मानव' वाला सिद्धान्त लाकर जनसाधारण की मार्मिक आध्यात्मिक शक्तियों और भव्यताओं से आँखें फेर ली गईं। व्यक्ति-स्वातंत्र्य का झगड़ा ऊँचा कर स्वातंत्र्य के उपयोग और दिशा की समस्या से पल्ला झाड़ लिया गया। पूँजीवादी समाज के नाश की कल्पना को साम्यवादी बहक कहकर मोटे सेठों से नाता जोड़ा गया। सरकार के अच्छे कामों की आलोचना करते हुए, पश्चिमी पूँजी से जुड़े भारतीय करोड़पतियों के दरबारों में पहुँचने की दृश्यावली प्रस्तुत की गई। इस निबन्ध में यह सम्भव नहीं है कि उनके सिद्धान्तों का पूरा और समग्र खंडन किया जाए। उसके लिए पृथक् उद्योग करना होगा। मुद्दे की बात यह है कि नई कविता के डिफ़ेंस के रूप में खड़े किये गए इन सिद्धान्तों से नई कविता पर प्रभाव पड़ा। यह प्रभाव सर्वथा और पूर्णत: अनुकूल हुआ है, यह नहीं कहा जा सकता। जो भी हो, यह आवश्यक है कि सौन्दर्यानुभूति तथा जीवनानुभव के सम्बन्ध में कुछ मन्तव्य प्रस्तुत करूँ, क्योंकि उसका सम्बन्ध कलाधर्मिता और कवि-कर्म, दोनों से है।

मुख्य बात यह है कि सौन्दर्यानुभूति और जीवनानुभूति और जीवनानुभव, दोनों की दो विभिन्न कक्षाओं पर पृथक् समानान्तर गति नहीं होती है। सौन्दर्यानुभूति (एस्थेटिक एक्सपीरिएंस) जीवनानुभवों के गुणात्मक रीति से परिवर्तित रूप का नाम है। सौन्दर्यानुभव, और वास्तविक जीवन-जगत् में प्राप्त वास्तविक अनुभव, इन दोनों में मूलभूत एकात्मकता है। सौन्दर्यानुभव और वास्तविक जीवनानुभव, इन दो का सार-स्वरूप एक ही है। फिर भी, दोनों में महान भेद है। इन दोनों के भेद और दोनों की एकात्मकता ध्यान में रखने की वस्तु है।

सौन्दर्यानुभव के तत्त्व जीवन द्वारा, जीवनानुभव द्वारा, प्रदत्त होते हैं। किन्तु वे विधायक कल्पना के हाथों निराला रूप धारण कर उद्दीप्त हो उठते हैं। संवेदनात्मक उद्देश्य विधायक कल्पना की क्रिया को चालित करते हैं। इन संवेदनात्मक उद्देश्यों के अनुसार, जीवनानुभवों के तत्त्व कल्पना के संघटन-विधानकारी हाथों से निराले और तरह-तरह के रूपों में प्रकट होते हैं। इस प्रकार, जीवनानुभवों के निराले तरह-तरह के पैटर्न कल्पना तैयार करती है, किन्तु उसकी क्रिया संवेदनात्मक उद्देश्यों के अनुशासन में रहती है।

इस पूरी प्रक्रिया में सौन्दर्यानुभव तब घटित होता है, जब मनस्पटल पर बिम्बित कल्पना-रूपों में डूबकर मन साधारण जीवन की अपनी निज-बद्धता का परित्याग करता है। वह उस निज-बद्धता से ऊपर उठकर, उसके परे जाकर, उससे सम्पूर्णतः मुक्त होकर, मनस्पटल पर उद्दीप्त उन बिम्बों में खो जाता है, उनमें तन्मय हो जाता है, कि जो बिम्ब संवेदनात्मक उद्देश्यों से परिचालित कल्पना, तथा उन्हीं उद्देश्यों द्वारा परिचालित और संकलित जीवन-अनुभव-तत्त्व के पूर्ण संयोग से बने हुए हैं। संक्षेप में, तन्मयता और तटस्थता, निज-बद्धता से मुक्ति और मनस्पटल पर अंकित बिम्बों में अपने स्वयं की व्यस्तता-संलग्नता—इन दो द्वन्द्वों की एक मनोदशात्मक परिणति ही सौन्दर्यानुभव है। परिणति की इस क्रिया के दौरान में सौन्दर्यानुभव आरम्भ हो जाता है।

संवेदनात्मक उद्देश्यों से परिचालित विधायक कल्पना के मूर्तिमान (जीवनानुभवगर्भ) विधानों में डूबते हुए भी, हमारा मन एक तटस्थ द्रष्टा और, दूसरी ओर, निज-बद्धताहीन भोक्ता, के एकीभूत, परस्पर-सन्निविष्ट रूप में रहता है। इस एकीभूत द्वन्द्व के कारण ही आवेग में बहते हुए भी सचेत कवि-कर्म सम्भव होता है।

संवेदनात्मक उद्देश्यों द्वारा परिचालित विधायक कल्पना और उन्हीं के द्वारा परिचालित, तथा उनके अपने अनुसार संकलित, जीवनानुभव-तत्त्व—इन दोनों के योग से मनस्पटल पर उद्दीप्त बिम्बों में यदि मन तन्मय होकर, अपनी निज-बद्ध स्थिति खो चले, तो वैसी दशा में विश्व-रूपों में उपस्थित वे जीवनानुभव, प्रातिनिधिक हो उठते हैं; अर्थात् निज-बद्धता के परिहार के अनन्तर, बिम्ब-रूप में उपस्थित वे जीवनानुभव, व्यक्तिगत जीवन-विशिष्ट अनुभव-घटना के रूप का त्याग कर, तत्समान सारी अनुभव-घटनाओं का सामान्यीकृत रूप बनकर, उपस्थित होते हैं। फलतः, रूप, रंग और दीप्ति की अपनी सुविशिष्टता रखते हुए भी, वे बिम्ब सामान्यीकृत रूप में, अर्थात् प्रातिनिधिक रूप में, उपस्थित होकर अत्यन्त व्यापक अर्थ रखने लगते हैं। संक्षेप में, विशिष्ट और सामान्य के द्वन्द्वों की इस एकीभूत स्थिति के बिना सौन्दर्यानुभव असम्भव है। इसलिए, कवि मनस्पटल पर उपस्थित विशिष्ट का विशिष्ट चित्रण करते हुए, व्यापक सामान्य अर्थ उपस्थित करता है, और वह उस सामान्य में अपने जीवन

का विशिष्ट देखता है। इसीलिए सौन्दर्यानुभव जीवन के सार-स्वरूप का प्रगाढ़ मार्मिक अनुभव है। किन्तु वह तभी प्राप्त होता है, जब मनुष्य के पास अपने से परे जाने, अपने से ऊपर उठने, तटस्थ होने, निज-बद्धता से मुक्त होने, के साथ-साथ (और एक साथ) तन्मय होने का, विलीन हो जाने का, मानवीय गुण और उस गुण का सामर्थ्य प्राप्त हो। तभी वह विशिष्ट की सामान्य में परिणति की मुक्त आत्मीयता का आनन्द ले सकेगा। सौन्दर्यानुभव का यह स्वरूप है। वह आह्लादकारी दशा है। इन्हीं सब बातों के कारण सौन्दर्यानुभव की अपनी स्वायत्तता है।

किन्तु सौन्दर्यानुभव के अन्तर्गत, संवेदनात्मक उद्देश्य तथा अनुभव-तत्त्व वास्तविक जीवन द्वारा प्रदत्त होते हैं—उस जीवन द्वारा, जो स्व और पर के, अन्तर और बाह्य के, क्रिया-प्रतिक्रियात्मक गुम्फन, परस्पर विलयन और योग का ही दूसरा नाम है। यह आवश्यक नियम नहीं है कि ये सौन्दर्यानुभव साहित्यिक कर्म के काल के घेरे में सीमित हों। काग़ज़-क़लम हाथ में लेने से सौन्दर्यानुभव आप-ही-आप नहीं होते। मानसिक द्रवण का क्षण काग़ज़-क़लम हाथ में लेने ही से उपस्थित नहीं होता। ये सौन्दर्यानुभव रास्ते चलते भी हो सकते हैं, जीवन की विभिन्न स्थिति-परिस्थितियों में होते रहते हैं। प्रश्न यह है [कि] मनुष्य में एक साथ तटस्थ और तदात्म होने, निज-मुक्त और ऊर्ध्व-बद्ध होने, का माद्दा कितना है, जीवन-तत्त्वों के पैटर्न गुम्फित करनेवाली-कल्पना के मूल उत्स अर्थात् संवेदनात्मक उद्देश्य में उनका अपना कितना सामर्थ्य है, अपना निज का कितना ज़ोर है, आभ्यन्तर मन कितना वैविध्यपूर्ण अनुभवों से सम्पन्न है। कलात्मक चेतना का विकास वास्तविक जीवन में होता है। सार-स्वरूप में जीवन का प्रगाढ़ अनुभव करने की, कलात्मक चेतना में शक्ति होती है। कलात्मक चेतना की पुष्टि और तुष्टि उस भाव-संवेदना के आवेगों से होती है, कि जो भाव-संवेदनाएँ उसे अपने से परे, अपने से ऊपर, ले जाती हैं, और इस तरह उसे व्यापक जीवन में डुबोकर उदात्त बना देती हैं। यह कलात्मक चेतना मानवीय सामर्थ्य का एक उदाहरण है। सौन्दर्यानुभव पशुओं में नहीं होता। यह कलात्मक चेतना प्रत्येक व्यक्ति में होती है, सौन्दर्यानुभव हर एक को होते हैं, अपने-अपने अनुसार। समर्थ कलाकार के हृदय में विविध तथा व्यापक सौन्दर्यानुभवों की संचित राशियाँ पहले से ही तैयार होती हैं। कवि-कर्म करते समय वे सौन्दर्यानुभव, फिर से नई-नई रूपाकृतियाँ प्राप्त करते हुए, अपने को भावानुवादित करने का प्रयत्न करते हैं। जिस कलाकार की कलात्मक चेतना ने जीवन-जगत् की मूल मानव-समस्याएँ अनुभूत कर गहन अनुभव-समस्याएँ अर्जित की हैं, तथा मानवता के उद्धार-लक्ष्यों से अपने को एकाकार किया है, उस कलाकार का सामर्थ्य भी उतना ही अधिक है। विभिन्न लेखकों में कलात्मक चेतना का स्तर, परिणाम तथा गुण भिन्न-भिन्न होते हैं। संक्षेप में, कलात्मक चेतना

केवल ब्रश या क़लम लेकर चित्रित करते समय, लिखते समय, ही नहीं, वरन् ज़िन्दगी में काम करते वक़्त, मेहनत करते समय, भी प्राप्त होती रहती है। सम्भव है कि आदमी फ़ौज में सिपाही हो, और उसी वातावरण में रहकर कलात्मक चेतना का विकास करे! हो सकता है कि आदमी अख़बारनवीस हो, और अख़बारनवीसी के माहौल में रहकर ही कलात्मक चेतना का विकास करे! यह आवश्यक नहीं है कि कलाकारों, चित्रकारों, साहित्यिकों के साथ बैठ-उठकर ही कलात्मक चेतना का विकास हो।

मैंने अपने अन्य निबन्धों में कला के तीन मूल क्षणों का विशदीकरण किया है। यहाँ केवल इतनी ही बात उल्लेखनीय है कि पुष्ट और सुदृढ़ कलात्मक चेतना के विकास की इस पार्श्वभूमि के बिना, सुविकसित कलात्मक चेतना की पार्श्वभूमि के बिना, कलाकृति की रचना सम्भव नहीं है। कलाकृति की रचना के काल के पूर्व वह चेतना विकसित और पुष्ट रहती है। रचना-कार्य के समय कलात्मक चेतना की जो कुछ अर्जित सम्पत्ति है, वह ज़ोर मारती है। रचना-कार्य अभिव्यक्ति का कार्य है। किन्तु अभिव्यक्ति के लिए छटपटानेवाले तत्त्व पहले ही से कलात्मक चेतना के अंग और अंश रहते हैं, भले ही उनकी अभिव्यक्ति हो या न हो। सच बात तो यह है कि कलात्मक चेतना वास्तविक अनुभवात्मक जीवन-यापन का ही एक भाग है।

कलात्मक चेतना के भीतर समाए संवेदनात्मक उद्देश्य, भोक्तृ-मन के उस स्व-चेतन आवेग से उत्पन्न होते हैं कि जो स्व-चेतन आवेग वांछित और वांछनीय को प्राप्त करने के लिए तड़पता हुआ, अपनी निज-बद्ध स्थिति से ऊपर उठकर, अन्तर तथा बाह्य वास्तव में मानवानुकूल परिवर्तन करना चाहता है। ये संवेदनात्मक उद्देश्य अन्तःसंस्कृति के अंग होते हैं—उस संस्कृति के, जो बाह्य के आभ्यन्तरीकृत रूप में अवस्थित है। संवेदनात्मक उद्देश्य मनोमय होते हुए भी जगन्मय हैं, इसीलिए विद्युन्मय हैं।

किन्तु होता यह है कि बहुत-से कलाकार वास्तविक अनुभवात्मक जीवन-यापन की अंगभूत कलात्मक चेतना को, वस्तुतः, पुष्ट नहीं कर पाते। वे कला की रचना को रचना-काल की स्वप्निलता से उलझाकर, उसी स्वप्निलता को कलात्मक चेतना कहते हैं। यह ग़लत है। यह बिलकुल सही है कि पुष्ट अभिव्यक्ति ही में कलाकृति की सिद्धता है। किन्तु यह भी बिलकुल सही है कि कलात्मक चेतना, रचना-काल के दौरान की सीमा में बँधी नहीं है, वह उसके पार और बाहर भी है। इसीलिए जो कलाकार वास्तविक जीवन में अपने मनोभावों का, व्यक्तित्व का, संस्कार करता जाएगा, अनुभवात्मक ज्ञान अर्जित करता जाएगा, निज-बद्ध स्थिति से ऊपर उठने की क्षमता प्राप्त कर व्यापक मानव-उद्देश्यों और लक्ष्यों से तन्मय होता जाएगा, वह एक ओर, अधिकाधिक जीवन-तत्त्व संचित करता रहेगा, तो दूसरी ओर, अपने गूढ़ संवेदनात्मक उद्देश्यों को तीव्रतर, उदात्ततर, अनिवारणीय बनाता जाएगा। कलाकृति

की रचना का कार्य अभ्यास तथा प्रतिभा के द्वारा होता है। वह कला का तीसरा क्षण है। किन्तु रचना की आधारभूत जो कलात्मक चेतना है, उसका विस्तार और विकास, घनत्व और गहराई वास्तविक जीवन में प्राप्त होती है। कलाकार हर जगह कलाकार है,चाहे वह खुरपी हाथ में लेकर खेत में काम ही क्यों न कर रहा हो।

संक्षेप में, कलाकार के लिए तीन प्रकार के संघर्ष करना आवश्यक है : एक, सुन्दर कलाकृति की रचना के लिए अभिव्यक्ति का संघर्ष; दो, कलात्मक चेतना के अंगरूप संवेदनात्मक उद्देश्यों के अनुसार जीवन-जगत् में भीगने, रमने, अपने को निज-बद्धता से अधिकाधिक दूर करने और अधिकाधिक मानवीय बनाने के लिए आत्म-संघर्ष; तीसरे, वास्तविक जीवन के बुनियादी तथ्यों के कारण बननेवाली हलचलों का, ज़िन्दगी के अलग-अलग ढंग के तानों-बानों का, तजुर्बा हासिल करने के लिए मानव-समस्याओं को (गहराई से, ज्ञानात्मक और संवेदनात्मक रूप से) अनुभूत करके, मानवता के उद्धार-लक्ष्यों से एकाकार होकर, वास्तविक जीवन-अनुभवों की समृद्धि प्राप्त करने के हेतु, वह संघर्ष जिसे हम तत्त्व के लिए, तत्त्व-प्राप्ति के लिए, संघर्ष कह सकते हैं। सच्चे मनीषी कलाकार के जीवन में ये तीनों संघर्ष एक साथ स्वाभाविक रूप से चलते रहते हैं। और इसलिए कलाकार का जीवन पीड़ा से ग्रस्त जीवन होता है केवल सृजन-पीड़ा से नहीं, अन्य पीड़ाओं से भी।

उक्त निवेदनों का उद्देश्य नई कविता की उपलब्धियों को अस्वीकार करना क़तई नहीं है। मैं स्वयं नई कविता के आन्दोलनों का एक अंग हूँ। उक्त निवेदनों का उद्देश्य केवल यह है कि मेरे कवि-बन्धु अपने बने-बनाये उन पैटर्नों से हटें, अपनी अभिरुचि की उस तानाशाही से हटें, जो मेरे कवि-बन्धुओं को वास्तविक व्यक्तित्व-उदात्तताओं और वास्तविक अनुभूत जीवन-क्षणों का चित्रण करने नहीं देते। निज-बद्धता की स्थिति से ऊपर उठने की क्षमता का विकास होना आवश्यक है। उनकी कलाकृतियाँ स्वयं उनके व्यक्तित्व की उदारता और उदात्तता की तुलना में बहुत नीचे ठहरती हैं। इसका मूल कारण वह पैटर्न और वह अभिरुचि है, जिसने अभ्यासवश शब्दों के ऐसे कठघरे, बिम्बों और उपमाओं की ऐसी प्राचीरें खड़ी कर दी हैं, कि जिससे उन्हीं कवियों द्वारा अनुभूत उदार क्षणों का चित्रण नहीं हो पाता, मानव-समस्याओं की सांगोपांग स्थापना नहीं हो पाती, मानव-संघर्ष के मूल लक्ष्य स्थापित नहीं हो पाते। मैं उन कवियों की उपलब्धियों की अवहेलना नहीं कर रहा हूँ, वरन् अधिक मानवीय साहित्य के दर्शन का आग्रही हूँ। यह मैं जानता हूँ कि यह कार्य सरल नहीं है, किन्तु उस दिशा में प्रयत्न आवश्यक है।

[सम्भावित रचनाकाल : 1959 के बाद।]

काव्य की रचना-प्रक्रिया : एक

काव्य की रचना-प्रक्रिया के अन्तर्गत तत्त्व—बुद्धि, भावना, कल्पना, इत्यादि—एक होते हुए भी, प्रभाव-संगठक आन्तरिक उद्देश्यों की भिन्नता के साथ ही रचना-प्रक्रिया भी वस्तुतः बदल जाती है। गेय काव्य (लिरिकल पोएट्री) की रचना-प्रक्रिया उस कविता की रचना-प्रक्रिया से बिलकुल भिन्न है, जो मन की किसी प्रतिक्रिया-मात्र का रेखांकन करती है।

भावानुरूप, संवेदनानुसारी शब्द-क्रम शैली की रचना कवि के लिए आसान काम नहीं है। महत्त्वपूर्ण बात यह है कि यथोचित अभिव्यक्ति के विकास के दौरान में, अर्थात् ध्वनि-बिम्बवती शब्द-क्रम शैली के विकास के दौरान में, कवि अपने भाव-स्वभाव से घनिष्ठ रूप से परिचित होता जाता है। वह शब्दों में वास करनेवाले अर्थ-बिम्बों और अर्थ-ध्वनियों की तुलना अपने भाव-दृश्यों से करने लगता है। और इस नेत्रमयी तुलना के दौरान में, वह इस बात से अधिकाधिक सचेत होता जाता है कि वह किस प्रकार के चित्रों तथा ध्वनियों द्वारा कौन-सा संवेदनात्मक प्रभाव उत्पन्न करना चाहता है। संवेदनानुसारी शब्द-चेतना का विकास कवि के लिए महत्त्वपूर्ण है। शब्द-चयन की भावानुसारिता को घटित करनेवाली आत्म-चेतना, अर्थात् स्वयं के भाव-स्वभाव, से घनिष्ठ परिचय के अभाव में व्यक्तिगत अभिव्यक्ति-शैली का विकास नहीं हो सकता।

सामान्यतः, यह देखा गया है कि कवि-व्यक्तित्व, अपनी कुछ विशिष्ट और प्रबल आवश्यकताओं के अनुसार, कुछ विशेष भाव-श्रेणियों को ही प्रकट करता रहता है, मानो वे उसके जीवन के स्थायी भाव हों! उन्हें प्रभावोत्पादक रूप से प्रकट करने के उसके अथक निरन्तर परिश्रम के तथा अभ्यास के फलस्वरूप, धीरे-धीरे एक अर्से बाद, उसकी वे भाव-श्रेणियाँ और उनकी अभिव्यक्ति, एक संगठित इकाई बनकर, साहित्यिक 'कंडीशंड रिफ़्लेक्स' का रूप धारण कर लेती है।

यहाँ हम रचना-प्रक्रिया के आन्तरिक क्षेत्र में पहुँच रहे हैं। होता यह है कि नये कवि को अपनी वास्तविक अभिव्यक्ति पाने के लिए, यानी अपने आभ्यन्तरिक वास्तव से साक्षात्कार के लिए, अनेकानेक काव्य-प्रयोग करते हुए एक लम्बा समय गुज़ार देना पड़ता है। इन विविध-रूप, बहुमार्गानुसारी प्रयोगों के अनवरत क्रम की अन्तिम

परिणति होती है, अपनी मूलभूत आभ्यन्तर वास्तविकता के संवेदनात्मक साक्षात्कार में। दूसरे शब्दों में, कवि-जीवन की प्रथमस्तरीय उपलब्धि, उस अन्त:प्रकृति से साक्षात्कार है, जो अपना कुछ विशेष कहना चाहती है, जिसके पास कुछ विशेष कहने के लिए है। इस आत्म-चेतना के प्रत्यक्ष संवेदनात्मक ज्ञान के बिना, कोई कवि मौलिक नहीं हो सकता।

प्रथमस्तरीय उपलब्धि के बाद, अर्थात् अपने आभ्यन्तर वास्तव के संवेदनात्मक ज्ञान के अनन्तर, अथवा उसके साथ-ही-साथ, कुछ विशेष महत्त्वपूर्ण बातें होने लगती हैं। उनमें से एक है आलोचन-धर्म का विकास। इस आलोचन-धर्म द्वारा परिचालित होकर, आभ्यन्तर वास्तव अपने विशेष भावों की अभिव्यक्ति के लिए, अनेक रूपों अर्थात् कल्पना-चित्रों तथा शब्द-ध्वनि को अस्वीकार करते हुए, अन्य ध्वनियों तथा कल्पना-चित्रों को स्वीकार करता चलता है। विचित्र संस्कारों के वशीभूत होकर, आलोचन-धर्म कई प्रकार के 'सेंसर्स' अर्थात् निषेधों का प्रयोग करता है। यदि वे निषेध युक्तियुक्त और उचित न हुए तो कविता बहुत ही दुर्बोध हो उठती है। आलोचन-धर्म के साथ-ही-साथ, तथा उसके अतिरिक्त, एक बात और भी होती जाती है, जो महत्त्वपूर्ण है। वह है, भावों का आभ्यन्तर सम्पादन। रचना-प्रक्रिया से अभिभूत कवि जब भावों की प्रवहमान संगति संस्थापित करता चलता है, तब उस संगति की संस्थापना में उसे भावों का सम्पादन यानी एडीटिंग करना पड़ता है। यदि वह इस प्रकार भावों की काट-छाँट न करे, तो मूल प्रकृति उसे सम्पूर्ण रूप से अपनी बाढ़ में बहा देगी, और उसकी कृति विकृति में परिणत हो जाएगी। अनुभवी कवि आभ्यन्तर भाव-सम्पादन का महत्त्व जानता है।

भावों की प्रवहमान संगति की संस्थापना के हेतु, जब आभ्यन्तर भाव-सम्पादन होने लगता है तब एक और विलक्षण बात होती है। वह है सृजन। मूल प्रकृति के तल से आभ्यन्तर वास्तव के कुछ विशेष उद्वेगों या प्रतिक्रियाओं द्वारा परिचालित होकर, जब भाव-सम्पादन पूर्ण हो जाता है, तब उसमें एक नया तत्त्व आ जाता है—एक ऐसा तत्त्व, जो कदाचित् प्रारम्भ में कथ्य नहीं था, किन्तु जो, भावों की प्रवहमान संगति की संस्थापना पूर्ण होते ही, उसके भीतर उद्घाटित हो गया। असल में यह कहना कठिन है कि आभ्यन्तर भाव-सम्पादन की शैली-विशेष के कारण वह द्योतित हो उठा है, अथवा उस पूरी प्रक्रिया में से गुज़रने के कारण, लगे हाथों, कुछ उद्घाटन हो गए हैं, जिनमें से एक वह भी है। शायद ये दोनों ही बातें होती होंगी। किन्तु यह निश्चित है कि वह भाव-सम्पादन की लगभग अनिवार्य उपलब्धि है। इसीलिए, कविता पूरी होने पर कवि को यह प्रतीत होता है कि वह कविता में कुछ ऐसा विशेष कह गया है अथवा उद्घाटित कर गया है, जो प्रारम्भ में उसका कथ्य था ही नहीं।

द्वितीय स्तर पर पहुँचकर कवि अपने कुछ मूल स्थायी भावों अथवा कुछ भाव-श्रेणियों की समुचित अभिव्यक्ति कर चुकता है। उसका काव्य-रचनामूलक आलोचन-धर्म तथा भाव-सम्पादन इतना परिपक्व हो चुकता है कि उसे अपनी अभिव्यक्ति के लिए अब विशेष कष्ट नहीं हो पाता। तब तक वह अभिव्यक्ति के मानसिक रूपों—अर्थात् बिम्बों, चित्रों, निवेदनात्मक भंगिमाओं तथा विभिन्न लयों—पर न केवल अधिकार प्राप्त कर चुकता है, वरन् उन चित्रों, बिम्बों तथा निवेदन-भंगिमाओं को वह अपने विशिष्ट भावों और भाव-छायाओं से, अभिन्नतः संयुक्त कर देता है। दूसरे शब्दों में, वह अपने भावों की अभिव्यक्ति के लिए एक रूप-रचना तैयार कर लेता है, कि जो रूप-रचना उसके लिए उन भावों से अविच्छिन्न रूप से संयुक्त रहती है, और उनसे कदापि पृथक् अथवा विच्छिन्न नहीं की जा सकती।

वस्तुतः भावों की प्रवहमान संगति की संस्थापना के दौरान में, आभ्यन्तर भाव-सम्पादन, सक्रिय आलोचन-धर्म की सहायता द्वारा, विभिन्न भावों का विभिन्न अभिव्यंजक रूपों से घनिष्ठ संयोजन स्थापित कर देता है। काव्य-रचना के अनवरत श्रम और अभ्यास के फलस्वरूप, यह संयोजन अभेद्य हो जाता है। यही स्थिति-स्थापना अर्थात् 'कंडीशनिंग' है। यही स्थिति-स्थापना अत्यन्त दृढ़ और आगे चलकर विघ्नकारी हो जाती है।

यहाँ से कवि-जीवन के अगले स्तर का आरम्भ हो जाता है, बशर्ते कि कवि अभी भी विकास-पथ पर हो। कवि को अब प्रतीत होने लगता है कि अब तक वह जिसे अपनी अन्तःप्रकृति से साक्षात्कार कहता आया है, वह वस्तुतः उसके विगत भाव-जीवन की कुछ विशेष मूलबद्ध भाव-श्रेणियों का बोध-मात्र था। उसको अब इस स्तर पर आकर यह प्रतीत होने लगता है कि उसका वास्तविक भाव-जीवन कुछ ही, अर्थात् सीमित, भाव-श्रेणियों में बद्ध करके नहीं आँका जा सकता। यही नहीं, वरन् वे उसके पुराने स्थायी भाव और वे भाव-श्रेणियाँ, अपना पुराना तनाव बिलकुल खो चुकी हैं। लेकिन मुश्किल यह है कि पुरानी भावाभिव्यक्ति के पुराने उपादान, और पुराने उपादानों से समन्वित पुराने भाव—अर्थात् सोचने, प्रकट करने, विचार करने, अनुभव करने, की पुरानी आदतें—प्रबल रूप से विराजमान हैं। दूसरे शब्दों में, कवि ने पहले से ही अपनी जो स्थिति-स्थापना करके रखी है, वह अब पग-पग पर उसके आड़े आ रही है। अगर वह आत्मानुभूत नये भावों को प्रकट करने की कोशिश भी करता है तो भी पुराने भावों से गर्भित उपमाएँ और पुराने भावों से संयुक्त प्रतीक नवीन अर्थ-सत्ता को समाप्त कर देने पर तुले रहते हैं।

किन्तु, बहुतेरे कवि इन कठिनाइयों के बोध तक, जीवन के इस घुमाव तक, आ ही नहीं पाते। वे आगे के विकास के बजाय अपने ही आस-पास घूमते रहते हैं। फलतः

उनके पूर्व की स्थिति-स्थापना, यांत्रिक रूप से, पुरानी गूँजें प्रकट कराती रहती है। उनके ख़ुद के तैयार किये पुराने शिकंजे-यानी पुराने भाव और उनकी अभिव्यक्ति—उन्हें आगे बढ़ने नहीं देते। कंडीशंड साहित्यिक रिफ़्लेक्सेज़ यंत्रवत् कविताएँ तैयार करवाते हैं। मनोवेग यांत्रिक हो जाते हैं, अभिव्यंजक रूप जड़ीभूत हो जाते हैं। कवि अपने बनाये कठघरे में फँस जाता है। और एक समय आता है जब कवि क़तई मर जाता है, किन्तु उसका शरीर शतायु रहता है।

भाव तथा उसकी अभिव्यक्ति की यह जड़ीभूत वृत्ति यदि हिला-डुलाकर ज़बर्दस्ती लचीली न बनाई जाए तो अजीब दृश्य सामने आते हैं। उदाहरणतः, तत्त्व तो होता है अत्यन्त आधुनिक, किन्तु उसकी रूप-योजना होती है बहुत पुरानी। कहा तो यह जाता है कि तत्त्व अपना स्वयं का रूप विकसित करता है, किन्तु उसे अपना रूप विकसित करने की स्वतंत्रता दी जाए तब न। वास्तविकता यह है कि स्वयं के द्वारा विकसित किये गए व्यवधान, जो कंडीशंड साहित्यिक रिफ़्लेक्सेज़ का ही एक अंश होते हैं, उस आधुनिक तत्त्व की आधुनिक अर्थ-सत्ता को समाप्त कर देने की राह देखते रहते हैं।

कंडीशंड साहित्यिक रिफ़्लेक्सेज़ बनने का नियम प्राकृतिक है। किन्तु उसके साथ यह भी स्वाभाविक है कि कवि-मनुष्य के अन्तर्व्यक्तित्व में परिवर्तन होता जाए। इस परिवर्तन के फलस्वरूप उत्पन्न होनेवाली नई भाव-श्रेणियाँ, पुराने रिफ़्लेक्सों से टकराएँगी ही। यदि साहसपूर्वक कवि इस आत्मसंघर्ष को तीव्र करता गया, और आत्म-निरीक्षण द्वारा उसे और सार्थक बनाता गया, तो यह आशा की जानी चाहिए कि वह नई भूमि की खोज करके रहेगा।

किन्तु इस आत्मसंघर्ष में बहुतेरे विघ्न उपस्थित होते रहते हैं। सबसे बड़ा विघ्न तो यह उत्पन्न होता है कि पुराने कंडीशंड साहित्यिक रिफ़्लेक्सेज़ द्वारा तैयार की गई मूल्य-भावना नई मूल्य-भावना के पैर जमने ही नहीं देती। उदाहरणतः कवि ने कुछ साहसपूर्वक नया लिखा भी कि वही कवि, स्वयं, काव्य-श्रेष्ठता की अपनी पुरानी संवेदनाओं के अनुसार, नई रचना को तौलने लगता है। जब उसे यह मालूम होता है कि काव्य-श्रेष्ठता की उसकी मूलबद्ध (पुरानी) संवेदना के अनुसार, वह नया कुछ मूल्य नहीं रखता, तो वह कवि नई दिशा में विशेष साहस नहीं कर पाता। दूसरे शब्दों में, कंडीशंड साहित्यिक रिफ़्लेक्सेज़ उसे ख़ूब ही छकाते हैं।

आत्मसंघर्ष के दौरान में एक बड़ी बाधा यह उत्पन्न होती है कि कवि अपने को हमेशा शुरू की सीढ़ी पर, एक अल्प-बुद्धि 'बिगिनर', एक नौसिखिया उम्मीदवार, के रूप में ही पाता है। साथ ही, वह एक विचित्र प्रकार का अकेलापन महसूस करता है, क्योंकि जिस काम में वह व्यस्त है, उसमें शायद ही कोई संलग्न हो। एक ओर,

प्रकट होने के लिए बेचैन यथार्थ उसकी क्षमता को चुनौती देता है। यहाँ तक कि कभी-कभी उस चुनौती को ग्रहण करने के दौरान में, कंडीशंड साहित्यिक रिफ़्लेक्सेज़ बीच में आकर उसके हृदय में आत्मविश्वास की हानि की घटना घटित कर देते हैं। मेरी अनगिनत कविताएँ इस घटना से खंडित होकर इधर-उधर बिखरी पड़ी हैं।

आत्मसंघर्ष का अर्थ, कवि के हृदय में, केवल नये और पुराने के बीच झगड़ा ही नहीं है। कंडीशंड साहित्यिक रिफ़्लेक्स, कवि को उसके नये अनुरोधों और उद्वेगों से हटाकर, उसके अलग रूपों और चित्रों की तरफ़ उसे ले जाते हैं। किन्तु जिस कवि में आत्म-निरीक्षण जितना तीव्र होगा, वह कंडीशंड साहित्यिक रिफ़्लेक्सेज़ से उतना ही जूझ सकेगा। निःसन्देह इस आत्म-निरीक्षण के अन्तर्गत अपने मूल कथ्य के महत्त्व की पहचान भी है। इस नई भावना के प्रति जो कवि जितना ईमानदार और आग्रहशील रहेगा, वह धीरे-धीरे नई अभिव्यक्ति का रास्ता खोज लेगा।

रचना-प्रक्रिया, वस्तुतः, एक खोज और एक ग्रहण का नाम है। अभिव्यक्ति के कार्य के दौरान में कवि नई खोज भी कर लेता है। इस तथ्य को मैं एक उपमा-चित्र द्वारा स्पष्ट करना चाहूँगा।

वीरान मैदान, अँधेरी रात, खोया हुआ रास्ता, हाथ में एक पीली मद्धिम लालटेन। यह लालटेन समूचे पथ को पहले से उद्घाटित करने में असमर्थ है। केवल थोड़ी-सी जगह पर ही उसका प्रकाश है। ज्यों-ज्यों वह पग बढ़ाता जाएगा, थोड़ा-थोड़ा उद्घाटन होता जाएगा। चलने वाला पहले से नहीं जानता कि क्या उद्घाटित होगा। उसे अपनी पीली मद्धिम लालटेन ही का सहारा है। इस पथ पर चलने का अर्थ ही पथ का उद्घाटन होना है, और वह भी धीरे-धीरे, क्रमशः। वह यह भी नहीं बता सकता कि रास्ता किस ओर घूमेगा या उसे किन घटनाओं या वास्तविकताओं का सामना करना पड़ेगा। कवि के लिए, इस पथ पर आगे बढ़ते जाने का काम महत्त्वपूर्ण है। वह उसका साहस है। वह उसकी खोज है। बहुतेरे लोग, जिनमें कवि भी शामिल हैं, इस तथ्य को भूल जाते हैं, क्योंकि वे उस पर चलना नहीं चाहते, अथवा बीच में से ही भाग जाना चाहते हैं।

इस रास्ते पर बढ़ने के लिए, निःसन्देह आत्मसंघर्ष करना पड़ता है। केवल एक लालटेन है, जिसके सहारे उसे चलना है।

इस उपमा को देखकर बहुतेरे लोग यह आरोप लगाएँगे कि यहाँ किसी अवचेतनावादी सिद्धान्त का निरूपण हो रहा है। किन्तु कोई भी रचनाकार यह जानता है कि रचना के बढ़ते जाने के मार्ग का नक़्शा, रचना के पूर्व नहीं बनाया जा सकता, और यदि बनाया गया तो वह यथातथ्य नहीं हो सकता। रचना-प्रक्रिया, वस्तुतः एक स्वायत्त प्रक्रिया है। और वह किन्हीं मूल उद्वेगों और अनुरोधों के सहारे चली

चलती है। ये उद्वेग और अनुरोध ही वह लालटेन है, जिसको हाथ में लेकर उसे आगे चलना होता है।

और यह पथ क्या है? वस्तुतः बाह्य संसार का आभ्यन्तरीकृत रूप है। बाल्यकाल से ही मनुष्य, बाह्य संसार का अनवरत आभ्यन्तरीकरण करता रहा है। और इस प्रकार वह उस आभ्यन्तरीकृत बाह्य को उन विशेषताओं से समन्वित और सम्पादित करता रहा है, जो उसके 'स्व' की विशेषताएँ हैं।

यह आभ्यन्तरीकृत बाह्य, या कहिए कवि की अपनी सम्पत्ति अथवा, दूसरे शब्दों में, कवि का मनोजगत्, किन्हीं उद्वेगों या अनुरोधों से विचलित होकर कल्पना-नेत्रों के सामने चंचल हो उठता है। उसे प्रतीत होता है कि उसकी चेतना अँधेरे मैदान में बहनेवाली सरिता है, जिसकी लहरें कुछ क्षणों के लिए चमक-चमक उठती हैं।

उसके चेतन-बोध, यानी ध्यान के ओट के कारण ही वह इस आभ्यन्तर वास्तव को रहस्यमय ही समझेगा। यह उसके लिए स्वाभाविक ही है। किन्तु जब वह रचना कर चुकता है, तो उसकी रचना, वस्तुतः, पुनर्रचित जीवन ही होती है—वह जीवन, जो आत्म-पक्ष और वस्तु-जगत् की क्रिया-प्रक्रिया के उलझे रूप से बना हुआ है।

चूँकि कवि का आभ्यन्तर वास्तव बाह्य का आभ्यन्तरीकृत रूप ही है, इसीलिए कवि को अपने वास्तविक जीवन में, रचना-बाह्य काव्यानुभव जीना पड़ता है। कवि केवल रचना-प्रक्रिया में पड़कर ही कवि नहीं होता, वरन् उसे वास्तविक जीवन में अपनी आत्म-समृद्धि को प्राप्त करना पड़ता है और मनुष्यता के प्रधान लक्ष्यों से एकाकार होने की क्षमता को विकसित करते रहना पड़ता है। यही कारण है कि काव्य केवल एक सीमित शिक्षा और संस्कार नहीं है, वरन् एक व्यापक भावनात्मक और बौद्धिक परिष्करण (कल्चर) है—वह कल्चर, वह परिष्कृति, जो वास्तविक जीवन में प्राप्त करनी पड़ती है।

बाह्य का आभ्यन्तरीकरण एक मनोवैज्ञानिक प्रक्रिया है। यदि यह आभ्यन्तरीकरण, बचकाने ढंग से, दूषित दृष्टि से, अवैज्ञानिक रूप से, और मनो-विकृतियों से, ग्रस्त होकर किया गया हो, तो तुरन्त ही उसका साहित्य पर भी परिणाम होता है। इसीलिए कवि के लिए सतत आत्म-संस्कार आवश्यक है, जिससे बाह्य का आभ्यन्तरीकरण सही-सही हो।

ध्यान रहे कि मनोवेगों में स्वयं-स्फूर्ति के अतिरिक्त यांत्रिकता भी होती है। यही यांत्रिकता विवेक की शत्रु है। अपने से ऊपर उठकर सोचने-समझने की शक्ति तथा भावना, मन की संवेदना—ये दो छोर हैं स्रष्टा मन के।

जगत्-जीवन के संवेदनात्मक ज्ञान और ज्ञानात्मक संवेदना में समाई हुई मार्मिक आलोचन-दृष्टि के बिना कवि-कर्म अधूरा है।

विश्व-संघर्ष की पार्श्वभूमि में व्यक्ति-संघर्ष और विश्व-स्थिति की पार्श्वभूमि में व्यक्ति-स्थिति रखकर, अन्तर्बाह्य वास्तविकताओं से प्रेरित जो लक्ष्य-चित्र आविर्भूत होते हैं, वे भव्य प्रेरणाओं को उत्सर्जित करते हैं। मेरा अनुभव मुझे यह बताता है कि नई कविता में निओ-क्लासिसिज़्म के बीज पक चुके हैं। और अभी से विभिन्न कवियों में उसकी आशाएँ प्रकट हो रही हैं।

हिन्दी में इन दिनों दो प्रकार के वर्ग काम कर रहे हैं। एक, उच्च-मध्यवर्गीय जन; दूसरे, निम्न-मध्यवर्गीय जन। इन दोनों के बीच की खाई लगातार चौड़ी होती जा रही है। विश्व का जो आभ्यन्तरीकरण ये दो वर्ग करते जा रहे हैं, उसमें बड़ा भेद दृष्टिगत हो रहा है। इन दोनों श्रेणियों की प्रधान भावनाएँ एक-दूसरे से जुदा हो चुकी हैं। दोनों के सामने दुनिया दो अलग संवेदनात्मक रूपों में प्रस्तुत हो रही है। प्रगतिशील जीवन-मूल्य निम्न-मध्यवर्गीय श्रेणी के भावना-चित्रों में अधिक पाये जाते हैं। इस श्रेणी में, जीवन-संघर्ष की अधिकता के फलस्वरूप, अन्तर्मुखता और भाव-सघनता तो होती ही है, किन्तु उसके साथ, शिक्षा, स्वाध्याय और समय के अभाव के कारण, काव्य-सौन्दर्य के विकास के प्रति विमुखता भी दृष्टिगोचर होती है। किन्तु सबसे अधिक चिन्तनीय यह है कि वे तथाकथित अभिजात उच्च-मध्यवर्गीय काव्य-संस्कृति में आच्छन्न होकर अपनी विशिष्टता को प्रखर रूप से प्रकट नहीं कर पाते।

यह धारणा ग़लत है कि आत्मपरक काव्य व्यक्तिवादी काव्य है। भारतीय संस्कृति द्वारा विकसित की गई परम्पराओं में से एक परम्परा आत्मपरक काव्य की है। आत्मपरक काव्य में प्रगतिशील जीवन-मूल्य भी प्रकट होते हैं, होते रहते हैं।

अपने लक्ष्यों के प्रति हार्दिक स्नेह के बिना, जिज्ञासा, आत्म-संस्कार, आत्म-निरीक्षण तथा आत्म-संघर्ष, सब व्यर्थ है। लक्ष्यों के प्रति दुर्दान्त स्नेह की आस्तिकता के बिना वास्तविक अस्मिता का विकास नहीं हो सकता, और उन्हीं के सन्दर्भ से हमेशा यह जाना जाएगा कि कवि किस सतह से बोल रहा है। ध्यान रखना चाहिए कि कवि किस सतह से बोल रहा है, यह हमेशा महत्त्वपूर्ण होता है और यही उसके निवेदनों या चित्रणों को द्योतित करता है।

[सम्भावित रचनाकाल : 1959 के बाद।]

काव्य की रचना-प्रक्रिया : दो

रचना-प्रक्रिया के सम्बन्ध में मतों की भिन्नता स्वाभाविक है। इसका एक कारण तो यह है कि रचना-प्रक्रियाएँ स्वयं भिन्न-भिन्न होती हैं। वे कवि-स्वभाव, कवि-दृष्टि और विषयवस्तु के अनुसार बनती-बदलती रहती हैं। रचना-प्रक्रिया का कोई निर्विशिष्ट सामान्य रूप नहीं है, यद्यपि यह सही है कि उस प्रक्रिया के मूल तत्त्व सर्वसामान्य हैं।

इस बात को हम यों समझें। संवेदनात्मक उद्देश्य, कल्पना, भावना, बुद्धि-तत्त्व सर्वसामान्य हैं। उनके कार्य के बिना रचना-प्रक्रिया सम्भव नहीं है। किन्तु, इन तत्त्वों की विभिन्न मात्राओं, विभिन्न अनुपातों और विभिन्न प्रकार के योगों से विभिन्न विशिष्ट रूप प्राप्त होते हैं। ये योग विभिन्न संवेदनात्मक उद्देश्यों के अनुसार घटित होते हैं। ये संवेदनात्मक उद्देश्य रचनाशील मन की अपनी निधि हैं, और उस पूरे अन्तर्जगत् का अंग हैं, कि जो अन्तर्जगत् कवि ने पाया और विकसित किया है। यह अन्तर्जगत् बाह्य-जगत् का आत्मकृत संशोधित-सम्पादित अन्तःसंस्कृत रूप है, और उस क्रिया-प्रतिक्रिया की गतिमान परम्परा की उपज है, कि जो क्रिया-प्रतिक्रिया लेखक बाल्यकाल से बाह्य के प्रति करता आया है। संक्षेप में, रचना-प्रक्रिया के भीतर न केवल भावना, कल्पना, बुद्धि और संवेदनात्मक उद्देश्य होते हैं, वरन् वह जीवनानुभव होता है जो लेखक के अन्तर्जगत् का अंग है, वह व्यक्तित्व होता है जो लेखक का अन्तर्व्यक्तित्व है, वह इतिहास होता है जो लेखक का अपना संवेदनात्मक इतिहास है। और केवल यही नहीं होता।

बाह्य से प्राप्त ज्ञान-निधि और भाव-परम्परा लेखक के अन्तर्जगत् में स्थान पाकर, उसके (लेखक के) व्यक्तित्व की आन्तरिक आवश्यकताओं की पूर्ति की दिशा में, अपने विभिन्न रूप (उसके हृदय में) गठित करती हुई उसकी अपनी ज्ञान-निधि और भाव-परम्परा बन जाती है। बाह्य से प्राप्त ज्ञान और भाव लेखक के अन्तर्व्यक्तित्व में ऐसे घुल-मिल जाते हैं कि वे उसके निजी हो जाते हैं। इसीलिए कोई भी लेखक अपने युग से केवल प्रभावित नहीं होता, वह अपने युग का अंग होता है।

काव्य-कला-सम्बन्धी जितनी भी समस्याएँ हैं, वे इस पूरी-की-पूरी प्रक्रिया के किसी स्तर-विशेष से सम्बन्धित होती हैं। उदाहरण के लिए, ऐसी समस्याएँ लीजिए जिनको पुराने प्रगतिवाद ने उठाया। कहा गया कि लेखक को अपने युग का सही-

सही प्रतिनिधित्व करना चाहिए, इस प्रकार से कि वह युग की ह्रासशील दशा के विरुद्ध प्रगतिशील प्रवृत्तियों को उभारे। समाज में जो शक्तियाँ विषमता, अनाचार और उत्पीड़न को क़ायम रखना चाहती हैं, उनके विरुद्ध वह साम्यमूलक समाज के आदर्श की स्थापना करे और पाठक को वैसी प्रेरणा प्रदान करे।

इस प्रकार के आग्रह के विरोध में जो कहा गया, वह सबको विदित है—यह कि लेखक स्वतंत्र है, और नेताओं तथा शासकों के आदेश को मानने के लिए वह बाध्य नहीं है, कि इस प्रकार के आग्रहों से साहित्य में रेज़िमेंटेशन होता है।

ये सब विवाद हिन्दी-साहित्य के इतिहास की वस्तु हो गए हैं। किन्तु इस विवाद के मूल कारण-स्रोत भले ही आँखों से ओझल हो जाएँ, वे लुप्त और नष्ट नहीं हुए हैं। आज भी लेखक के दायित्व की बात की जाती है। यही क्यों? एक के देखा-देखी दूसरा भी एक ही प्रकार के भाव और शैली का प्रयोग करता है, एक ही प्रकार की परम्परा और प्रणाली को अपनाता है, और इस प्रकार एक विशेष प्रकार के काव्य की एक विशिष्ट धारा और रूढ़ि बन जाती है—भाव रूढ़ि, रूप-रूढ़ि, शैली-रूढ़ि। हाँ, यह सही है कि कवि-स्वभाव के अनुसार किंचित् भेद यत्र-तत्र दिखाई देता है। फिर भी वह काव्य-प्रवृत्ति प्रणाली और रूढ़ि का रूप तो धारण कर ही लेती है, भले ही विशिष्ट कवियों में हमें विशिष्ट भिन्नताएँ भी दिखाई दें, जैसे प्रसाद और महादेवी के काव्य में, या शमशेर तथा उसी शैली के किसी दूसरे कवि में। तो क्या युग स्वयं रेज़िमेंटेशन नहीं करता? रीतिकाल में विशिष्ट शैली और विशिष्ट भाव-प्रणाली की कविता ही क्यों हुई? क्या वह रेज़िमेंटेशन नहीं था? और हम अपने युग की शृंखलाओं को भी क्यों स्वीकार करें? यह सही है कि कोई भी लेखक अपने व्यक्तित्व से, अपने इतिहास से, अर्थात् अपने देश-काल से, स्वतंत्र नहीं है। किन्तु, जब वह सचमुच स्वतंत्र होने का प्रयत्न करता है तो इसका अर्थ यह है कि युग बदलने के लक्षण सामने आ रहे हैं, तो दूसरी ओर, यह भी, कि लेखक आदर्श-अनुगमन करने के लिए भीतर से बाध्य हो उठा है, क्योंकि (उपर्युक्त अर्थ में) स्वतंत्रता, वस्तुतः एक आदर्श है, वह वास्तविकता नहीं है। अपनी युग की सीमाओं के परे देखकर, परे जाकर, आगे के मार्ग को देखना महत्त्वपूर्ण घटना है। इस बात को हम कैसे भूल सकते हैं?

आज भी हमें (नये कवियों को) भारतीय संस्कृतिवादी पुरोहित पाठ पढ़ाते रहते हैं कि कवियों को यह करना चाहिए, वैसा होना चाहिए। और इस प्रकार के आग्रह और प्रश्न आगे भी उठते रहेंगे।

इन सारे प्रश्नों का सम्बन्ध कवि के अन्तर्जगत् से है। कवि से जब हम यह कहते हैं कि उसे ऐसा करना चाहिए और वैसा नहीं लिखना चाहिए, तो, वस्तुतः हम उसके अन्तर्जगत् (और उसके अन्तर में स्थित जीवन-मूल्य पद्धति) पर आक्षेप कर रहे हैं।

इस प्रकार के आग्रह उसके अन्तर्जगत् में संशोधित करने के आग्रह हैं।

ये आग्रह ग़लत हैं या सही हैं, यह मैं नहीं कह रहा हूँ। इस प्रकार के बाह्य से उद्‌गत आग्रह स्वयं लेखक मान सकता है। ठीक यहीं लेखक की सिनसियॉरिटी का प्रश्न उठता है। बाह्य से उद्‌गत आग्रहों को माननेवाले ऐसे बहुतेरे लेखक हो सकते हैं जो 'अवसरवादी प्रेरणाओं से' वैसा मानने के लिए तैयार हों, और बाह्य से उद्‌गत आग्रहों को स्वीकार कर लें। किन्तु कुछ लेखक निःसन्देह ऐसे भी हो सकते हैं जो स्वेच्छापूर्वक और आत्म-प्रेरणापूर्वक इन बाह्योद्‌गत आग्रहों को मानें और उन आग्रहों में प्रकट जीवन-दृष्टियों को आत्मसात् करके उन दृष्टियों को ही अपने अन्तर्जगत् का अंग बना लें। लेखक की सिनसियॉरिटी का प्रश्न, वस्तुतः उसके अन्तर्जगत् की अभिव्यक्ति से सम्बन्धित है। यदि वह अभिव्यक्ति कृत्रिम है तो निःसन्देह वहाँ सिनसियॉरिटी नहीं है। किन्तु कृत्रिमता केवल इनसिन-सियॉरिटी की ही उपज नहीं होती, वह अकवित्व की [भी] उपज होती है, अर्थात् अन्तर्जगत् की निर्जीवता और जड़ता का प्रमाण हो सकती है।

इसी प्रकार का प्रश्न कवि की निःसंगता का प्रश्न है। जब बाह्य से आग्रह बलवान होते हैं और कवि उनके दबाव को सह नहीं पाता, तो वह अपनी मूलभूत निःसंगता का सिद्धान्त प्रतिपादित करते हुए कहता है कि सृजन अकेले में होता है, साहित्य व्यक्ति की उपज है, जो व्यक्ति के लिए है। (बाह्य आग्रहों के दबाव और प्रभाव के निरोध के लिए, प्रतिरोध के लिए, उपर्युक्त तर्क प्रस्तुत किया जाता है।)

यह सही है कि सृजन अकेले में होता है। ऐसी बहुत-सी बातें होती हैं, जो बिलकुल अकेले में होती हैं। कहा जा सकता है कि वहाँ भी संग होता है। किन्तु, फिर भी, वह ऐकान्तिक संग समाज-स्वीकृत या समाज-निन्दित होता है। संक्षेप में, मनुष्य की ऐकान्तिक दशा भी समाज के लिए विचारणीय होती है, बशर्ते कि उसका कोई सामाजिक परिणाम हो या सामाजिक प्रभाव हो। ठीक इसी प्रकार, सृजन की ऐकान्तिकता में भी सहचरत्व होता है, संग होता है। इस संग या सहचरत्व के बिना सृजन सम्भव नहीं है। इस सृजन का परिणाम अर्थात् कलाकृति पाठकों के हाथ में जाने पर समाज में प्रवेश करती है, और समाज में अपना प्रभाव उत्पन्न करती है। इसीलिए समाज उस पर सोचता-विचारता है, और जिस कलाकृति का श्रेष्ठतम प्रभाव उत्पन्न होता है, उसका रचयिता समाज द्वारा पूज्य होता है।

संक्षेप में, इस प्रकार के जितने भी प्रश्न हैं, वे कलाकार द्वारा आभ्यन्तरीकृत जगत् से सम्बन्ध रखते हैं, अथवा आभ्यन्तीकरण की प्रक्रिया से सम्बन्ध रखते हैं, या कलाकार की उस स्थिति से सम्बन्ध रखते हैं कि जब कलाकार स्वतः-संस्कृत आभ्यन्तरीकृत जगत् की अभिव्यक्ति करता है, अर्थात् सृजन करता है। इसीलिए कलाकृति में व्यक्त व्यक्तित्व

की भी आलोचना की जाती है। इसीलिए कहा जाता है कि अमुक कवि की अति भावुकता अवांछनीय है। अथवा उसकी भाव-दृष्टि में दोष है, अथवा लेखक साम्प्रदायिक (धार्मिक अर्थ में नहीं) दृष्टि से जीवन-जगत् की व्याख्या करता है अपनी कलाकृति में, इत्यादि-इत्यादि। दूसरे शब्दों में, कलाकृति में प्रकट अन्तर्जगत् और कवि के व्यक्तित्व की समीक्षा और उसका मूल्यांकन किया जाता है। कहा जाता है कि यह भाव कृत्रिम है, या इसमें लेखक की ईमानदारी है, या उसने जीवन को ख़ूब देखा-परखा है।

आलोचना की दृष्टि से जो बात सबसे पहले सामने आती है, कवि-कर्म और रचना-प्रक्रिया की दृष्टि से वह सबसे अन्तिम है। रचना-प्रक्रिया के प्रवाह में रहकर लेखक अपने भावों की शब्दों से तुलना करता है। जो शब्द सर्वाधिक प्रातिनिधिक हैं, उनकी योजना करता है। वह शब्द-साधना करता है। साथ ही संगति और निर्वाह को साधता चलता है। वह अपने ही भावों के उत्स को संयमित कर उनका सम्पादन-संशोधन करता है—संगति और निर्वाह के हेतु। जब उसकी शब्दाभिव्यक्ति उसी के लिए रमणीय हो जाती है, तब वह सन्तुष्ट हो जाता है, भले ही आगे चलकर वह उसमें, नवीन-प्राप्त सूक्ष्म-दृष्टि के अनुसार, फिर से संशोधन करे।

किन्तु, पाठक और आलोचक किसी कलात्मक अभिव्यक्ति के सिंह-द्वार से सीधे अन्तर्जगत् में प्रवेश करते हैं—वह अन्तर्जगत् जो किसी कलाकृति में उद्घाटित हुआ है, वह अन्तर्जगत् जिसमें कलाकार का व्यक्तित्व, उसके जीवनानुभव, उसकी भाव-दृष्टि समाई हुई है। पाठक-आलोचक का मन उस अन्तर्जगत् में रमता है, उसका रस लेता है, उसमें विचरण करता है, और यदि उस अन्तर्जगत् में उसे कहीं (अपने लिए) बाधा दिखाई दी तो वह वहाँ ठहर जाता है और सोचने लगता है। उसे कलाकार का अन्तर्जगत्, उसमें समाया हुआ व्यक्तित्व और भाव-दृष्टि आकर्षित करती है। और वह यह ढूँढ़ने लगता है और पा जाता है कि वह भाव-दृष्टि उसके लिए (और सभी के लिए) क्यों महत्त्वपूर्ण है, या नहीं है।

संक्षेप में, रचना-प्रक्रिया का जो सर्वाधिक मूल-स्थित, सर्वाधिक प्रच्छन्न, किन्तु क्रमशः प्रकट होनेवाला अंश है, वह पाठक और आलोचक के लिए सर्वप्रथम है। कलाकार रचना के समय, शब्दाभिव्यक्ति के संघर्ष में, संगति और निर्वाह के संघर्ष में, भावों के उत्स को प्रातिनिधिक रूप देने के यत्न में लीन होता है। यह उसका तात्कालिक संघर्ष है। पाठक-आलोचक का यह तात्कालिक यत्न नहीं है। कलात्मक अभिव्यक्ति उसके लिए कलाकृति का केवल सिंह-द्वार है, जिसमें से गुज़रकर वह अन्तर्जगत् के क्षेत्र में विचरण करता है। इसीलिए मैंने कहा कि पाठक-आलोचक के ध्यान का जो प्राथमिक केन्द्र है, वह है अन्तर्जगत्, और, रचयिता के ध्यान का जो प्राथमिक केन्द्र है, वह है अन्तर्जगत् की प्रातिनिधिक शब्दाभिव्यक्ति और कलात्मक

संगति और निर्वाह।

कलात्मक अभिव्यक्ति के सिंह-द्वार में से गुज़रकर, अन्तर्जगत् में विचरण कर चुकने, रस ले चुकने, व्यक्तित्व और भाव-दृष्टि का प्रभाव ग्रहण कर चुकने के उपरान्त, पाठक-आलोचक अन्तर्जगत् के प्रभाव के परिणामस्वरूप ही सहसा सोचने लगता है कि प्रभाव उत्पन्न करने के वे उपादान कौन-कौन से हैं, जिन्होंने सफल अभिव्यक्ति की तैयारी की, अथवा सफलता के मार्ग पर चलते-चलते लेखक ने कौन-सी बाधाएँ उत्पन्न कर दीं। अब वह रूप और शिल्प के सम्बन्ध में सोचने लगता है। संक्षेप में, किसी कलाकृति को लेकर पाठक-आलोचक की यात्रा भिन्न दिशा की ओर होती है, सृजन करते समय कलाकार की यात्रा उसके विपरीत दिशा की ओर होती है। इस तथ्य को हृदयंगम करना आवश्यक है।

तब समझ में आएगा कि जीवन-जगत् के आभ्यन्तरीकरण की प्रक्रिया कलाकार के लिए क्यों महत्त्वपूर्ण है। यह प्रक्रिया कलाकार के वास्तविक जीवन में चलती रहती है। किन्तु क्या वह समुचित रूप से और प्रबुद्ध दृष्टि से युक्त होकर चलती रहती है? यदि कलाकार का जीवन, उसका बाह्य और मानसिक जीवन, तुच्छ है, अर्थात् नव-नवीन संवेदनात्मक ज्ञान और ज्ञानात्मक संवेदनाओं से हीन है, यदि उसमें उदार सहानुभूतियों का विस्तार नहीं है, यदि उसमें नितान्त आत्मबद्धता है, तो फिर ऐसा अन्तर्जगत् कलाभिव्यक्ति के लिए महत्त्वहीन है। संक्षेप में, उस अन्तर्जगत् में महत्त्व की सूचनाएँ चाहिए। (यहाँ महत्त्व का अर्थ है, जो महत्त्वपूर्ण है वह।)

यही कारण है कि आदिकाल से कवि को महान माना गया है, उसके अन्तर्जगत् में महत्त्व की स्थापना को देखकर। मैं यह नहीं कह सकता हूँ कि कवि को अध्यात्मवादी, आदर्शवादी, अमुक-तमुक-वादी होना चाहिए। मैं सिर्फ़ यह कहना चाहता हूँ कि कवि के अन्तर्जगत् की ओर आदिकाल से ध्यान गया है, और उसके महत्त्व की स्थापना की गई है।

किन्तु आधुनिक युग में, जबकि व्यक्ति पर तरह-तरह के दबाव हैं, उनमें से एक दबाव समाज का भी होता है। उसी प्रकार कलाकार पर भी समाज का दबाव होता है। समाज के दबाव के माध्यम भिन्न-भिन्न प्रकार के होते हैं। परम्परा का वहन समाज का दबाव नहीं तो क्या है? उसी प्रकार प्रचलित काव्य-प्रणाली से अपनी संगति एक अन्य प्रकार का सामाजिक दबाव ही है। हाँ, यह सही है कि ये दबाव प्रत्यक्ष नहीं, वरन् अप्रत्यक्ष होते हैं। जिस प्रकार इनडायरेक्ट टैक्सेशन (अप्रत्यक्ष कर-व्यवस्था) उपभोक्ता को नहीं खलता, उसी प्रकार समाज के अप्रत्यक्ष दबाव भी सामने नहीं आते, किन्तु वे बराबर सक्रिय रहते हैं।

उसी प्रकार वैचारिक आन्दोलन के रूप में भी कई सामाजिक दबाव होते हैं।

ये विशेष आग्रहों-अनुरोधों का रूप धारण करते हैं। इस प्रकार के विशेष आग्रह-अनुरोध कभी केवल कलात्मक शब्दावली का रूप भी धारण करते हैं। कला के एक विशेष पैटर्न के आग्रह, कला-सम्बन्धी एक विशेष भाव-दृष्टि के आग्रह, कोई वैचारिक दृष्टि अपनाने के आग्रह, लोकोपयोगी कला-सृजन करने के आग्रह—सब वस्तुतः सामाजिक दबाव ही हैं, किसी में किसी भाव-दृष्टि का आग्रह है तो किसी में किसी पैटर्न का आग्रह।

ये सब दबाव या आग्रह उचित होते हैं, यह कहना ग़लत है। उसी प्रकार ये सब अनुचित होते हैं, यह कहना भी उतना ही ग़लत है। उनमें से बहुत-से आग्रह न केवल सही, वरन् पूर्णतः उचित हो सकते हैं।

किन्तु आग्रह-कर्त्ता जब एक वातावरण निर्मित्त करके कलाकार पर दबाव लाना चाहते हैं, तो वे यह नहीं देखते कि दबाव का, वस्तुतः, क्या प्रभाव होगा। हाँ, यह सही है कि ऐसे बहुतेरे निकल आते हैं। जो अपनी अपरिपक्वावस्था के कारण, अथवा विशुद्ध अवसरवादी दृष्टि से प्रेरित होकर, दबाव ग्रहण करके उस दबाव के अनुसार कलाकृति प्रस्तुत करते हैं, चाहे घटिया ही क्यों न सही। शेष, जो दबाव स्वीकार करना नहीं चाहते, और चाहते हुए भी नहीं कर सकते, वे चुप बैठ जाते हैं, अलग हट जाते हैं और तिरोहित होने में ही अपना कल्याण समझते हैं। मेरे ख़याल से ये दोनों परस्पर-विपरीत प्रतिक्रियाएँ या परस्पर-वैपरीत्य सही भी हो सकता है, ग़लत भी। यह विशेष परिस्थिति पर निर्भर है कि कौन-सा ग़लत है, कौन-सा सही।

किन्तु इन आग्रहों की आधार-भूमि, इन आग्रहों के मूल-स्रोत, यदि व्यापक मानवीय सहानुभूति और करुणा से समन्वित हैं, यदि किसी व्यापक मानवीय आदर्श से प्रेरित हैं, तो यह अनुमान करना ग़लत नहीं है कि उन्हीं व्यापक सहानुभूतियों और व्यापक मानवीय आदर्शों का कुछ-न-कुछ तत्त्व या कुछ-न-कुछ अंश लेखक भी अपने में आत्मसात् किये हुए है। अतएव किसी सामान्य भूमि पर आग्रह कर्त्ता और लेखक, दोनों एकत्र हो सकते हैं, बशर्ते कि (और यह बड़ी शर्त है) आग्रह-कर्त्ता महोदय रचना-प्रक्रिया में भी सूक्ष्म-दृष्टि रखते हों, और उस रचना-प्रक्रिया का एक सिरे, अर्थात् लेखक के हृदय में तड़पते हुए जीवनानुभव, जीवनानुभवों के सामान्यीकरण (ज्ञान) और भाव-दृष्टि, को ख़ूब समझते हों। पंडित रामचन्द्र शुक्ल छायावादी रचना-प्रक्रिया को नहीं समझते थे, इसीलिए उसका विरोध करते रहे। अधिक-से-अधिक, छायावाद को उन्होंने 'अभिव्यक्ति की लाक्षणिक प्रणाली' ही माना। डॉ. रामविलास शर्मा को प्रयोगवादी या नई कविता में, 'असुन्दर' और 'विद्रूप' से अधिक कुछ नहीं दीखता। शिवदानसिंह चौहान को इस बात का खेद है कि आज की कहानी में 'कथानक' तत्त्व का लोप हो रहा है। अतएव ऐसे आलोचकों के आग्रह,

रचना-प्रक्रिया में सूक्ष्म दृष्टि के अभाव में, लादे जा रहे से और खोखले मालूम होते हैं। कारण यह है कि नई प्रकृतियों और प्रवृत्तियों की रचना-प्रक्रिया में सूक्ष्म-दृष्टि रखने के लिए आलोचक को संवेदनात्मक जीवन-ज्ञान आवश्यक है—ऐसे जीवन का ज्ञान, जो नवीन प्रवृत्ति-रूप में सामने आया हो। इसका अर्थ यह नहीं है कि उनके आग्रह, उनके अपने मान्यता-रूप में, स्वाभावतः ग़लत है; नहीं, वे सही भी हो सकते हैं। किन्तु जब तक वे लादे जाएँगे, रचना-प्रक्रिया में सूक्ष्म दृष्टि के अभाव में, वे खोखले और निरुपयोगी ही साबित होंगे, और, अपने-आपमें उनके सहीपन के बावजूद, उनका विरोध होता ही रहेगा।

दूसरी ओर, भले ही कोई लेखक वैचारिक दृष्टि से कोई बाह्य आग्रह स्वीकार कर ले, जब तक उस आग्रह के तत्त्वों का आभ्यन्तरीकरण नहीं होता, जब तक अन्तर्जगत् के तत्त्वों में उसका रंग नहीं चढ़ जाता, तब तक वह हृदय में तड़पते हुए जीवनानुभवों का एक भाग नहीं बन जाता, तब तक उस आग्रह के अनुरूप रचित साहित्य निष्प्राण और कृत्रिम ही रहेगा। लेखक के लिए मुख्य बात आभ्यन्तरीकरण की है। आभ्यन्तरीकरण की प्रक्रिया केवल विचार तक सीमित नहीं है, वह उससे ज़्यादा गहरी, व्यापक और मानसिक है। तब तक लेखक अपने स्वयं के जीवनानुभवों से प्राप्त दृष्टि के रूप में उन्हें नहीं पाता, जब तक आभ्यन्तरीकरण की प्रक्रिया पूरी नहीं हुई, यह समझना चाहिए। सच्चा आभ्यन्तरीकरण तो तब होता है, जबकि लेखक ज़िन्दगी में गहरा हिस्सा लेते हुए संवेदनात्मक जीवन-ज्ञान प्राप्त करके, उसी भाव-दृष्टि तक स्वयं अपने-आप पहुँचता है, कि जो भाव-दृष्टि आग्रह-रूप में बाहर से उपस्थित की गई है।

आग्रह कई प्रकार से उपस्थित होते हैं। कुछ कला के नाम पर, कला की शब्दावली में प्रस्तुत होकर, साहित्य-जगत् का शासन भी करने लगते हैं। कुछ समय तक उनका शासन चलता भी है, लेकिन समाज और राष्ट्र की भिन्न परिस्थितियों में उत्पन्न पीढ़ी कला की शब्दावली में छिपे आग्रहों की निन्दा करती है। उदाहरणतः सन् 1960 के सैटर्डे रिव्यू में टी.एस. इलियट के विरुद्ध ज़बर्दस्त आक्रमण के रूप में लिखा हुआ कार्ल शैपिरो का लेख। महत्त्व की बात यह है कि जीवन-परिस्थिति में परिवर्तन के साथ-साथ भाव-दृष्टि बदलने लगती है, और यथार्थ के नये-नये पहलू सामने आते हैं, जिन्हें कलात्मक अभिव्यक्ति देने के लिए उपयुक्त शब्द-सम्पदा और परम्परा नहीं होती। लेखक को नये सिरे से प्रयत्न करना पड़ता है। भले ही पुरानी पीढ़ी को नई पीढ़ि के काव्य में कोई सौन्दर्य न दिखाई दे, किन्तु नई पीढ़ी को उसमें ही अपना आत्म-प्रकाश, अन्तःसौन्दर्य, दिखाई देता है। पुराने लेखक आग्रह-रूपी शास्त्रों से नयों का वध करने का प्रयत्न करते ही रहते हैं। मज़ा यह है कि ये आग्रह कला और सौन्दर्य

के नाम पर होते हैं, फिर भी नवीन प्रवृत्तिवालों को वे स्वीकरणीय नहीं हो पाते।

संक्षेप में, यथार्थ परिवर्तनशील होता है। अतएव आग्रह भी दो प्रकार के होते हैं—एक वे, जो कला या दृष्टि के नाम पर परिवर्तन क्रम की पिछली अर्थात् विगत कड़ी या सीढ़ी की ओर खींचते हैं, और वे जो परिवर्तन-क्रम की अगली कड़ी या सीढ़ी की ओर खींचते हैं। यह अगला या पिछलापन यथार्थ के परिवर्तन-क्रम को देखकर पहचाना जाना चाहिए न कि वैचारिक दृष्टि से उच्चतरता या निम्नतरता की दृष्टि से। ऐसा मैं क्यों कह रहा हूँ?

यह कहना इसलिए आवश्यक है कि जीवन-परिस्थिति में परिवर्तन से, और यथार्थ के नये-नये पहुलओं के खुलने से, उनके आभ्यन्तरीकरण के द्वारा लेखक का जो संवेदनात्मक वैयक्तिक इतिहास बनता है, वह इतिहास पूर्ववर्ती प्रवृत्ति के कवियों से सर्वथा भिन्न होता है। अतएव इस नवीन प्रवृत्तिवाले की रचना-प्रक्रिया भी बदल जाया करती है, और तदनुसार अभिव्यक्ति-शैली भी। अमरीका में आज नवीन काव्य-शैली का जो प्रचलन है, उसके विरुद्ध पुराने कवियों का आक्रोश सर्वथा स्वाभाविक है। उसी प्रकार नवीन काव्य-शैली वालों को अपने अस्तित्व के लिए पुरानों का प्रतिरोध करना पड़ता है। यह विरोध वैचारिक दृष्टि से उच्चतरता या निम्नतरता का परिणाम नहीं है, वरन् एक काव्य-प्रवृत्ति के विशेष पैटर्न को और उसके साथ उसके अन्तर्गत समय (विगत) जीवन-तत्त्वों को समेटे रखने और स्थायी बनाने का प्रयत्न है। इसके विरुद्ध नये का विद्रोह होना स्वाभाविक ही है। दूसरे शब्दों में, पुरानी पीढ़ी के लोग, नई पीढ़ी के लोगों द्वारा आभ्यन्तरीकृत जगत् और आभ्यन्तरीकरण-प्रक्रिया में विकसित भाव-दृष्टि और उन दोनों से उत्पन्न अभिव्यक्ति-प्रक्रिया—इन सबको असुन्दर, निषिद्ध और बेकार ठहराने का प्रयत्न करते रहते हैं—कभी कला और सौन्दर्य के नाम पर, कभी आध्यात्मिक आदर्श के नाम पर, कभी सामाजिक प्रगति के नाम पर।

इसका अर्थ यह नहीं है कि लेखक, वैचारिक अथवा भावना की दृष्टि से, जन-विरोधी, लोक-विरोधी, प्रगति-विरोधी हो नहीं सकता। वह बराबर हो सकता है, और उसका वैसा होना दिखाई भी देता है। किन्तु किसी लेखक की विचारधारा पर आक्रमण करना एक बात है, आभ्यन्तरीकृत यथार्थ की कवि-कृत व्याख्या पर आघात करना एक बात है, किन्तु उस पूरी काव्य-प्रणाली पर चोट करना एक अलग बात है, उस पूरी रचना-प्रक्रिया और अभिव्यक्ति-शैली पर आघात करना बात ही दूसरी है। जिस प्रकार आदर्श के शब्द-व्यापार में नितान्त अवसरवाद और बेईमानी दिखाई देती है, उसी प्रकार यथार्थ के उद्घाटन के नाम पर भी अयथार्थ और कृत्रिमता भी सामने आती है। यह तो विशिष्ट-विशिष्ट लेखक की विशिष्ट-विशिष्ट रचनाओं को सामने रखकर ही तय किया जा सकता है।

संक्षेप में, लेखक की रचना-प्रक्रिया के प्राथमिक और निगूढ़ स्तर—अर्थात् लेखक का अन्तर्जगत्, लेखक के अन्तर्जगत् का संवेदनात्मक पुंज, लेखक का समग्र व्यक्तित्व—पाठक और आलोचक के लिए अत्यन्त महत्त्वपूर्ण होता है, और उसके आकलन के माध्यम से रस-ग्रहण होता है। अतएव सबसे अधिक वाद-विवाद, सबसे ज़्यादा बहस, इसी को लेकर होती है।

क्यों होती है ? इसलिए कि संवेदनात्मक अन्तर्जगत् अर्थात् जीवनानुभव, रचना-प्रक्रिया के दौरान में, अपने विशेष संवेदनात्मक उद्देश्यों को लेकर अवतीर्ण होते हैं। ये संवेदनात्मक उद्देश्य, एक ओर, लेखक के अन्तर्व्यक्तित्व का एक भाग हैं, उसके अनुभवात्मक इतिहास से सम्बन्ध रखते हैं। उसने जो कुछ आत्मसात् किया है, जो कुछ पाया और खोया है, उससे नाता रखते हैं, उसकी विद्यमान जीवन-स्थिति और मनोदशाओं से सम्बन्धित रहते हैं। इन संवेदनात्मक उद्देश्यों से प्रेरित होकर ही कलात्मक अभिव्यक्ति होती है। रचनाओं में प्रकट इन संवेदनात्मक उद्देश्यों को ध्यान में रखकर ही कवि के अन्तर्व्यक्तित्व का, उसके अनुभवात्मक जीवन का, उसकी भाव-दृष्टि का हमें अनुमान होता है। इस प्रकार वे एक ओर अन्तर्व्यक्तित्व को, तो, दूसरी ओर रचना को एक-दूसरे से जोड़ देते हैं।

जीवन में जो कुछ अर्जित है, जो कुछ संवेदनात्मक ज्ञान और ज्ञानात्मक संवेदना के रूप में प्राप्त है, अर्थात् जो कुछ विशिष्ट अनुभव हैं, और जीवन-जगत् सम्बन्धी जो कुछ आत्मकृत सामान्यीकरण हैं, जो भी जीवन-मूल्य आत्मसात् किये हैं, और जिनके लिए संघर्ष किया है, जो संस्कार, जो आदर्श, जो यथार्थ हृदय का अनन्य अंग बन गया है—वह सब-का-सब स्थिर रूप में व्यक्ति का अंग होता है। दैनिक जीवन के दैनिक कार्यों में व्यस्त रहने से हम उस सौन्दर्य-क्षण से दूर रहते हैं, जब मन द्रवित हो जाता है, कल्पना सक्रिय होकर चित्र उपस्थित करते हुए हमें जीवन के रस में डुबोने-सी लगती है, जब हम गहन होकर विस्तृत होने लगते हैं। यह आवश्यक नहीं है कि ऐसे क्षण हमें अपने अकेले में किसी कमरे में किसी टेबल के पास मिलें और लेखनी लेकर बैठने के लिए मजबूर करें। बिलकुल नहीं। डूबकर फैलने के ये निजी क्षण रास्ते चलते, बात करते, या कभी-कभी बिलकुल भीड़ में या एकान्त में भी, मिल सकते हैं। यह भी आवश्यक नहीं है कि ये क्षण हमें अभिव्यक्ति के लिए मजबूर करें। फिर भी ये अद्वितीय क्षण हैं, प्रतीति के क्षण हैं, क्योंकि ये सौन्दर्य के क्षण हैं, रसात्मक क्षण हैं। ये क्षण केवल कलाकार को ही प्राप्त नहीं होते, वे सामान्य जन को भी प्राप्त होते रहते हैं। इन्हीं क्षणों से समृद्ध पाठक, आत्मभिव्यक्ति से दूर रहकर भी, अन्य द्वारा रचित कलाकृति में अपनी अभिव्यक्ति देखता है। ये क्षण मानवता के लक्षण हैं—उस मानवता के, जो व्यक्ति और देश से ऊपर रहते हुए भी प्रत्येक हृदय

में समाई हुई है।

'स्व' से ऊपर उठना, ख़ुद की घेरेबन्दी तोड़कर कल्पना-सज्जित सहानुभूति के द्वारा अन्य के मर्म में प्रवेश करना, मनुष्यता का सबसे बड़ा लक्षण है। इस प्रकार की व्यापक और उदार सहानुभूति—कल्पनाशील सहानुभूति—मानवता के पिछले इतिहास ने, साहित्य और धर्म ने, कला और संस्कृति ने, संस्कार-रूप में हमें प्रदान की है। यही नहीं, बुद्धि स्वयं अनुभूत विशिष्टों का सामान्यीकरण करती हुई हमें जो ज्ञान प्रस्तुत करती है, उस ज्ञान में निबद्ध 'स्व' से ऊपर उठने, अपने से तटस्थ रहने, जो है उसे अनुमान के आधार पर और भी विस्तृत करने की प्रवृत्ति होती है। भाषा स्वयं सामान्यीकरणों से उत्पन्न है। इस प्रकार, एक ओर तटस्थ रहकर, तो दूसरी ओर अपने से ऊपर उठकर, अपने से परे जाकर, विस्तार करने की प्रवृत्ति हममें पहले ही से विराजमान रहती है। भावना हमें डुबो देती है और परिचालित करती है, संचलित करती है। संवेदनात्मक ज्ञान के आधार पर और ज्ञानात्मक संवेदनाओं के आधार पर, हम एक साथ तटस्थ और तन्मय, अपने से परे और अपने में निमग्न, अपने से बाहर और अपने अन्दर, एक साथ रहते हैं। सहानुभूतिशील कल्पना और कल्पनाशील सहानुभूति हमें आत्म-विस्तार के लिए उद्यत कर देती है। संक्षेप में, बाह्य और अन्तर का भेद उस समय लुप्त-सा हो जाता है।

ऐसे क्षणों पर केवल कलाकार का अधिकार नहीं होता, वे सामान्य जनों को भी निरन्तर प्राप्त होते हैं। यही कारण है कि साहित्य रचा और समझा जाता है। जिस प्रकार बुद्धि विशिष्टों का सामान्यीकरण करती है, उसी प्रकार कल्पना भी विशिष्ट का इस प्रकार मनश्चित्र बनाती है, कि वह मनश्चित्र सारे तत्समान विशिष्टों का प्रतिनिधि हो जाता है। ऐसे मनश्चित्र की प्रातिनिधिकता एक प्रकार का सामान्यीकरण नहीं तो क्या है?

किन्तु ये सारी मनोवैज्ञानिक प्रक्रियाएँ हमारे सामान्य जीवन में ही चलती रहती हैं। उन्हीं से हमारी भाव-सम्पदा बनती है। हृदय में जीवन-मूल्यों की संवेदनात्मक स्थिति उन्हीं के कारण है। संक्षेप में, निमग्नता और तटस्थता के योग से उत्पन्न आत्म-विस्तार, हमारे न देखे-जाने-पहचाने सामान्य जीवन का ही अंग है।

यह सही है कि व्यक्तियों के आत्म-वैभव की कोटियाँ होती हैं। कोई आदमी बहुत पढ़ा-लिखा होकर भी जड़ हो सकता है, और कोई डिग्रीधारी न होकर अत्यन्त परिष्कृत हो सकता है, कोई विख्यात पंडित काव्य और कला के प्रति निःसंज्ञ और जड़ हो सकता है, लेकिन कोई बहुत मामूली पढ़ा-लिखा उसके प्रति सहज संवेदनशील हो सकता है। यह आवश्यक नहीं है कि 'महान' आलोचक संवेदनशील हों। यूनिवर्सिटियों के डॉक्टरों की जड़ता दर्शनीय और प्रदर्शनीय है। ज्ञान के अहंकार में

अज्ञान के अन्धकार का कुछ ऐसा शुभ्र रूप हमें उनमें मिलता है कि लगता है, कला और साहित्य की छाती पर बैठे हुए ये टीले हैं।

ऐसे सौन्दर्य-क्षणों, ऐसे मनोवैज्ञानिक क्षणों, से वंचित अथवा अल्प-समृद्ध, दरिद्र जो आलोचक है, वह अपने को चाहे जितना बड़ा समझे—साहित्य-क्षेत्र का अनुशासक समझे—वह, वस्तुतः साहित्य-विश्लेषण के अयोग्य है, कला-प्रक्रिया के कार्य में अक्षम है, भले ही वह साहित्य का 'शिखर' बनने का स्वाँग रचे, मसीहा बने।

आलोचक के लिए सर्वप्रथम आवश्यक है अनुभवात्मक जीवन-ज्ञान, जो निरन्तर आत्म-विस्तार से अर्जित होता है। ख़ुद की घेरेबन्दी में रहने वाले कुर्सी-तोड़ मसीहाओं के बूते की वह बात नहीं। मतलब यह कि कला की बहुत-सी समस्याएँ केवल अज्ञान के कारण पैदा की जाती हैं, जबकि असल में वे होती नहीं, हो नहीं सकतीं।

ऐसे लोगों के जो भी विश्लेषण और निर्णय होते हैं, वे कलाकार की रचना-प्रक्रिया को बिना देखे-समझे होते हैं। वह आलोचना, जो रचना-प्रक्रिया को देखे बिना की जाती है, आलोचक के अहंकार से निष्पन्न होती है, भले ही वह अहंकार आध्यात्मिक शब्दावली में प्रकट हो, चाहे कलावादी शब्दावली में, चाहे प्रगतिवादी शब्दावली में।

उपर्युक्त जो मनोवैज्ञानिक प्रक्रिया बताई गई, वह सामान्य जीवन में ही होती है। वह हमारे अन्तर्जीवन को समृद्ध करती है, और उसी समृद्धि का एक भाग बन जाती है। कलाकार के अन्तर्जीवन का भी वह एक भाग होती है।

संवेदनात्मक उद्देश्य इसी भाव-समृद्धि के अंग हैं और उसी से उद्‌गत होते हैं। लेखक के पूरे व्यक्तित्व से समुद्‌गत ये संवेदनात्मक उद्देश्य, उसके अनुभवों का विशेष रूप से संकलन करते हुए उन्हें अपनी पूर्ति की दिशा में प्रवाहित कर देते हैं। यह पूर्ति (लेखक-कलाकार के लिए) अभिव्यक्ति में होती है। साधारण जन की आत्म-पूर्ति की दिशा भिन्न होती है। उसके लिए वह सूक्ष्म दृष्टि या मर्म-दृष्टि के रूप में अवतरित होती है, और वह उसके संवेदनात्मक जीवन-ज्ञान या जीवनानुभूति का अंग बन जाती है।

संवेदनात्मक उद्देश्यों द्वारा परिचालित और आत्म-पूर्ति की विशेष दिशा में प्रवाहित, यह अनुभव-पुंज कल्पना द्वारा विस्तृत और मूर्तिमान हो उठता है, किन्तु साथ ही प्रवाहशील भी। अनुभव-प्रवाह चित्र-प्रवाह में परिणत हो जाता है। संवेदनात्मक उद्देश्यों की प्रक्रिया, संवेदना और ज्ञान के योग से, कल्पना-चित्रों को विभिन्न विधान करती हुई एक ओर बहा देती है। अथवा यों कहिए कि कल्पना का अपना लॉजिक तैयार हो जाता है। मन कल्पना की इस स्वाभाविक गति में घुलता हुआ और उसमें तन्मय होता हुआ उसके संवेदनात्मक रस का पान करने लगता है। निःसन्देह यह सौन्दर्य-

क्षण है, रस-क्षण है, जिसे कलाकार और सामान्य-जन दोनों प्राप्त करते हैं। जीवनानुभवों के ये सौन्दर्य-क्षण हैं जिनमें कल्पना-चित्र स्वयं प्रातिनिधिक हो उठते हैं। इसे हम कलात्मक सूक्ष्म-दृष्टि का क्षण भी कह सकते हैं, अथवा जीवन के सारभूत यथार्थ का क्षण भी कह सकते हैं।

संवेदनात्मक उद्देश्यों का उत्पत्ति-स्थल, उनका उद्‌गम स्रोत, आत्मचरित्रात्मक है। उनके सम्बन्ध-सूत्र कलाकार की मनोरचना से लेकर उसके व्यक्तिगत इतिहास तक में समाये रहते हैं। यही कारण है कि प्रत्येक साहित्य, मूलत: और सारत:, आत्मचरित्रात्मक है, भले ही बाहर-बाहर से वह चाहे जितना वस्तुवादी क्यों न दिखाई दे। उसकी यह आत्मचरित्रात्मकता मुख्यत:, अभिव्यक्ति के लिए लाये जानेवाले अनुभवों के संवेदनात्मक महत्त्व-बोध में है। यदि लेखक के पास संवेदनात्मक महत्त्व-बोध नहीं है, या क्षीण है, तो उन विशिष्ट अनुभवों की अभिव्यक्ति क्षीण होगी।

संवेदनात्मक उद्देश्यों को देख-परखकर ही यह पहचाना जा सकता है कि लेखक किस प्रकार का प्रभाव उत्पन्न करना चाहता है। एक ओर, यदि हम उन्हें देख लेखक के अन्तर्व्यक्तित्व के सम्बन्ध में अनुमान कर सकते हैं, तो दूसरी ओर, कलात्मक प्रभाव का विश्लेषण भी संवेदनात्मक उद्देश्यों के सन्दर्भ के बिना नहीं हो सकता।

लेखक, जो कि अपनी संवेदनात्मक क्षमता से साहित्य-सृजन करता है, वह संवेदनात्मक उद्देश्यों के अनुसार परिचालित होता है। वह अपनी अभिव्यक्ति का पैटर्न भी संवेदनात्मक उद्देश्यों के अनुसार बनाता है। दूसरे शब्दों में, संवेदनात्मक उद्देश्य, एक ओर, आत्मचरित्रात्मक होते हैं, तो दूसरी ओर, वे एक विशेष प्रकार का कलात्मक प्रभाव उत्पन्न करने के लिए अभिव्यक्ति का विशेष पैटर्न गूँथते हैं, तो तीसरी ओर, ये संवेदनात्मक उद्देश्य अपने धक्के से हृदय में स्थित जीवन-अनुभवों अर्थात् ज्ञानात्मक संवेदन और संवेदनात्मक ज्ञान को जाग्रत और संकलित करके उन्हें अपनी दिशा में प्रवाहित करते हैं। जाग्रत अन्तश्चेतना में अर्थात् इस प्रक्रिया में, कल्पना उत्तेजित होकर संवेदनात्मक उद्देश्यों के अनुसार अनुभवों के साकार चित्र प्रस्तुत करती जाती है।

इस प्रकार हम देखते हैं कि संवेदनात्मक उद्देश्यों का कार्य, प्रारम्भ से लेकर अन्त तक, अन्तर्व्यक्तित्व की विशेषताओं और उसकी हलचलों से लेकर अभिव्यक्ति के अन्तिम पैटर्न तक, होता है। यह संवेदनात्मक उद्देश्य, अन्तर्व्यक्तित्व और आभ्यन्तरीकृत जगत् का प्रतिनिधित्व करते हुए, जाग्रत और संकलित अनुभवों को मनस्पटल पर एक के बाद एक मूर्तिमान करते हुए आगे बढ़ चलता है।

संवेदनात्मक उद्देश्यों को देखकर लेखक के अन्तर्व्यक्तित्व की रचना के अन्तर्गत जीवन-तत्त्वों को और उनकी अभिव्यक्ति को देखा जा सकता है। प्रयोगवादी कविता

के संवेदनात्मक उद्देश्यों को न समझने के कारण ही उसके सम्बन्ध में बहुत-सी भ्रान्तियाँ फैलाई गईं। उसे या तो राजनीतिक रूप से प्रतिक्रियावाद कहा गया, या भारतीय संस्कृति के सन्देश [और] उसकी आत्मा के प्रतिकूल। होना तो यह चाहिए था कि संवेदनात्मक उद्देश्यों को समझकर, उन संवेदनात्मक उद्देश्यों को जाग्रत् करनेवाली जीवन-भूमि का विश्लेषण करते हुए, उन संवेदनात्मक उद्देश्यों की सहज मानवीयता—उन रचनाओं की सहज मानवीयता—को हृदयंगम किया जाता। लेकिन इस प्रकार की कविताओं को एकदम असुन्दर, प्रतिक्रियावादी विद्रूप या निषेधात्मक कहकर टरका दिया गया। आलोचकों का उद्देश्य इस काव्य-प्रवृत्ति को समझना नहीं था, वरन् उससे संघर्ष करके उसे नष्ट कर देना था।

लगभग ऐसे ही उद्देश्य से परिचालित होकर पंडित रामचन्द्र शुक्ल ने छायावाद का विरोध किया। उन्होंने जब छायावाद से समझौता भी किया तो उसे 'अभिव्यक्ति की लाक्षणिक प्रणाली' कहकर छुट्टी पाई। लेकिन यह नहीं देखा कि आख़िर लेखक इस प्रकार की प्रणाली को क्यों अपनाना चाहता है, या यों कहिए कि इस प्रकार की अभिव्यक्ति-प्रणाली आख़िर कवियों के लिए क्यों स्वाभाविक हो उठी!

कहने का तात्पर्य यह कि अभिव्यक्ति की प्रणाली बदलते ही आलोचकों की नाड़ी छूटने लगती है। मुझे इस बात का गहरा सन्देह है कि इसका कारण यांत्रिक बुद्धि है। अपनी-अपनी थियॅरीज़ और सिद्धान्तों के कठघरे में किसी नई प्रवृत्ति को न फँसते देखकर उस नई प्रवृत्ति को ही निन्द्रित किया गया, न कि उन सिद्धान्तों को बदला [गया], अथवा उन सिद्धान्तों के सम्बन्ध में अब तक उनकी अपनी जो समझ थी, उसमें परिवर्तन किया [गया]। उन्हें अपने-अपने बौद्धिक मानसिक ढाँचों की ज़्यादा फ़िक थी, किसी नई प्रवृत्ति के जीवन्त-तथ्यों की नहीं।

संवेदनात्मक उद्देश्य विद्युत की वह धारा है जो अन्तर्व्यक्तित्व से प्रसूत होकर जीवन-विधान करती है, कला-विधान करती है, अभिव्यक्ति-विधान करती है। आत्मचरित्रात्मक और सृजनशील, ये संवेदनात्मक उद्देश्य, हृदय में स्थित जीवन्त अनुभवों को संकलित कर उन्हें कल्पना के सहयोग से उद्दीप्त और मूर्तिमान करते हुए, एक ओर प्रवाहित कर देते हैं। यह कला का प्रथम क्षण है, या कहिए, सौन्दर्य-प्रतीति का क्षण है। यह क्षण सामान्य-जन को भी प्राप्त होता रहता है।

किन्तु कला का द्वितीय क्षण तब उपस्थित होता है जब लेखक में शब्द-संवेदनाएँ जाग्रत होकर, वह विषय-तत्त्वों को व्यक्त करने लगता है। यह क्षण दो कारणों से महत्त्वपूर्ण है। एक तो इसलिए कि अब शब्द-संवेदनाएँ और भाव-संवेदनाएँ, दोनों एक-दूसरे से संतुलित होने लगती हैं; दूसरे, इसलिए भी कि लेखक का मन दर्शक और भोक्ता, इन दो के बीच में केवल विभाजित ही नहीं होता। अब दर्शक केवल

निष्क्रिय नहीं रहता, बल्कि सक्रिय हो जाता है, और साथ ही वह विषय-तत्त्व के मनोरूपों को व्यक्त करने का प्रयास करने लगता है। संक्षेप में, अब यह दर्शक एक क्रियान्वन शक्ति बन जाता है। किन्तु उसकी क्रिया मनोरूपों के सम्बन्ध में होने से एक विशेष परिस्थिति निर्मित हो जाती है। वह परिस्थिति इस प्रकार है।

न केवल अन्तर का द्विधा विभाजन होता है, वरन् यह कि इस दर्शक-मन को शब्दाभिव्यक्ति में देर लगती है। फलत: उसे संवेदनात्मक उद्देश्यों के अनुसार प्रवाहित होनेवाले मनोरूपों की गति को थाम लेना या मन्द करना पड़ता है, उसे संयमित करना पड़ता है। इस बीच शब्द संवेदनाएँ जाग्रत् होकर अपना कार्य मनोनुकूल पूरा कर चुकती हैं। इस बीच कभी-कभी, सम्भवत:, संवेदनात्मक उद्देश्यों से परिचालित मनोरूपों की गति ही लुप्त हो जाती है, और रचित शब्दावली का भावार्थ भी पूरा नहीं हो पाता।

मेरा मतलब तटस्थता और तन्मयता से है। यदि दर्शक मनोरूपों की गतियों से इतना निर्लिप्त है कि वह शब्द-संवेदनाओं में खो जाता है और मनोरूपों की गति जड़ हो जाती है, तो ऐसी निर्लिप्तता भी उसके काम की नहीं होती। और यदि वह उन मनोरूपों की गतियों में पूर्णत: विलीन हो जाता है, तो शब्द-संवेदनाओं के लिए अवकाश की हीनता के फलस्वरूप अभिव्यक्ति निर्बल अथवा दुरूह हो जाती है। अतएव उसे मनोरूपों की गतियों को प्रवाहित करनेवाले संवेदनात्मक उद्देश्यों से एकाकार होकर, साथ ही उन मनोरूपों का मज़ा लेते हुए, उनकी गतियों को आत्मसात् करते हुए, चलना पड़ता है। दूसरे शब्दों में, उसे अनवरत रूप से एकीभूत स्थिति और द्विधा-रूप स्थिति क़ायम रखनी पड़ती है।

किन्तु केवल इतना ही नहीं होता। शब्द-संवेदनाओं और भाव-संवेदनाओं की परस्पर तुलना से अंगीकृत अभिव्यक्ति के फलस्वरूप, रचना का जो अंश तैयार हो जाता है, वह स्वयं एक फ़ोर्स, एक शक्ति, बन जाता है और यदि अनुभवात्मक संवेदनाएँ (विषयभूत मनोधाराएँ) क्षणमात्र लुप्त भी हुईं, तब भी वह शब्दात्मक रचना-खंड स्वयं उसे अगला मार्ग सुझा देता है।

शब्द-संवेदनाओं को प्राप्त करते हुए लेखक जाने-अनजाने अपनी मूल भाव-सम्पत्ति और मनोधारा में भी परिवर्तन करता रहता है। शब्द-संवेदनाएँ नवीन एसोसिएशन्स को जाग्रत् कर देती हैं। फलत:, वह मूल मनोधारा यदि इस प्रकार से इन एसोसिएशंस को प्राप्त करके समृद्ध हो जाती है, तो दूसरी ओर उसका—उस मनोधारा का स्वयं का—मूल रूप-स्वरूप बहुत-कुछ बदलता जाता है। यह महत्त्व की बात है। प्रारम्भिक स्फूर्ति ने जो तत्त्व-विधान और रूप-विन्यास किया था, वह परिवर्तित होता रहता है।

बुद्धि का कार्य यहीं उपस्थित होता है। उसे काव्य-निर्वाह करना पड़ता है। मूल

मनोधारा ने अपने आवेग में रूपमय तत्त्वों को लाकर खड़ा कर दिया, कल्पना को उद्दीप्त कर दिया, और संवेदनात्मक उद्देश्यों की पूर्ति की दिशा में उसे प्रवाहित कर दिया। किन्तु शब्द-साधना के समय नवीन भावात्मक अनुषंग, नवीन अनुभव उपस्थित होते हैं। वे मूल्यवान होने पर भी उन्हें जाने-अनजाने आत्मसात् कर लिया जाता है। शब्द-संवेदनाएँ लगातार कार्य करती रहती हैं। उनकी चोट होती रहती है। मूल मनोधारा में बहुत-कुछ परिवर्तन अर्थात् संशोधन होता जाता है। यह संशोधन किस प्रकार का होता है?

असल में, शब्दाभिव्यक्ति के समय लेखक मनोधारा के अन्तर में और भी अधिक प्रवेश करता है। उसके लिए वह अधिकाधिक तत्त्व-साक्षात्कार का और आत्म-साक्षात्कार का काल है। एक प्रकार से वह उसके आत्म-निर्माण का भी काल है। शब्दाभिव्यक्ति तो केवल उसका एक माध्यम है। संवेदनात्मक उद्देश्यों की तीव्रता पर यह निर्भर करता है कि कहाँ तक वह आगे बढ़ेगा। संवेदनात्मक उद्देश्यों की तीव्रता के अभाव में—अर्थात् प्रेरणा के अभाव में—उसकी रचना बहुत आगे बढ़ नहीं पाती। वह खंडित हो जाती है, अथवा उसे जैसे-तैसे करके वह निबटा देता है, उसका तत्त्व-साक्षात्कार, आत्म-साक्षात्कार छिछला और पतला, विरल और तुच्छ होता है।

किन्तु लेखक के पास यदि उतनी प्राण-शक्ति है, तो निःसन्देह [वह]अब तक निर्मित शब्दात्मक रचना की सहायता से अपना अगला क़दम भी देख लेता है। जीवन-अनुभवों में डूबी हुई उसकी बुद्धि, रचना के संवेदनात्मक उद्देश्य से एकाकार होकर, आगे का पथ प्रशस्त करती है। फलतः काव्य-निर्वाह होता चलता है। यह बुद्धि, संवेदनात्मक उद्देश्य के अनुसार, शब्द-योजना और अभिव्यक्ति-निर्माण में एक सम्पादक का, संशोधक का, कार्य करती है। दूसरी ओर, वह संवेदनात्मक ज्ञान और ज्ञानात्मक संवेदनाओं को लक्ष्य में रखकर, उनसे अनुप्राणित होकर, आगे बढ़ती है। यह बुद्धि जीवन-तत्त्व में, जीवन-यथार्थ में, प्रवेश करनेवाली बुद्धि है। वह एक साथ कई कार्य करती है। भाव-यात्रा में वह ठीक दिशा को सूचित करती रहती है, संवेदनात्मक उद्देश्य से प्रेरित होने के कारण। जीवन-अनुभवों में सूक्ष्म दृष्टिफल को वह सामान्यीकरणों का रूप देती चलती है। तीसरी ओर, अभिव्यक्ति-निर्माण में वह सम्पादक-संशोधक का काम भी करती है, अतएव वह रूप-रचना में भी सहायक होती रहती है।

इस प्रकार हम देखते हैं कि द्विधा-विभाजित मन की प्रक्रिया में तटस्थता नामक जो एक आत्म-स्थिति पैदा हो जाती है, वह तटस्थता नामक आत्म-स्थिति एक क्रियावान शक्ति है, और क्रिया में गतिमान होने के लिए ही उपस्थित रहती है।

[सम्भवतः अपूर्ण। सम्भावित रचनाकाल : 1959 के बाद।]

अन्तरात्मा और पक्षधरता

पक्षधरता का प्रश्न हमारी आत्मा का, हमारी अन्तरात्मा का प्रश्न है। मैं उस आत्मा का, उस अन्तरात्मा का पक्षधर हूँ और, चूँकि मेरी अन्तरात्मा की हलचल और बेचैनी आपकी अन्तरात्मा की हलचल और बेचैनी से मिलती-जुलती है, इसलिए जहाँ तक अन्तरात्मा का प्रश्न है, मैं आपका भी पक्षधर हूँ, और आप मेरे भी पक्षधर हैं। और, चूँकि हम-आप-जैसे अन्तरात्मावाले बहुत-से लोग इस संसार में हैं, इसलिए हम सब उन सबके और वे सब हम सबके पक्षधर हैं, चाहें वे हिन्दी-क्षेत्र के हों, या अन्य भाषा-क्षेत्र के, भारत-भूमि के हों, या उसके बाहर के। संक्षेप में, हम सब एक प्रवृत्ति हैं, एक धारा हैं—भाव-धारा, विचार-धारा, जीवन-धारा—और हम सब उसी धारा के अंग है। और हम इस धारा के पक्षधर हैं। और हम बिना इस पक्षधरता के अपने-आपको अपूर्ण, मूल्यहीन और निरर्थक पाते हैं।

क्या हमारी यह पक्षधरता ग़लत है? पक्षधर होने की हमारी यह खुली प्रवृत्ति ग़लत है? अपनी अन्तरात्मा का, और अपनी-जैसी अनगिनत अन्तरात्माओं का, पक्षधर होना ग़लत है? जवाब साफ़ है। नहीं, बिलकुल नहीं। हम अपनी अन्तरात्मा की और अपनी-जैसी अन्य अन्तरात्माओं की पक्षधरता और मज़बूत बनाएँगे। इस धारा को दृढ़ करेंगे, विस्तृत करेंगे। और अगर विपक्षी हमारी इस धारा पर हँसते हैं, धिक्कारते हैं, चिड़चिड़ाते हैं, तो उन्हें हँसने दो या खीझने दो, क्योंकि वे वे हैं, हम हम हैं।

एकदम यह सही है कि हमारी अन्तरात्मा जो कुछ हमें कहती है, उसके अनुसार हम चल नहीं पाते, कर नहीं पाते, वैसा साहित्य-सृजन नहीं कर पाते। और इसीलिए तो अन्तरात्मा है जो यह कहती है कि बेवकूफ़, तुम यहाँ चूक गए!

हाँ, यह सही है कि अन्तरात्मा जिन भाव-समुदायों को, जिस भाव-धारा को, जिस विचार-धारा को लेकर चल रही है, उसमें ज्ञान के प्रकाश के साथ ही साथ अज्ञान और पूर्वग्रहों का अनजाना अन्धकार भी हो सकता है। हाँ, यह सही है कि अज्ञान और अर्ध-ज्ञान के, पूर्वग्रहों के, दुराग्रहों के, अन्धकार की ओर न देखते हुए, मैं अपने प्रतिपक्षी के उन सशक्त तर्कों और प्रचंड युक्तियों, उसके अपने सत्यांशों, को उपेक्षाभरी दृष्टि से देखता होऊँ। हाँ, यह सही है कि मैं अपने आवेग में, सत्य के नाम पर आत्म-

बद्ध दृष्टि ही को यथार्थ दर्शन समझते हुए, जूझ जाता हूँगा। यह सब सही हो सकता है। यह सब सही है।

किन्तु केवल इतना ही सही नहीं है। यह भी सही है कि मेरी अन्तरात्मा ने जीवन-यात्रा में जिन लक्ष्यों और भाव-दृष्टियों को प्राप्त किया है, जिस भाव-धारा का विकास किया है, उसमें महत्त्वपूर्ण सचाइयाँ भी हैं। उस अन्तरात्मा ने जिन विशेष आग्रहों का विकास किया है, वे उसके लक्ष्यों से प्रसूत आग्रह हैं। वे प्रयोजन हैं। वे अन्तरात्मा के संवेदनात्मक उद्देश्य हैं, वे कर्म-प्रक्रिया के लक्ष्य हैं—चाहे वह कर्म-प्रक्रिया कलाकार कर्म ही क्यों न हो। उन उद्देश्यों और प्रयोजनों, उनसे प्रसूत आग्रहों और अनुरोधों से, मैं तटस्थ नहीं हूँ। मैं अपनी अन्तरात्मा का पक्षधर हूँ, और अपने जैसे अन्यों की अन्तरात्माओं का भी पक्षधर हूँ। इसलिए, आप-ही-आप, मेरे अनजाने मेरा अपना एक शिविर बन जाता है, चाहे मैं उसे शिविर कहूँ या न कहूँ भले ही मैं उस शिविर के सदस्यों के भौतिक अस्तित्व से अपरिचित रहूँ। इसलिए मैं यह लेकर चलता हूँ कि मेरे-जैसे न मालूम कितने ही लोग हैं, जो मित्र हैं, सम्भाव्य मित्र हैं। मैं उन्हें नहीं जानता—शायद उन सबको जानना सम्भव नहीं है। उसी प्रकार, मैं यह भी जानता हूँ कि जिस प्रकार मैं अपने अनजाने शिविर बन जाता हूँ, या एक शिविर का सदस्य अपने जाने-अनजाने हो जाता हूँ, उसी प्रकार दूसरे लोग भी अपने जाने-अनजाने अन्य शिविरों के सदस्य बन जाते हैं, और मुझे मुक्तिबोध के नाम से न पहचानकर उस शिविर के एक सदस्य के नाम से पहचानते हैं। और इस प्रकार, मैं अपने जाने-अनजाने स्वयं कुछ न करते हुए भी, उनके विरुद्ध कुछ भी न करते हुए भी, उनके प्रतिकूल भाव का, उनकी कोप-दृष्टि का, उनके विरोध-कार्य का, शिकार बन जाता हूँ। मेरे जाने-अनजाने ही वे मेरे विरोधी और शत्रु बन जाते हैं।

यह द्वन्द्व एक वास्तविकता है। उससे छुटकारा नहीं। हाँ, यह सही है कि द्वन्द्व का क्षेत्र और धरातल का जानना एकदम ज़रूरी है, क्योंकि उसका रूप, उसकी प्रक्रिया, विभिन्न स्थिति-दशाओं में विभिन्न प्रसंगों में भिन्न-भिन्न होते हुए भी, उसकी मूल सामान्य विशेषताएँ क्षेत्र और धरातल के अनुसार ही बनती हैं।

और इस द्वन्द्व-स्थिति में पड़कर ही (पड़ना ही पड़ता है)हमें मालूम हो जाता है कि हमारे प्रतिपक्षी ने बहुत-बहुत सही बातें कही हैं, तो उसका प्रयोजन क्या है, उन सही-सही बातों का उसने जो उपयोग किया है तो कौन-सी स्थिति की स्थापना के लिए?

और अगर मैं पहचान जाऊँ कि उसने ये सही-सही, ये सच्ची-सच्ची बातें कही हैं, तो मैं उन्हें उठा लूँगा। जिस प्रकार यथार्थ का एक अंश मेरे सम्मुख खुला हुआ है, उसी प्रकार यथार्थ का एक अंश उसके सम्मुख भी खुला हुआ है।

सही है कि हमारे प्रयोजन और उद्देश्य—लक्ष्य भिन्न-भिन्न हैं। इसलिए वह अपने प्रयोजन के अनुसार एक विशेष कोण की ओर ही दृष्टिक्षेप करता है, जिस पर मैंने अगर दृष्टिक्षेप किया भी था तो ध्यान नहीं दिया था, उस कोण-दृश्य को महत्त्व नहीं दिया था। इसलिए यथार्थ के कुछ अंश, जो उसके सामने खुले, मेरे सामने नहीं खुले थे। मैं अवश्य ही उसके सत्यांशों को स्वीकार कर लूँगा और अपने में मिला लूँगा। अपनी विचार-धारा, भाव-धारा,अपनी भाव-दृष्टि में जो कमज़ोरियाँ, जो खाइयाँ और जो कँटीले अहाते हैं, उन्हें भरसक कम करने की कोशिश करता जाऊँगा।

कोई भी द्वन्द्व हो—परिस्थिति ही से द्वन्द्व क्यों न हो—उसमें पड़ने से (उसमें पड़ना ही पड़ता है) मनुष्य की यथार्थ चेतना बढ़ती ही है, यथार्थ का अधिकाधिक ज्ञान उसे होता जाता है।

किन्तु मैं इस बात की पूरी कोशिश करूँगा कि ये द्वन्द्व झूठे द्वन्द्व न हों। अपनी अहंबद्ध भेद-बुद्धि के कारण हम झूठे द्वन्द्वों का सृजन कर लेते हैं। जो हमसे भिन्न है, वह केवल अन्य ही नहीं, वह विरोधी भी है, विपक्षी भी—यह मानकर चलने के लिए मैं तैयार नहीं।

अहंकार अपना एक इन्द्रजाल खड़ा करता है। तर्क और युक्ति, सही और आधी-सही, बातों का एक अस्त्रागार उसके पास है। लेखक अपनी लेखनी से भी अपने अहंकार की तुष्टि करता है। वह ख़ुद ही अपनी आँखों के सामने कैसा-कैसा अभिनय करता है, तन्मय होकर!

मैं इससे बचना चाहता हूँ, और पराजित हो जाने में ही अपना कल्याण समझता हूँ, क्योंकि पराजित हो जाने से ही तो कोई विजित हो नहीं सकता।

मनुष्य की बुद्धि इतनी कम है, यथार्थ का प्रसार इतना विस्तृत और उलझाव भरा है, कि केवल मेरी ज्ञान-प्रकिया ही से—केवल मेरी ही अपनी ज्ञान-प्रक्रिया में सीमित रहने से—मैं उसका सर्वाश्लेषी आकलन नहीं कर सकता। इसलिए मैं चाहता हूँ, ज्ञान-परम्परा, भाव-परम्परा और उसको धारण करनेवाला यह जो जगत् है, वह। मैं उसे चाहने लगता हूँ।

मैं इन्तज़ार करता हूँ। और इन्तज़ार करने में विश्वास रखता हूँ। यह इन्तज़ार आलसियों का या भाग्यवादियों का इन्तज़ार नहीं है। प्रतीक्षा के इस काल में मनन चलता है, अपनी ही जीवनात्मक भावुक तथा बौद्धिक स्थितियों का यह मनन विभिन्न आत्म-संशोधनों को ले आता है।

किन्तु यह प्रतीक्षा है काहे की ? इस बात की प्रतीक्षा है यह कि, सम्भव है, किसी देश में, अथवा अनेक देशों में, अथवा इस भारत-भूमि में ही, ऐसे लोग हैं जिनके सामने ठीक वे ही प्रश्न हैं जो मेरे सामने हैं। उनकी भी प्रवृत्ति ठीक वही है जो मेरी

है। और उन्होंने अवश्य ही इन प्रश्नों पर सोचा होगा। शायद, मुझसे ज़्यादा सोचा होगा। अधिक व्यापक होगा उनका सोच-विचार। सम्भव है, हाँ, सम्भव है! इसलिए आज नहीं तो कल, जो दृष्टि सामान्यत: गृहीत है, उसमें संशोधन होंगे। संशोधन अवश्यम्भावी हैं। वे एक ऐतिहासिक प्रक्रिया के अंग हैं। इसलिए मैं ऐतिहासिक प्रक्रिया की, ज्ञान के क्षेत्र में भी, दृष्टि-विकास के क्षेत्र में, अनवरत क्रिया पर विश्वास रख्ता हूँ।

संक्षेप में, मेरी-जैसी अन्तरात्मावालों की, मेरी-जैसी प्रवृत्तिवालों की, एक परम्परा है। वह परम्परा-प्रक्रिया मेरे प्यारे देश में ही नहीं, अनगिनत देशों में है। मैं उस परम्परा-क्रिया का अंग हूँ, और अपनी परम्परा को ढूँढ़ता भी फिरता हूँ। दु:ख इसी बात का है कि मैं अंग्रेज़ी को छोड़ दूसरी विदेशी भाषा नहीं जानता, और हिन्दी और मराठी को छोड़ अन्य कोई भारतीय भाषा नहीं जानता। अकिंचन इतना हूँ कि हिन्दी की किताबें भी नहीं ख़रीद सकता। और लिखने के काग़ज जब ज़्यादा ख़र्च हो जाते हैं, तब सोचता हूँ कि मैं कितना फ़िजूलख़र्च हूँ। ऐसी स्थिति में मैं क्या अपनी परम्परा ढूँढूँगा?

किन्तु, हर समस्या का एक-न-एक समाधान है—चाहे अधूरा ही क्यों न सही। इसलिए, मैं अपने आस-पास के लोगों, अपने मित्रों, आत्म-सम्बन्धियों और अपने सहयोगियों तथा परिचितों में उसे ढूँढ़ने लगता हूँ।

और उनसे बहस छिड़ जाती है, या चर्चा हो जाती है, और बहुत बार धरित्री अपने रत्न उगल देती है। और मैं अपने प्रभाव में भी अत्यन्त सम्पन्न अनुभव करने लगता हूँ।

किन्तु देश-विदेश में हो रहे प्रयत्नों की सम्भावना की उपेक्षा मैं नहीं कर पाता। और इस तरह मेरी छाया पृथ्वी पर भटकती रहती है, भटकती रहती है।

'अन्त:करण का आयतन संक्षिप्त है' नामक मेरी एक कविता में (वह कृति मासिक पत्र में प्रकाशित हुई थी) मेरी इसी प्रवृत्ति का चित्रण है। मेरे अपने लेखे, उसमें एक लिरिसिज़्म है, एक यथार्थप्रवण रूमानी क़िस्म की कल्पनाशीलता है, एक आवेश है, और अन्त में आत्मालोचन है।

इस प्रकार मैं द्वन्द्व-स्थिति में पड़कर मैत्री ही प्राप्त करता हूँ।

हाँ, यह सही है कि मेरी-जैसी अन्तरात्मावाले लोग मुझे धिक्कार भी सकते हैं। मेरे ही शिविर में मेरी ही हत्या हो सकती है, वास्तविक तिरस्कार हो सकता है, हुआ है, होता रहा है, होता रहेगा—सम्भवत:।

क्या इतिहास में हमें ऐसे प्रसंग नहीं मिलते हैं? ख़ूब मिलते हैं। औरंगज़ेब ने पहले दारा, मुराद और शुज़ा को ख़त्म किया, और घर को निष्कंटक करके बाहर चढ़ दौड़ा।

दारा और औरंगज़ेब की यह जोड़ी आपको हर जगह मिलेगी। अमरीका में भी, रूस में भी, साम्यवादी जगत् में भी, पूँजीवादी-साम्राज्यवादी दुनिया में भी। भारत में भी मिलती है।

दारा की हत्या की सम्भावना हमेशा रही है। हमेशा रहेगी। द्वन्द्वात्मक स्थिति की गत्यात्मकता व्यक्ति-रक्षा नहीं करती, प्रवृत्ति-रक्षा सम्पन्न करती है। इसीलिए दारा का जन्म बार-बार होगा, और वह अपना प्रभाव फैलाने के बाद बार-बार मारा जाएगा।

दारा प्रभावशील विद्वान् और भीगा हुआ राजकुमार था। मैं वह नहीं हूँ, बहुत-बहुत छोटा हूँ, जनसाधारण हूँ, अत्यन्त अल्प हूँ। इसलिए मैं बार-बार नहीं मरूँगा, एक बार मर जाऊँगा हमेशा के लिए, किसी के किये से नहीं, अपने किये।

फिर भी एक प्रश्न है, और वह यह कि मेरी अन्तरात्मा कहाँ तक विकसित है! स्वयं के अनन्यीकरण, इतरीकरण के साथ, मैं कहाँ तक जगत् के साथ, अनन्यीकरण और उसका स्वकीयीकरण कर सका हूँ? दूसरे शब्दों में, अपनी अन्तरात्मा के प्रयोजन को मैं कहाँ तक दृढ़ कर सका हूँ?

आत्मालोचन निःसन्देह आवश्यक है। जब तक हमारे कार्य तथा अनुभव-प्राप्त ज्ञान से सम्पादित आत्म-संशोधन अन्तरात्मा के प्रयोजनों को ही दृढ़ और बलवान करते हैं, तभी तक उनकी सार्थकता है। जब तक वे उन प्रयोजनों से प्रसूत हमारी भाव-परम्परा को विकसित और सम्पन्न करते हैं, तभी तक उनका उपयोग है। यह कहना महत्त्वपूर्ण इसलिए है कि मनुष्य कभी-कभी अपने ही बनाये जाल में फँस जाता है, और अपनी अन्तरात्मा के प्रयोजनों के मार्ग से वह हट जाता है। ऐसे व्यक्ति का सारा अनुभवात्मक ज्ञान और दृष्टि, प्रयोजनहीन होने के कारण, केवल व्यर्थ का भार ही नहीं बन जाती, वरन् उसे तरह-तरह के समझौतों के मार्ग पर आगे बढ़ाती है। और ये समझौते, क्रमशः उसके व्यक्तित्व को नपुसंक, और गुप्त तथ प्रकट रूप से निराशावादी या भाग्यवादी, बना देते हैं। वह अपने ख़ुद के रास्ते से हट जाता है।

निःसन्देह, यह प्रश्न उठता है कि मेरी अन्तरात्मा कहाँ तक विकसित है!

इस प्रश्न का उत्तर मैं इस तरह देता हूँ। मेरे जीवन ने इस जगत् में अब तक जो यात्रा की है, वह प्रयोजनहीन नहीं की है। मैंने अपने अनुसार कुछ हद तक परिस्थिति को बनाया और बिगाड़ा है। इस जीवन-यात्रा में अभ्यन्तर की एक पुकार रही है। नवयौवनावस्था के पूर्व से ही, मेरे प्रयोजन प्राप्त और विकसित होते गए, और उन्हीं के अनुसार मैंने अपनी भाव-धारा विकसित की। यह भाव-धारा अन्तर्निहित है।

ये प्रयोजन मेरे निजत्व के मूल चक्र हैं। वे प्रयोजन क्या हैं?

घर में, परिवार में, समाज में, मनुष्य को मानवोचित जीवन प्राप्त हो। आर्थिक तुला के आधार पर, घर में, परिवार में, समाज में, मनुष्य के मूल्य को न आँका जाए। मनुष्य अपनी और अपने परिवार की अस्तित्व-रक्षा के आर्थिक-भौतिक-संघर्ष और तत्सम्बन्धी चिन्ताओं से छूटकर, निर्माण और सृजन के कार्य में लगकर समाज की उन्नति और प्रगति में योग दे, तथा उसको अपने निजत्व के विकास के अवसर प्राप्त-

हों—सबको समान रूप से। आर्थिक उत्पीड़न और शोषणमूलक यह जो भयानक पूँजीवादी समाज-व्यवस्था है, वह हमेशा के लिए समाप्त हो। और उत्पादन तथा श्रम के समस्त माध्यमों तथा साधनों पर पूरे समाज का अधिकार हो। किसी को भी किसी का व्यक्ति-स्वातंत्र्य ख़रीदने का अधिकार नहीं हो, न बेचने का। व्यक्ति-स्वातंत्र्य को रहन न रखा जाए, न कोई किसी को रहन रखने दे। किन्तु जो व्यक्ति-स्वातंत्र्य समाजवाद और जनतंत्र के समन्वय में बाधक हो, या इन दोनों में से किसी एक का भी उत्सर्ग करने के लिए उत्सुक हो, उस व्यक्ति-स्वातंत्र्य को पूरा समाज सार्वजनिक रूप से निन्दित और तिरस्कृत करे। समाजवाद जनता की, जनसाधारण की, मुक्ति का राजपथ है। और इसीलिए उसकी मूल आत्मा जनतांत्रिक है। कैसे जनसाधारण? वे कि जिन्होंने शोषण और उत्पीड़न की ज़ंजीरों को अपने संगठित कार्यों द्वारा तोड़ दिया है, समाज उनकी आर्थिक और पारिवारिक स्थिति की सुरक्षा की गारंटी लेता है। उनके बाल-बच्चों की शिक्षा तथा चिकित्सा और जीविका-कार्य की गारंटी लेकर, उनके शारीरिक, मानसिक और चारित्रिक गुणों के उत्कर्ष के कार्य को सिद्ध करता है। और बढ़ते हुए सामूहिक उत्पादन की प्रणाली के आधार पर उनके जीवन-स्तर को क्रमशः विकसित करता जाता है। मेरे-जैसे कोटिशः अकिंचनों और अरक्षित जीवनवालों की मुक्ति का रास्ता है। समाजवाद की मूल आत्मा जनतांत्रिक है। जनतांत्रिक संस्थाओं और जनतांत्रिक विधि-नियमों से उसे निबद्ध किया जा चुका है, किया जा सकता है। पोलैंड और यूगोस्लाविया तथा अन्याय देश इस जनतंत्र के उदाहरण हैं।

जी हाँ, वहाँ समाजवादी समाज-रचना को पलटकर फिर से पूँजीवादी समाज-व्यवस्था को लानेवाली शक्तियों को स्वातंत्र्य नहीं है।

मनुष्य में एक बहुत बड़ी शक्ति है—विकृत करने की शक्ति। व्यापक सामाजिक प्रभाव रखनेवाले मार्गों और उनके प्रवर्तकों के विचारों को विकृत रूप में रखकर, उस विकृत रूप का सचाई के नाम पर प्रचार किया गया है—चाहे वह बौद्ध धर्म हो या ईसाई मत, या वह कोई अन्य भारतीय और अभारतीय धर्म हो। एक विशेष अनुकूल परिस्थिति पाकर, विकारकर्त्ता अपनी एतत्सम्बन्धी विकृतियों को फैलाते हैं।

इन विकृतियों को जन-चेतना द्वारा ही दूर किया जा सकता है। शिक्षित, सुसंस्कृत, आत्मगौरवपूर्ण मानव (व्यक्ति नहीं), मनुष्य, ऐसा मनुष्य जो समाज में तद्वत हो गया हो, जिसने समाज का स्वकीयीकरण कर लिया हो, उसका परकीयीकरण—इतरीकरण—न किया हो—ऐसा मुनष्य ही अपने सामाजिक प्रभाव और सामूहिक कार्यों से उन विकृतियों को रोक सकता है। समाजवाद का विकृतीकरण हो सकता है, हुआ है। और भविष्य में भी सम्भव है...

ऐसा क्यों ? इसलिए कि वहाँ भी द्वन्द्व-स्थिति है। इन द्वन्द्व-स्थिति से छुटकारा नहीं। अन्तर केवल यह है कि मनुष्य ने मानव-परिस्थिति पर अब तक जो-जो और जितनी-जितनी विजय पाई है, उसके उच्चतम स्तर पर चल रही वह द्वन्द्व-स्थिति है। आदिम क़बीलोंवाली सभ्यता के द्वन्द्व से, दास-सभ्यतावाले द्वन्द्व से, सामन्ती सभ्यता में चल रहे द्वन्द्व से, पूँजीवादी-औद्योगिक स्थिति में चल रहा द्वन्द्व जिस सभ्यता-स्तर का द्वन्द्व है, वह सभ्यता-स्तर पूर्वतर सभ्यता-स्तरों से अधिक विकसित इस अर्थ में है कि मनुष्य ने अपनी परिस्थितियों पर पूर्वतर सभ्यतावाले स्तर के मनुष्य की अपेक्षा अधिक विजय पाई है।

द्वन्द्व-स्थिति में होता यह है कि किसी एक विशेष पक्ष (पहलू) पर या उसके किसी एक विशेष कोण पर ही अधिक दृष्टिक्षेप होता है, और शेष पक्षों पर या शेष कोणों पर केवल एक सामान्य दृष्टि, सरसरी नज़र, ही डाली जाती है। इसका कारण यह है [कि] यह द्वन्द्व-स्थिति मानव-जगत् की द्वन्द्व-स्थिति होने से, द्वन्द्व करनेवाले विशिष्ट प्रयोजनों से उन दृष्टियों का सम्बन्ध होता है। ज्ञान प्रयोजनों से सीमित और परिसीमित होता है। परिणामतः, द्वन्द्व-स्थिति बदलते ही हमें अपने बौद्धिक उपादानों अर्थात् सिद्वान्तों में आवश्यक संशोधन करना पड़ता है। यथार्थ के निकटतम पहुँचने के लिए, प्रयोजन के अनुसार उसमें उचित और आवश्यक दिशा में परिवर्तन करने के लिए, हमें अपनी चेतना में भी यथार्थानुगत संशोधन करना पड़ता है। इसीलिए अनवरत अध्ययन, अनुसन्धान, और प्रयोग की आवश्यकता होती है।

हाँ, यह सही है कि प्रयोगों में ग़लती हो सकती है। भूलें हो सकती हैं। किन्तु उसके बिना चारा नहीं है। यह भी सही है कि कुछ लोग अपने प्रयोगों से इतने मोहबद्ध होते हैं कि वे उसमें हुई भूलों से इनकार करके उन्हीं भूलों को जारी रखना चाहते हैं। वे अपनी भूलों से सीखना नहीं चाहते। अतः वे जड़वादी हो जाते हैं।

जड़वाद कई तरह से प्रकट होता है। वह अध्यात्म का जामा पहनकर आता है, और भौतिकवाद का भी। व्यक्तित्व और ज्ञान नया कुछ सीखने से इनकार कर देता है। परिणामतः, उसमें ह्रास के लक्षण अधिकाधिक होते जाते हैं। महापुरुषों और दिग्गजों का, काव्य-प्रवृत्तियों का, विचारधाराओं का, क्रमशः ह्रास हमें इसी तरह से देखने में आता है। उनकी ज़मीन खिसकने लगती है। वे इतने ऊँचे हो जाते हैं कि ज़मीन खिसकते-खिसकते वे सिर्फ़ आसमान में लटक जाते हैं। विगतकाल में कमाई हुई अपनी पूँजी का वे केवल यश और प्रभाव-रूपी ब्याज खाते रहते हैं। ऐसे न मालूम कितने ही मृत ज्वालामुखी हमें जीवन-क्षेत्र में दिखाई देते हैं, जो अभी भी बड़े ऊँचे और प्रभावशाली बनकर क्षितिज सीमान्तों पर तने हुए हैं।

किन्तु इसका अर्थ यह नहीं कि प्रयोग और अनुसन्धान के नाम पर अब तक मानव-

जाति को प्राप्त हुए ज्ञान का, अर्थात् सिद्धान्त-व्यवस्था का अस्वीकार किया जाए। इसका अर्थ यह नहीं है कि प्रयोग के नाम पर यथार्थ-संगत कल्पनाओं और धारणाओं, सिद्धान्तों को, समाप्त कर दिया जाए। इसका अर्थ यह है कि बदली हुई परिस्थिति में परिवर्तित यथार्थ के नये रूपों का, उनके पूरे अन्त:सम्बन्धों के साथ, अनुशीलन किया जाए, उनको हृदयंगम किया जाए। चेतना को अधिकाधिक यथार्थ-संगत बनाने के लिए अतिशय संवेदनशील, जिज्ञासु तथा आत्म-निरपेक्ष मन की आवश्यकता होती है।

चूँकि यथार्थ गतिशील है, इसलिए उसके गति-नियमों का अनुशीलन करना आवश्यक है। नव-नवीन उन्मेषों में व्यक्त यथार्थ से विमुख रहकर, या उसकी उपेक्षा करते हुए, अथवा उसका निरादर करते हुए, पुराने सिद्धान्तों की व्याख्या तथा पुनर्व्याख्या द्वारा उसे निन्दित करना मुझे अवैज्ञानिक और अनुचित मालूम होता है।

ये सिद्धान्त: नि:सन्देह किसी काल में किसी यथार्थ के किन्हीं विगत रूपों से, अथवा उसके आंशिक आकलन में उद्घाटित किन्हीं पक्षों से, सम्बन्ध, संगति और सामंजस्य रखते थे। तभी वे उन विशेष सामान्यीकरणों को धारण कर सके, कि जो सामान्यीकरण गत काल में उद्घाटित तथ्यों के सामान्यीकरण थे। तात्पर्य यह कि, एक ओर, विचार और बुद्धि को क्रियाशील करके, हम यदि केवल आंशिक सत्यों का उच्चार और पुनरुच्चार करते रहें, तो इस कार्यवाही से हम भले ही अपनी अन्तरात्मा को तृप्त कर लेने का क्षण प्राप्त कर लें, किन्तु यह सत्य है कि ऐसी पिछड़ी हुई और असंस्कृत अन्तरात्माएँ यथार्थ से अपनी दूरी को और बढ़ाते हुए केवल भूतपूर्व ज्वालामुखी रूप में ही रह सकेंगी। सम्भव है कि उनके आकार-प्रकार का अभी भी प्रभाव हो, किन्तु वे वह कम्प नहीं पैदा कर सकतीं, जिनसे मनुष्य के हृदय की जड़ता और स्तब्धता समाप्त होकर वह यथार्थ को अपने अनुकूल बनाने के कार्य में जुट जाए। दूसरे शब्दों में, चेतना में जब तक अधिकाधिक यथार्थ-संगति उत्पन्न नहीं होती, अर्थात् हम अपने-आपमें संशोधन-परिवर्तन नहीं करते, ख़ुद की ही काट-छाँट नहीं करते जाते, तब तक केवल उच्च आदर्शों के शंखों को बजाने से, उन शंख-ध्वनियों से न अपने हृदय का जागरण होगा, और न यथार्थ का आकलन ही।

दूसरे शब्दों में, अन्तरात्मा का प्रश्न, अपनी जीवन-यात्रा में विकसित तथा अर्जित, उस मूलभूत यथार्थ-बोध तथा मानव-मूल्यों की तत्पर क्रियाशीलता से लगा हुआ है कि जिस मूलभूत यथार्थ-बोध के बिना, और उन मानव-मूल्यों के बिना, हम अपने-आपको एक ही साथ विश्व-चेतन और आत्म-चेतन नहीं कह सकते।

अब अन्त में मैं अपने मन के रहस्य को खोलकर इस प्रबन्ध से छुटकारा चाहता हूँ।

वह इस प्रकार है :

क्या मैंने या किसी भी कवि ने, आज के बदलते हुए ज़माने के संघर्षमय वात्याचक्रों

के वातावरण में, अनेक प्रकार की भाव-धाराओं की टकराहट के बीच अपने मन और आत्मा की—अन्तरात्मा की भी—सम्पूर्ण अभिव्यक्ति अथवा महत्त्वपूर्ण अभिव्यक्ति अपने साहित्य में की है ? क्या वह वैसा कर सकता है ?

इसका उत्तर मैं नितान्त वैयक्तिक धरातल पर देना चाहता हूँ। यह एक विख्यात सत्य है कि कलात्मक अभिव्यक्ति श्रमसाध्य है। भाव, तथा उसको प्रकट करनेवाली बहिरन्तर सामंजस्यपूर्ण काव्य-भाषा, इन दोनों का योग धीरे-धीरे ही सिद्ध होता है। लेखक अपने एकान्त में उसे साधने का प्रयत्न करता है। किन्तु उसके बहुत से प्रयत्न यों ही असफल हो जाते हैं, और इसलिए वे कभी भी प्रकाश में नहीं आ पाते। दूसरे शब्दों में, लेखक अपने मन तथा जीवन की विभिन्न स्थितियों का प्रकटीकरण करता है। किन्तु उसके अपने जीवन की स्थिति-परिस्थितियों के फलस्वरूप, उसकी जीवन-दशाओं के परिणामस्वरूप, पुनःपुनः उत्पन्न होनेवाले जो भाव-प्रसंग उपस्थित होते हैं, और चले चलते हैं, उन्हीं की अभिव्यक्ति का अभ्यास, और उन्हीं की अभिव्यक्ति पद्धति का विकास, उसके द्वारा होता जाता है। परिणामतः, उसके मन के अन्य भाव तथा संवेदनाएँ काव्य में अप्रकट, किंचित् प्रकट, या अल्प-प्रकट रह जाती हैं, यद्यपि उसकी भाव-दृष्टि द्वारा हमें यह मालूम हो जाता है कि उसके रुझान किस तरफ़ है।

इस बात को यों भी लिया जा सकता है। मान लीजिए, किसी कवि की कुछ मूल आध्यात्मिक या राजनीतिक प्रेरणापूर्ण मानवीय अस्थाएँ हैं। किन्तु जहाँ वह ये आस्थाएँ प्रकट करने लगता है, वहाँ उसकी अभिव्यक्ति श्रीहीन हो जाती है, अथवा वह स्वयं उन आस्थाओं को—वास्तविक जीवन में संवेदन प्रदान करनेवाली अत्यन्त अनुभूत आस्थाओं को—बौद्धिक रूप में रखता-सा प्रतीत होकर, उन आस्थाओं से इतर जो भाव है, उनका ही प्रभावशील अंकन करता है।

ऐसी स्थिति में साधारण रूप से कहा यह जाता है कि उसके बौद्धिक जगत् का अंग हैं वे आस्थाएँ। लेखक अभी तक उनसे अनुप्राणित नहीं है।

किन्तु यह दृश्य हमें दिखाई देता है कि मनुष्य अपनी कमज़ोरियों का शिकार रहना पसन्द करता है। इन कारणों से (ऐसे ही अन्य कारणों से, जैसे—सम्पन्न जीवन-यापन करने को उच्चवर्गीय आभिजात्य की भावनाएँ, अहंकार, इत्यादि) मनुष्य अपने भीतर ही, एक ओर, वास्तविक मूल्य-भावना (या आदर्श-भावना अथवा आस्था) तथा, दूसरी ओर, मन की इतर वृत्तियाँ—इन दो के बीच फ़ासले खड़े कर लेता है। भीतर-भीतर जहाँ इस तरह के फ़ासले खड़े हो जाते हैं, वहाँ मन आदर्शों की घोषणा नहीं करता है—यह बात नहीं है। यह प्रकट रूप से, सामाजिक रूप से, उनकी दुहाई भी देता है। किन्तु असल में, ये लोग ख़ुद से हारे हुए होते हैं। और भीतर की इस हार का नतीजा ठीक वही होता है जो उन तमाम फ़ासलों का नतीजा है, जो हम भाइयों-

भाइयों के बीच खड़े कर रखते हैं।

हाँ, यह सही है कि कुछ फ़ासले हमें अपने वर्गीय जीवन से प्राप्त होते हैं। तॉल्स्तॉय और किसान—इन दो के बीच बेशक फ़ासले थे, लेकिन वह उन्हें दूर करने की कोशिश करता है। बाक़ी जो हम-सरीखे हैं, वे इन फ़ासलों को, सम्भवत:, आत्मगौरव का रूप समझते हैं, या क्या, यह मैं नहीं जानता। मैं तो एक बात समझता हूँ, और वह यह कि समाज हमें संस्कार-रूप में और भाव-रूप में, अवश्य ही, उच्च मूल्य-भावनाएँ प्रदान करता है। हम उनसे प्रेरित भी होते हैं। किन्तु बीच ही में व्यवधान आ जाते हैं, और ये व्यवधान हमारी इच्छा-वृत्तियों से उत्पन्न होते हैं। इन इच्छा-वृत्तियों में अहंकार की तृष्टि भी सम्मिलित है। इन सारे कारणों से, एक ओर मूल्य-भावना या आस्था, अर्थात् आदर्श-भावना, तथा, दूसरी ओर, आकुल मन—इन दो के बीच खाई पड़ जाती है। आस्था का अस्तित्व—जो उस समय मन के कोने में कहीं पड़ा हुआ है, वह बौद्धिकता का परिणाम नहीं, वरन् आत्म-विभाजन का परिणाम है।

कहा जाता है कि इस युग में व्यक्तित्व का विकेन्द्रीकरण होता है। सचाई यह है कि आत्म-विभाजन और व्यक्तित्व का विकेन्द्रीकरण, व्यक्ति-मन पर परस्पर-विरोधी स्वरूप के बाहरी दबावों का भी परिणाम होता है।

यह कहना ग़लत है कि आदर्श-भावना या आस्था सृजनशील नहीं होती। उसका स्वरूप ही ऐसा होता है कि वह सृजनशील हो। अपनी आदर्श-भावनाओं या आस्थाओं के परिणामस्वरूप ही लोगबाग राजनीति के क्षेत्र में, बावजूद असफलताओं और कष्टों के बराबर बने रहते हैं। इन्हीं के परिणामस्वरूप लेखक अनेक कष्टों के बीच अपना कार्य बराबर किये जाता है।

सच तो यह है कि बौद्धिक आस्था नाम की कोई चीज़ नहीं है। यदि आस्था या आदर्श-भावना है, तो वह, अपनी तीव्रता या मन्दता के अनुसार, तीव्र या मन्द संघर्ष कराती है, सृजन कराती है। यह आवश्यक नहीं है कि यह सृजन कला के क्षेत्र में ही हो। वह वास्तविक कर्म-जीवन में भी सृजनशील होती है।

कला के अन्तर्गत आस्था या आदर्श-भावना अनुभवात्मक रूप से प्रकट होती है। वह संवेदनात्मक आत्म-चिन्तन या विश्व-चिन्तन के रूप में व्यक्त होती है। वह मनुष्य के मनोमय जीवन का अंग है। वह प्रयोगवादी तथा नई कविता के क्षेत्र में भी अनेक स्थानों पर देखी जा सकती है।

किन्तु प्रश्न यह है कि लेखक क्या प्रकट करने के लिए आतुर है? आस्था के जीवन-मार्ग पर चलते हुए भी, लेखक स्थान-स्थान पर, समय-समय पर, दु:ख, उद्विग्नता, तीव्र आक्षेपपूर्ण आलोचन-भावना, निराशा, वैकल्य, आत्मालोचन और युयुत्सु भाव प्रकट करता है। यह आवश्यक नहीं है कि लेखक स्वयं, आस्था के मार्ग

पर चलते हुए, अपनी आस्थाओं का रूप-स्वरूप और उसकी रूपरेखा या रूपचित्र प्रस्तुत करे। हाँ, यह सही है कि उसकी भावनाओं में से वह आस्था किसी-न-किसी रूप से झलक-झलक उठती है।

अतएव जब हम किसी कलाकार में आत्मगत भावों की कलात्मक अभिव्यक्ति की प्रधानता, तथा उसकी आस्थाओं की रूपरेखा या रूपचित्र की अप्रधानता या अभाव देखते हैं, तो जल्दबाजी में यह निर्णय ले लेते हैं कि लेखक ने अपने आदर्श-लक्ष्य या आस्था को, मूल्य-भावना को केवल बौद्धिक रूप से ग्रहण किया है। मेरा अपना ख़याल है कि इस प्रकार के निर्णय सही नहीं हैं।

यह मैं पहले ही बता चुका हूँ कि काव्याभिव्यक्ति अभ्यास-सिद्ध होती है। एक विशेष प्रकार की भाव-दशाओं की बारम्बारता इतनी प्रबल हो जाती है कि वह अपनी काव्यात्मक शब्दावली विकसित करती है, अपनी अभिव्यक्ति पद्धति विकसित करती है। लेखक जब इस या ऐसे ही आधार पर अपनी अभिव्यक्ति-पद्धति विकसित कर लेता है, तब वह अभिव्यक्ति-पद्धति स्वयं ही दृढ़ और जड़ हो जाती है। वह फिर अपनी उस अभिव्यक्ति-पद्धति की पकड़ से छूट नहीं सकता, जब तक कि वह अनवरत रूप से अभ्यास न करे। उसके चंगुल से छूटने का परिणाम यह होता है कि उसमें दूसरे प्रकार के भाव—जिसमें आदर्श-भावना या आस्था भी शामिल है—प्रभावशील रूप से व्यक्त नहीं हो पाते।

किन्तु कलाकार की यह एक अवस्था-विशेष ही है। वह उसको पार करके आगे बढ़ सकता है, अर्थात् संवेदनमय जीवनानुभव-सम्पन्न आस्था-चित्र अथवा मूल्यात्मक जीवन-विवेचन, जीवन-समीक्षा प्रस्तुत कर सकता है, करता भी है। किन्तु ये सब बातें लेखक की वास्तविक जीवन-यात्रा में हो रहे उसके वैयक्तिक विकास की दशाओं और दिशाओं पर निर्भर हैं।

दिशा और उस ओर जाता हुआ पथ, दोनों सही हैं। दिशा हमेशा आगे ही रहेगी, साथ-साथ नहीं चलेगी। हाँ, उसकी संवेदनाएँ साथ-साथ चलेंगी। किन्तु क्षितिज हमेशा आगे ही रहेगा। उसी प्रकार अन्तरात्मा के आग्रह और अनुरोध हमेशा आगे-आगे ही रहेंगे, और लेखक उनका अनुगमन करेगा, और उनका अनुगमन करते हुए भी यह सोचता रहेगा कि उसने अपने आग्रह-लक्ष्यों को उपलब्ध नहीं किया। वह इस चिन्तन से दुखी भी होगा, दुःख प्रकट भी करता रहेगा। इस प्रकार लक्ष्य और उपलब्धि के बीच जो फ़ासला है, वह आतुर मन के लिए बराबर बना रहता है, क्योंकि लक्ष्य स्वयं गतिमान है, मनुष्य की अपनी गति ही के कारण। निष्कर्ष यह है कि इन तथ्यों को देखे बिना समीक्षक लेखक की भावसरणि पर जो आक्षेप करते हैं, वे मुझे उचित प्रतीत नहीं होते।

[रचनाकाल अनिश्चित।]

आधुनिक हिन्दी कविता में यथार्थ

हिन्दी जिस रफ़्तार से दिन-दिन आगे बढ़ती जा रही है, उसका साहित्य जिस गति के साथ विकसित हो रहा है, उसको देखते हुए हमें कहना पड़ता है कि आधुनिक काव्य-काल बहुत दिनों तक रहेगा, क्योंकि वह मानव-जीवन के ऐसे-ऐसे अमर तत्त्वों से संजीवित हो उठा है, जो हमें नित्य उसके प्रति (उस तत्त्व के प्रति) सत्य-निष्ठ और श्रद्धायुक्त बनाये रखता है। हम जीवन के प्रति अधिकाधिक प्रामाणिक होते जा रहे हैं। हमारी कल्पना हमें नील गगन के अथाह शून्य में भटकाती नहीं, वरन् जीवन को उसके यथार्थ स्वरूप में ग्रहण कराते हुए उस ओर उठा ले जाती है।

एक दृष्टि से देखा जाए तो प्रसाद-पन्त-महादेवी का काल समाप्त हो चुका है। उनकी कल्पना-शक्ति और भावनाओं की गूढ़ता इत्यादि बातें, मेरे ख़याल से, पुरानी हो गई हैं।

गुप्तजी अब शान्त हैं, और पुराने ढर्रे के कवि प्राचीन हो चुके हैं। आजकल हमें ऐसे कवियों की ज़रूरत महसूस होती है जो मानव-जीवन की एकता के साथ ही, उसके वैविध्य से भी अत्यन्त निकटता से परिचित हों, जो वैविध्य को हवा में उड़ाकर अरूप एकता के आकाश में मुक्त न फिरें, किन्तु वैविध्य के संघर्षात्मक संसर्ग से उत्पन्न मानवीय मनोभावों की उत्कटता में अपने को लीन करते हुए, उसी एकता के दर्शन कराएँ, अर्थात् वे मानवता के अधिक निकट रहें।

पन्त-प्रसाद-महादेवी का सौन्दर्य-दर्शन और उनकी गूढ़ता तत्कालीन ब्रज-भाषा की स्थूल सौन्दर्यगत कविता की इष्ट प्रतिक्रिया थी। भारतीय सांस्कृतिक नवजागरण के प्रभाव से हिन्दी कविता, नवीन शब्दावली में व्यक्तीकरण के नये ढंग के साथ, प्राचीन दार्शनिक आदर्श को नवोत्फुल्ल सौन्दर्य-दृष्टि से पहचानते हुए, अधिक आन्तरिक होकर आधुनिक हो गई थी।

किन्तु फिर भी, वह अपने को प्राचीन से मुक्त न कर सकी। वह अधिक स्वप्नशील थी, और नीहारवत् चरम सत्य के पीछे स्वयं नीहारमय हो गई थी। जीवन की यथार्थता से स्वतंत्र होकर, एकान्त में कला-साधक होकर, विश्व के साथ तन्मयत्व प्राप्त करना ही कवियों का आदर्श हो गया। मानव-जीवन की ओर उनकी पहुँच

कल्पना द्वारा होने से, उसके कल्याण की तड़प के अभाव में, उन्होंने प्राचीन दार्शनिक आदर्श की सहायता लेकर कविता की। अलौकिक की ओर उनकी कल्पना का प्रयास लौकिक की उपेक्षा पर खड़ा था।

अर्थात् समय की आवाज़ उनके कानों पर न पहुँची। हिन्दुस्तान की विस्तरणशील आत्मा को भुलाकर अपना एकाकी मार्ग तय करना, उन्होंने अपना धर्म समझा और अपने सुपीरियर ईगो की माया में स्वयं को जगत् से अलग रखा।

मानव-मस्तिष्क की गति प्रतिक्रियाशील है। छायावादी धूमिलता और जीवन की ओर कल्पना द्वारा पहुँच की भी प्रतिक्रिया शुरू है। फलस्वरूप 'नवीन', नेपाली', बच्चन', 'दिनकर', 'अज्ञेय' इत्यादि कवि एक पंक्ति में खड़े हैं। नये कुछ-एक, जैसे प्रभाकर माचवे वग़ैरह, अपनी निश्चित दिशा लिये धीरे-धीरे इसी श्रेणी में आ रहे हैं।

'नवीन' नये और पुराने दोनों हैं। किन्तु उनकी कविता की आत्मा की गति अत्याधुनिक ही है। उनके प्रेम-गीत धूमिल-क्षितिज-गति की दूरागत अस्पष्टता से अलग हैं। जीवन के प्रति उनकी पहुँच अधिक मूर्त है, अर्थात् कल्पना द्वारा प्रिय वस्तु को छायारूप-अपरम्पार न मानकर, उसे अपने दिल का आधार, अपने जीवन में होनेवाले कई अनुभवों का कारण, अर्थात् मनुष्य मानना है। 'नवीन' की प्रवृत्ति यथार्थवादी है। समय से स्फूर्ति प्राप्त कर उन्होंने भारतीय क्रान्ति के गीत गाए :

आज पान देते ही देते छलका नयनों में पानी।
देख तुम्हारी यह आकुलता मेरी मति-गति अकुलानी॥

'दिनकर' 'नवीन' से कुछ अधिक चित्रकार हैं। ग्रामीण या अन्य चित्रों के द्वारा ही उन्होंने अपनी भावनाओं को प्रकट किया, अर्थात् उनकी काव्यात्मा ने जीवन के कुछ विस्तृत कोनों को छू लिया। भारत के चित्र ही हमें भारत से बद्ध कराएँगे। 'दिनकर' की न केवल प्रवृत्ति यथार्थवादी है, परन्तु कला भी वही है। वीरेन्द्रकुमार भी इस सौन्दर्यगत यथार्थवाद से अलग नहीं। वे वास्तव में सौन्दर्य-चित्रों से ही अरूप भावना-लोक में परिभ्रमण कर रहे हैं, अर्थात् अत्याधुनिक काल के कवियों ने वास्तव की उपेक्षा न की। 'नेपाली' की कविता इसका प्रत्यक्ष उदाहरण है। 'अज्ञेय' भारत की विकसनशील संस्कृति के मुख्य अंगों में से एक अंग, अर्थात् कर्मण्यता, का प्रतिनिधित्व करते हैं। हिन्दुस्तान की बलवान आत्मा यदि दर्शन, कविता, विज्ञान, को उपलब्धि के लिए पोषक समझती है, तो कर्म को भी वह महत्त्व देती है। आधुनिक सांस्कृतिक उत्थान के लिए कर्म भी उतना ही अपरिहार्य है जितना कि बौद्धिक और भावनात्मक पक्ष। सम्पूर्ण विकास को दृष्टि में रखते हुए, हमें 'अज्ञेय' की तेजस्विता सुन्दर परिणाम के लिए सहायक प्रतीत होती है।

आधुनिक भारतीय जीवन विश्व-जीवन के झकोरों से संवेदित है। राजनीतिक

जागरण सांस्कृतिक उत्थान का केवल एक पक्ष है। आधुनिक भारतीय अपने-आपको अन्य देशीय लोगों से बिलकुल भिन्न नहीं पाता। क्या बौद्धिक और क्या भावनात्मक पक्ष में, हम शैले, वड्र्सवर्थ, शॉपेनहॉर, नीत्शे, कांट, हेगेल, फ़िश्टे, शेलिंग, मार्क्स, कोपाटकिन, अनातोले फ्रांस, रोम्याँ रोलाँ, मेरेडिथ, हार्डी, लैम्ब, स्टीवेंसन, येट्स, टैगोर, गांधी, तॉल्स्तॉय, खैयाम, कालिदास से अलग अनुभव नहीं करते। हमने इन्हीं लोगों से बहुत-कुछ स्वीकार किया है। विश्व-साहित्य इतना विस्तृत और अपार है कि मानवीय-व्यक्तीकरण की कलात्मकता और उसके अध्यात्म की गहराई पर आनन्दाश्चर्य होता है। हिन्दुस्तान भी विश्व की संस्कृति का उत्तराधिकारी है। उसकी संस्कृति इसलिए विश्वात्मक होना चाह रही है।

हम प्रगति की ओर यत्नशील हैं। मानवीय आत्मा स्वभावतः प्रगतिशील होती है। हमारे पूर्वगामी कविगण का भी हमारी उन्नति में काफ़ी हाथ है। हम उनके कन्धों पर खड़े होकर विश्व देख रहे हैं।

मैं आपसे पहले कह चुका हूँ कि अत्याधुनिक काव्य-धारा वास्तव को अत्यन्त सहानुभूति से देखती है। लेकिन इससे यह न समझना चाहिए कि वह गद्यात्मिका (प्रोज़ेक) है। नहीं, बात इससे बिलकुल उल्टी है। वह अत्यन्त मानवीय है। पन्त, प्रसाद, महादेवी का रोमैंटिक युग समाप्त नहीं है, केवल उसकी दिशा में थोड़ा-सा परिवर्तन है।

'बच्चन' का निशा-निमंत्रण अत्याधुनिक इसलिए है कि उसमें जितनी उत्तमता से यथार्थ के प्रति भावनात्मक रिश्ते का दिग्दर्शन कराया गया है, वह हिन्दी साहित्य-जगत् में दुर्लभ है। भावनाओं के लिए अन्तःकरण और उसकी कल्पनादि वृत्तियाँ ही काफ़ी नहीं हैं बल्कि स्व-बाह्य संसार और उसकी निज पर प्रतिक्रियाओं की संघर्षात्मक भिन्नता का विस्तृत और अधिक उन्नत अन्तःकरण में परिवर्तन कर देना इष्ट है। यथार्थवाद का यही महत्त्व है। फिर अपने 'स्व' में और स्व-बाह्य जगत् में कोई अन्तर नहीं रह जाता। बच्चन के लिए स्व-बाह्य कल्पना से अधिक महत्त्वपूर्ण है। रंगीन कल्पना का आश्रय न लेकर, विचार या तर्क को भी त्यागकर, बच्चन की भावनाएँ बाह्य को आत्मसात् करना चाहती हैं। यथार्थवाद का आध्यात्मिक अर्थ यही है, और इसीलिए यथार्थवादी लेखक जीवन के प्रति अधिक उदार रहे हैं।

'बच्चन' अपनी उत्तमता से कुछ अंशों में जब गिरते हैं, तब यह आध्यात्मिक धरातल उनके लिए बुरे अर्थ में अपना कुछ खो बैठता है। जब विचार या तर्क को तलाक़ देकर, कल्पना के रँगीलेपन से बाज़ आकर, असन्तुष्ट भावनाएँ सन्तोष के लिए आत्मलीन होने के बजाय दौड़ती फिरती हैं, तब सिवा भाग्यवाद के कोई वाद आश्रय नहीं दे सकता। मैंने एक जगह कहीं लिखा है :

'मनुष्य साधारणतः मानस की ऊपरी सतह पर रहता है। उसकी विविध इच्छाएँ,

अभिमान, बौद्धिक ज्ञान भी इसी छिछले पानी में पनपने से उसे बाह्य की ओर ले जाते हैं। बाह्य जगत् में सन्तोष नाम की चीज़ नहीं मिल सकती। अपने अन्दर सुख टटोलने के बजाय जब मानव-मन बाहर भटकता फिरता है, तब सिवा भाग्यवाद और निराशावाद के और दूसरा वाद आश्रय नहीं दे सकता, क्योंकि आशावाद का दूसरा नाम है 'आत्मबल'।'

मेरा दृष्टिकोण स्पष्ट है। 'बच्चन' के भाग्यवाद से आत्मोन्नति का कोई सम्बन्ध नहीं, कारण 'बच्चन' पतन-उन्नयन में विश्वास कम रखते हैं। उनके लिए सब मानव-अन्तःकरण समान हैं। इसलिए उनके साहित्य में आत्मा का प्रश्न ही नहीं उठता। उनके साहित्य की उपज आत्म-चैतन्य (सैल्फ़ कॉन्शसनेस) से नहीं है।

स्वातन्र्जगत और बाह्य जगत् की विरोधी स्थिति से उठकर, उन दोनों की साम्यावस्था से जनित जो व्यापक दृष्टिकोण है, वह यथार्थवाद की आत्मा है। यथार्थवादी कला उस विरोधी स्थिति को मिटाने का प्रयत्न है, जिसको मैं आध्यात्मिक कहता हूँ। यही जब किंचित् विकृत हो जाती है, अर्थात् जब मानव-मन बाह्य को उसके स्वरूप में न लेकर अपनी संकुचित भावनाओं को उस पर लादना चाहता है, तब, जैसा कि मैं ऊपर कह चुका हूँ, मनुष्य भाग्यवादी बनता है। कहने का सारांश यह है कि भाग्यवाद मनुष्य की भावनाओं के विकार से उत्पन्न है। किन्तु 'बच्चन' के साथ ही विकार उनका कुछ उपकार भी कर गया। जब 'बच्चन' की अतार्किक, कल्पना-विगत, भावनापूर्ण दृष्टि ने बाह्य को देखा, तब सुख मिटनेवाला देखा और दुःख अगाध देखा। संसार की इस स्थिति से उनका कवि-हृदय व्यापक हो गया। दुखियों के प्रति सहानुभूति की गहराई जितनी अधिक मुझे 'बच्चन' में दिखलाई दी, उतनी, मुझे खेद है, छायावादी न दिखला सके। वास्तव संसार के दुःख के असाध्य रोग ने 'बच्चन' के हृदय को अत्यन्त व्यापक और उदार बना दिया। निशा निमंत्रण इस दृष्टि से अत्यन्त सुन्दर काव्य है। अपने दुःख से पीड़ित होकर 'बच्चन' ने संसार के दुःख के दर्शन किये। उनकी प्रिय पत्नी के निधन ने उनके हृदय को नई आँखें दीं। क्राइस्ट की जगत् के प्रति करुणामयता की तुलना 'बच्चन' की इस आर्द्रता से की जा सकती है।

'बच्चन' का भाग्यवाद भावनाजन्य है, तर्कजन्य नहीं। उनकी फ़िलॉसफ़ी के लिए उनका हृदय टटोला जाएगा। महोदवी वर्मा के आँसू हमारे हृदय को रुला नहीं सकते, किन्तु 'बच्चन' का निशा-निमंत्रण पढ़ते समय बरबस आँखें तर हो जाती हैं, कारण यह है कि महादेवी वर्मा ने दुःखवाद का धर्म (कल्ट) बना लिया, जो उनकी कल्पना से उत्पन्न है। इसके विपरीत 'बच्चन' स्वयं रोया है, ख़ूब, तब वह दूसरों को रुला सका।

'बच्चन' का वास्तववाद अत्यन्त मानवीय है। उसमें हमारा दिल हिला देने की शक्ति है। भावनात्मक दृष्टि से जीवन के मूल्य पहचानने का यह प्रयास है। अत्याधुनिक काल की प्रमुख धारा का इससे अधिक दर्शन आपको और कहीं नहीं हो सकता।

यही वास्तववाद दूसरे स्वरूपों में आपको अन्य कवियों में मिलेगा। 'नवीन' में वह ओज और स्फूर्ति से युक्त मिलेगा, 'अज्ञेय' में कर्म की अथक ताक़त के स्वरूप में, और दिनकर में कभी करुण, बेबसी और कभी युद्ध-भावावेश के स्वरूप में दिखलाई देगा।

हमारा प्रयत्न जीवन को उसके विविध और समग्र रूप में एक ही साथ लेकर मानव-आत्मा को दिशा-निर्देश करने में होना चाहिए। ऐसा कवि मनुष्य-जीवन का बहुत बड़ा उन्नायक होगा। पर अभी हमने पाया बहुत कम है। ब्राउनिंग कहता है :

ग्रो ओल्ड एलोंग विद मी
दि बैस्ट इज़ येट टु बी
दि लास्ट ऑफ़ लाइफ़, फॉर व्हिच दि फर्स्ट वॉज़ मेड।

[सम्भावित रचनाकाल : 1940-41।]

आधुनिक काव्य की चिन्ताजनक स्थिति

यद्यपि यह कहा जाता है कि तनाव का, खिंचाव का काल साहित्य-सृजन के लिए विशेष उपयुक्त रहा है। यह भी सत्य है कि पिछले कुछ सालों से हिन्दी-काव्य में ह्रास के लक्षण स्पष्ट दिखाई देने लगे हैं। वह युग जिसका प्रतिनिधित्व मैथिलीशरण गुप्त से लगाकर तो 'बच्चन' ने किया, अब समाप्त हुआ है। उनकी गूँजें, वही भावच्छायाएँ, वही काव्य-उपादान, थोड़े बहुत हेर-फेर के साथ पत्र-पत्रिकाओं में प्रकाशित होनेवाली कविताओं में मिल जाया करते हैं।

स्पष्ट है कि विगत साहित्यिक पीढ़ी का रोमैंटिक काव्य वर्तमान भारतीय जीवन के यथार्थ पर आधारित नहीं है। पिछले आठ-दस सालों से हमारी ज़िन्दगी में कुछ ऐसी तबदीली हुई है, और पिछले चार-पाँच सालों से उस तबदीली की रफ़्तार इतनी तेज़ हो गई है कि अलसायी छायाओं के उपवनों के उन्मत वातावरणों से आज हमारी आत्मा की परितृप्ति नहीं हो सकती। न उस टाइप के प्यार को लेकर, उसके अभिशापों और वरदानों तथा तत्सम्बन्धी मूक साधनाओं, मरण-त्योहारों और अग्नि-शृंगारों के खिलौने से हमारी ज़िन्दगी में भाव-सम्पन्नता आ सकती है, बशर्ते कि हमारा काव्य कवि-गोष्ठियों में उठते-बैठते रस बरसानेवाला काव्य न हो। आज हमारी ज़िन्दगी का यथार्थ हमारे साहित्य में अपने पूरे अभिप्राय और आवेग के साथ उतरना चाह रहा है। खेद है कि हिन्दी के प्रत्यक्ष काव्य-प्रयास कुछ महत्त्वपूर्ण अपवादों को छोड़कर उन्हीं पुरानी गूँजों को गूँजा रहे हैं, उसी बासी गन्ध को फैला रहे हैं जिसका हमारे वर्तमान जीवन के यथार्थ से सामंजस्य नहीं हो पाता।

जब तक हमारे कविगण वर्तमान यथार्थ के अभिप्राय समझ नहीं सकेंगे, और उन्हें समझकर उनका चित्रण नहीं कर सकेंगे, तब तक हमारे काव्य-साहित्य का उद्धार नहीं। 'दिनकर' कुरुक्षेत्र का पोथा भले ही लिख लें, और उसमें राष्ट्रवाद के नाम पर बड़े शब्दों और ऊँची-ऊँची कल्पनाओं, फड़कते हुए वाक्यों और धड़कते हुए चित्रणों की रेल-पेल कर दिखाएँ, यह निश्चित है कि वही ज़िन्दा रहेगा जो वर्तमान यथार्थ के अभिप्रायों को समझ सके। यानी आज के प्रश्नों के सम्बन्ध में निश्चित भावात्मक और बौद्धिक 'आउटलुक' रख सके। 'दिनकर' के बारे में तो यह कहा जा सकता है कि

वह अब पुराने खेमे का कवि हो गया है। किन्तु प्रधान प्रश्न तो उन कवियों का है जो, नवीन दृष्टिकोण का विरोध अथवा उपेक्षा करते हुए, अपने प्रयासों के डिफ़ेन्स में इन कवियों के काव्य-उदाहरणों को प्रस्तुत करते हैं। यह भी निश्चित है कि जो व्यक्ति वर्तमान यथार्थ की ओर दृष्टिपात नहीं करता, उससे अपनी काव्य-प्रेरणा और स्फूर्ति ग्रहण नहीं करता, और उस नारे से प्रभावित होता है जो 'भारतीय संस्कृति' का नारा कहलाता है, तो वह व्यक्ति नवीन दृष्टिकोण (मॉडर्न आउटलुक), जनता का दृष्टिकोण, भी ग्रहण नहीं कर सकता। आज 'भारतीय संस्कृति' का नारा उन लोगों का है जो जनता के क्रान्तिकारी दृष्टिकोण को रूसी दृष्टिकोण कहकर लोगों का ध्यान, वर्तमान जन-जीवन के यथार्थ के तक़ाजों से हटाते हुए, उन पुराने मायालोकों में अटकाना चाहते हैं जहाँ अध्यात्म और विलास परस्पर चुम्बन-आलिंगनादि में व्यस्त हैं। यदि 'भारतीय संस्कृति' का अर्थ जनता के अपने तक़ाजों और सवालों के आधार पर उसको सुसंस्कृत करना होता तो वह नारा कभी ग़लत नहीं होता। किन्तु बात इससे बिलकुल उल्टी है। आज जब इन्सानियत तबाह हो रही है, और कुछ तबक़े उसकी क़ीमत पर लखपति बनने की कोशिश कर रहे हैं, तब ग़रीब मध्यवर्ग के एक लेखक को 'भारतीय संस्कृति' का लुभावना नारा देकर उसे उन लोगों से हटाया जा रहा है जो उसके अपने हैं यानी जो उसी की तरह तबाह हैं और जिनकी हालत उससे भी बदतर है, जो अपनी ज़िन्दगी के तक़ाजों के आधार पर सामाजिक, आर्थिक और राजनीतिक लड़ाइयाँ लड़ रहे हैं। जहाँ भूखी जनता को अनुशासन में रहने की, भारतीय संस्कृति के अनुसरण की, दिन-रात नसीहत दी जाती हो, और, दूसरी ओर, बड़े मज़े में अपने सगे-सम्बन्धियों को शोषण का मज़ा लेने दिया जाता हो, वहाँ 'भारतीय संस्कृति' के नाम पर एक बहुत बड़ा फ्रॉड चला करता है। अपने शत्रुओं के कैम्प के बुद्धिजीवियों की संघर्ष-आस्था को नष्ट करने के लिए विचारों की जालसाजी से भरे आन्दोलनों के ब्रह्मास्त्र छोड़े जाते हैं। 'भारतीय संस्कृति' का नारा उसी का एक अंग है। ग़रीब मध्यवर्ग के लेखक को ऐसे सब नारों से मोर्चा लेना होगा जो प्रतिक्रियावादियों के कैम्प में से निकलते हैं।

मुझसे कहा जाएगा कि यह राजनीति हुई, साहित्य नहीं रहा। किन्तु वस्तु-स्थिति तो यह है कि जनता की राजनीति और जनोन्मुख साहित्य का स्रोत एक है। और वह है, आज का यथार्थ। आज का यथार्थ कोई रहस्यवादी धारणा नहीं है जिसको समझने के लिए इड़ा-पिंगला-सुषुम्ना नाड़ियों को तीव्र करना ज़रूरी हो। आज का यथार्थ जनता के जीवन का यथार्थ है जो हम स्वयं रोजमर्रा जीते हैं। यदि हमारी काव्य-प्रेरणा वस्तुतः जनजीवन से उद्‌भूत हुई हो, तो जनजीवन की वर्तमान परिस्थितियाँ और उसके कष्टों का कारण भी हमारे अनुभूति-क्षेत्र का अंग होगा; अर्थात् इन्सानियत को तबाह करनेवाले रावणों, उनके सिपहसालारों और दोस्तों के जन-विरोधी षड्यंत्र भी हमारी अनुभूति

के अंग होंगे यानी मात्र बौद्धिक स्तर से उतरकर वे हमारे हृदय और आत्मा के समस्त अभिप्रायों में लीन हो जाएँगे। जब वे लीन होंगे तो स्थायी भाव होगा घृणा, घृणा और भयानक घृणा! तथा उनके नाश का संकल्प! जन-जीवन के अन्य चित्रों केसाथ हमारे दूसरे भाव रहेंगे। देशभक्ति का अर्थ जन-भक्ति होगा। अतएव राजनीति और साहित्य मात्र अभिव्यक्ति में भिन्न हैं। उनका मूल है आज का यथार्थ, यानी जन-जीवन का यथार्थ, उसके लक्ष्य, उसके अभिप्रेत, उसके संघर्ष।

हमारे समाज के कुछ ऐतिहासिक महा-प्रक्रियाएँ चल रही हैं। किसी-न-किसी विकास-अवस्था में दो परस्पर विरोधी तत्त्वों का संघर्ष चल रहा है। समाज के अन्तस्तल में द्वन्द्वों का यह संघर्ष ऐतिहासिक प्रक्रिया है। इस संघर्ष की तीव्रता दिन-ब-दिन गहरी होती जा रही है। संघर्ष व्यापक होता जा रहा है। जब तक हम अपनी बुद्धि, प्राण-मन, हृदय और आत्मा की समस्त अनुभूति तथा शक्ति को केन्द्रित करके, उसके द्वारा इस ऐतिहासिक ज़िन्दा यथार्थ के आधार पर, जन-जीवन के चित्र नहीं खड़े करते, तब तक ग़रीब किन्तु बुद्धिमान लेखक के जीवन-कार्य का प्रथम अनुच्छेद भी समाप्त नहीं होता। स्पष्ट है कि यहाँ हम ऐसे ही लेखक की कल्पना कर रहे हैं जो बड़ी तनख़्वाहवाले उच्चवर्गीय साहित्यिकों के जमघट में अपनी साहित्यिक करामात का डेमॉन्स्ट्रेशन देने की इच्छा नहीं रखता; 'रेडियो-कवि' नहीं बनना चाहता; आलस, निठल्लेपन, दोस्तीबाज़ी को साहित्यिक जीवन की अपनी विशेषता नहीं बनाना चाहता; जो साहित्य में कैरियरिस्ट नहीं है, यानी अपनी रचना के मूल्य के आधार पर समाज से क़ीमत माँगता है, न कि स्पेशल कॉन्टेक्ट्स के ज़रिये मैन्यूवर करने का प्रकट-अप्रकट हिमायती है; जो अपनी बात की पाबन्दी चाहता हो और वस्तु-सत्य, चाहे वह बौद्धिक और मानसिक ही क्यों न हो, की परवाह ज़्यादा करता है, यानी वाचाल नहीं है, और अपनी ही कल्पना की पतंग नहीं उड़ाया करता है; जो अपने साहित्य-कर्म के प्रति और उसके जन-जीवन-सम्बन्धी मूल प्रेरणास्त्रोतों के प्रति अगाध रूप से गम्भीर और ईमानदार है, या गम्भीर और ईमानदार रहने की बेहद कोशिश करता है।

स्पष्ट है कि आज का साहित्यिक जितनी गम्भीरता से अपने प्रत्येक प्रकार के उत्तरदायित्वों को सोचेगा और जीवन के समस्त रूपों के अध्ययन में रुचि और सूक्ष्मता प्रकट करेगा, उतनी ही उसकी साहित्य-शक्ति तीव्र और प्रभावोत्पादक होगी। यदि वह अपने सबजेक्ट मैटर के यथार्थ में गम्भीरता से प्रवेश करेगा, तो न सही एक दिन के एक प्रयास में, [बल्कि] धीरे-धीरे, क़दम-ब-क़दम, वह पुरानी जड़ीभूत परतों को तोड़कर अपने नये साहित्य-संस्कारों को जन्म देगा, और वह हौले-हौले उसका विकास करता हुआ आगे बढ़ता चला जाएगा। प्रयास के प्रथम चरण की दुरूहता, उलझी अभिव्यक्ति-शैली तथा भावों का सामान्य स्तर, लेखक के स्वयं के अनुभवों

के सहारे निखरकर हीरे और मोतियों-सी चमकती हुई भावच्छवियों और शब्द-मालिकाओं का रूप धारण कर लेगा।

कहना न होगा कि विषय के यथार्थ के यथातथ्य भावात्मक चित्रण का कार्य एक वैसा ही घोर, अविरत और सुदीर्घ संघर्ष है, जैसे भारत का वर्तमान जीवन! जितना गहरा यह संघर्ष होगा, समझिए कि उतनी ही गहराई के साथ, अपने स्वयं के काव्य-उपादान लेकर, जन-जीवन का वस्तु-सत्य अपने समस्त सन्दर्भों के साथ अपनी स्वयं की मौलिक अभिव्यक्ति लिये प्रकट होना चाह रहा है। लिखते वक़्त, हर ईमानदार लेखक का यह अनुभव है कि जो बात वह वस्तुत: कहना चाहता है, यानी कि जो असल बात है (जिसे वह उसके सम्पूर्ण सौन्दर्य के साथ प्रकट करने के लिए आतुर है), ठीक वही किन्हीं अजीब शक्तियों के षड्यंत्र से हाथ से निकल जाती है, और अन्य भाव, अन्य अभिव्यक्तियाँ बीच में दस्तन्दाज़ी-दखलअन्दाज़ी करती हुई किसी दूसरी ओर बहा ले जाना चाहती हैं। असली बात-रूपी रुपहली मछली उसको धोखा देते हुए, जाल में आती हुई-सी लगकर भी, इधर-उधर से फिसल जाती है, और कभी-कभी तो उसे निराश हो जाना पड़ता है। कहना न होगा कि यह एक महान और सुदीर्घ संघर्ष है। और इस संघर्ष के पीछे है वैज्ञानिक ईमानदारी, जिसकी वैज्ञानिकता का हृदय मनुष्य-हृदय है, यानी वह हृदय की अनुभूति की गहरी वैज्ञानिकता है। ऐसा संघर्षी लेखक झूठे रंगों, झूठी गूँजों और नकली बातों के फेर में नहीं पड़ता, न उसके सत्य का स्टैंडर्ड इतना नीचा होता है कि जो बात अनुभूत नहीं है, उसका वह दावा करे। उसकी अनुभूति को कल्पना के पर हैं और वैज्ञानिक आँखें हैं।

किन्तु हमारे लेखक...वे प्रगतिवादी ही क्यों न हों—इस प्रकार [के] संघर्ष से बचते हैं। इसलिए वे बात के नूर के स्थान पर भड़क रंग और फिसलती हुई ज़बान और बहता हुआ स्वर अधिक पसन्द करते हैं। परिणामत:, उनकी बात अधिक रोमैंटिक ढंग की हो जाती है। शीघ्र इफ़ेक्ट्स देने के लिए वे थोड़ा कहने की चतुरता का इस्तेमाल करते हुए कवि-कर्म से फ़ारिग हो लेते हैं। यदि कोई यह कहे कि वे मॉडर्न आउटलुक, जन-जीवन का दृष्टिकोण रखते हुए भी ईमानदार नहीं हैं, तो इस गम्भीर सत्य का एक पहलू [यह] भी है कि जो लेखक शीघ्र परिणाम के पीछे हाथ धोकर इस प्रकार पड़ा हुआ है, वह न अपने दृष्टिकोण के प्रति ईमानदार है, न अपने कर्तव्य के प्रति। ऐसे लेखक, यह सच है कि, कुछ समय के लिए अपने न्याय-पथ पर कथन-शैली के द्वारा साहित्य-जगत् में अपना स्थान बना लेते हैं, किन्तु उनका हो-हल्ला शोर-गुल शीघ्र ही शान्त भी हो जाता है।

मैं यह पहले भी कह चुका हूँ कि जीवन के यथार्थ के प्रति अगर यह ईमानदारी रहे, तो वह स्वयं ही बोलता हुआ चला आता है। यानी, दूसरे शब्दों में, अपने स्वयं

के काव्य-उपकरण लेकर उतरता है, तो उसके मानी यह हुए कि घिसे हुए उपमा-चित्रों और प्रतीकों का पंजा आप-ही-आप छूट जाता है और जीवन-यथार्थ नये काव्य में अपनी नवीन शैली लेकर उतरता है। कहना न होगा कि छायावादी शैली वर्तमान कष्टमय संघर्षमय जन-जीवन-सम्बन्धी चित्र-प्रयासों के लिए नितान्त अनुपयुक्त और बिलकुल बेकार है। फिर भी, बड़ी ही प्रगतिशील भाव-धारा के (कभी-कभी हमारे प्रयासों की गहराई के अभाव में) उन्हीं प्रतीकों को लेकर चलाने के लिए असंख्य उदाहरण दिये जा सकते हैं। निश्चित और स्पष्ट है कि पुराने प्रतीकों के रंगदार काँच की खिड़कियों से बाहर की असलियत के विशाल दृश्य ठीक-ठीक दिख नहीं पाते। यानी, यद्यपि यथार्थ खुद बोलता हुआ काव्य में उभरना चाहता है, तथापि हमारे साहित्य-सम्बन्धी असंगत संस्कार उसकी ज़बान की जगह उन्हीं घिसी हुई उपमाओं तथा शब्दों का शोर-गुल खड़ा कर देते हैं। दूसरे शब्दों में, पूर्वागत काव्य-शैली तथा भाव-शैली के घनीभूत प्रभाव के कारण नवीन यथार्थ भी अपनी भाषा को छोड़कर, अपना पैटर्न छोड़कर, पुराने पैटर्न में कैद हो जाता है। अतएव, नवीन लेखक के पास पुराने प्रभावों से जूझते हुए वर्तमान जन-यथार्थ के चित्र-प्रयासों के लिए उपयुक्त पैटर्नों की प्राप्ति का भी महत्त्वपूर्ण कार्य है। संघर्षी लेखक को, नये यथार्थ की किसी पूर्वागत परम्परा के अभाव के कारण, कभी-कभी अपने पैटर्नों के प्रति, और अपने प्रति उत्पन्न अविश्वास के प्रति, घोर संघर्ष करना पड़ता है। नवीन यथार्थ के पैटर्नों को वह सामाजिक मान्यता नहीं मिल पाई है।

मैं ऊपर कह चुका हूँ कि संघर्षी लेखक के विरुद्ध सारी स्थिति-परिस्थितियाँ आज काम कर रही हैं। चूँकि आज उसे अपना रास्ता बनाना है, यानी नये यथार्थ का समस्त वातावरण शब्दों में अंकित करना है, उनकी अपनी भाषा और प्रतीकों के ज़रिये, साथ-ही-साथ चूँकि विद्वानों की दक़ियानूसी से लगाकर सम्पादकों की निबुद्धिता उसके रास्ते में पहाड़ और खाइयों का काम करती है, जो कि उसकी आवाज़ को पाठकों के पास पहुँचने नहीं देती, और चूँकि लेखक स्वयं (यद्यपि पुरानों से बहुत आगे) अपनी मंज़िल के बहुत पीछे होने से उसका ध्यान अपने साहित्य-कर्म के कठोर कार्यक्रमों में ही लगा हुआ है, और चूँकि उसे वस्तुतः जन-जीवन के विभिन्न प्रधान रूपों और प्रधान भावों को अपने भाव-विलास के क्षेत्र में आत्मसात् करने की दीर्घ प्रक्रिया में लीन होना है—अतएव, वैज्ञानिक ईमानदारी रखनेवाले अनुभूतिप्रवण साहित्यकार की समस्त प्रवृत्तियाँ आज कठोर संघर्ष कर रही हैं। इस घनघोर आस्था और अन्ततः अपनी विजय में उतनी ही घनघोर निष्ठा आज के जनवादी लेखक की पतवार है, उसका सम्बल है। यह उसका अहंकार नहीं कि साहित्यिकों की फूहड़ सोसायटी उसे अरुचिकर प्रतीत होती है।

सबसे बड़ी बात यह है कि जिस प्रकार एक नेता न केवल जनता को नेतृत्त्व प्रदान

करता है, वरन् वह उससे सीख और नसीहत भी ग्रहण करता है, उसी प्रकार नये लेखक का सबसे बड़ा शिक्षक, सबसे बड़ा गुरु, और सबसे बड़ा वैज्ञानिक, स्वयं जन-जीवन और उसके दृश्य हैं। हमें वास्तविक जन-जीवन में अनेक महान व्यक्ति देखने को मिलते हैं, महान प्रतिभाएँ दृष्टिगत होती हैं, और महान संघर्ष और त्याग के विशाल मानवीय दृश्य नज़र में आते हैं, जिनके सामने हमारी तथाकथित साहित्यिक सोसायटी के नेता बौने, बुज़दिल, निर्बुद्धि मालूम होते हैं। कहना न होगा कि चूँकि लेखक इस जन-जीवन का ही एक भाग, एक अंश है, इसलिए वह इस जन-जीवन के आदेशों का ही पालन करेगा। उसका खुदा और पैग़म्बर उसी जन-जीवन में बसता है, और वही जन-जीवन उसका क़ुरान और मार्क्सिज़्म है। तात्पर्य यह कि हमारा लेखक एक नये ढाँचे का व्यक्ति है जो कवि-सम्मेलनों और पत्र-पत्रिकाओं के ग्रामोफ़ोनों से अलग अपनी वीणा पर ज़िन्दगी के सप्त-स्वर छेड़ता है। इस संघर्ष के ऐतिहासिक कार्य और उन स्वरों के आगे वह किसी की परवाह नहीं करता, चाहे वह कितना ही बड़ा तीसमारख़ाँ क्यों न हो।

यहाँ 'जन-जीवन', इस शब्द को भी स्पष्ट कर देना चाहिए। चूँकि फ्रॉड की गुंजाइश सब जगह है, इसलिए यहाँ भी है। जब हम रास्ते पर घूमते हैं तो करुणा-जनक दृश्य दिखाई देते हैं। क्या हम जन-जीवन को उतना ही निःशक्त और दयनीय समझें? हरगिज़ नहीं! हमारे कतिपय साथी उस दयनीयता के चीख़ते हुए चित्रों और उसके विद्रूप रंगों को ही एकमात्र जन-जीवन समझते हैं। यह ग़लत है। वह जन-जीवन का एक अल्पांश है। उस अल्पांश से समस्त जन-जीवन पर निर्णय नहीं दिये जा सकते। जन-जीवन में करुणा है, पर विद्रूप दयनीयता नहीं; उसमें कठोर संघर्ष शक्ति है, त्याग की भावना है, विवेक है, कर्मण्यता है; उसी प्रकार युगानुयुग शोषण के कारण, अलावा ग़रीबी के, उसमें अज्ञान है तो ज्ञान भी है, कुसंस्कार है तो क्रान्ति-भावना भी है। सारांश में, जन-जीवन की आत्म-शक्ति और संघर्ष-शक्ति के ऐतिहासिक क्रान्तिकारी अभिप्राय हैं। उनके दुःख, कष्ट, वेदना में एक रफ़्तार है—वह रफ़्तार जो ज़माने की रग में ग़ुस्सैल ख़ून की तरह बहती है। वह कष्ट-वेदना एक शमशीर है जो जन-शत्रुओं को ख़त्म कर देगी। वह कष्ट-वेदना जन-जीवन के पैरों में मोच नहीं है। सारांश यह कि जन-जीवन के इन मौलिक तत्त्वों के आधार पर ही मानवीय करुणा, संघर्ष आदि के दृश्य खड़े किये जाने चाहिए।

यहाँ हम एक दूसरे ख़तरे की ओर भी इशारा कर देना चाहते हैं। वह यह कि जन-जीवन के इन क्रान्तिकारी अभिप्रायों को वास्तविक जन-जीवन के दृश्य से हटाकर उनके सामान्यीकरणों (जेनेरेलाइज़ेशन) की कविता हिन्दी में होती है, जैसे—धरती का प्रतीक लेकर जन-जीवन की प्रशस्ति की रचनाएँ, अथवा किसान-मज़दूरों की क्रान्तिकारी हैसियत के पुरज़ोश तराने! बिला शक ऐसी कविताएँ ज़रूरी हैं, किन्तु चूँकि ऐसी कविताएँ करना

अपेक्षाकृत आसान है, और चूँकि इस ढर्रे पर अनेक कविताएँ और भी लिखी जा सकती हैं, और अपनी लिखास (लिखने की प्यास) पूरी की जा सकती है, इसलिए कौन वास्तविक जन-जीवन के दृश्यों की मूर्ति खड़ा करे! जैसे कोई ग़रीब स्त्री अपने बच्चों को सुलाते हुए लोरी गा रही है और तब उसकी आँखों में जीवन के दृश्य तैर रहे हैं। कौन इस थीम को अंकित करे! इसमें तकलीफ़ होती है! एक वृद्ध पिता अपने नाती को जीवन-संघर्ष में वफ़ादार रहने की बात कहता है। कौन इसका चित्रण करे! तकलीफ़ होती है! एक माता अपने क्रान्तिकारी पुत्र की आँखों में भावी नव-जीवन के सपनों की मूर्ति की तस्वीर देखती हुई पुलकित हो जाती है। कौन उसकी पुलक का अंकन करे! तकलीफ़ होती है! एक मित्र अपने दूसरे मित्र की भयानक तकलीफ़ से पीड़ित होकर वर्तमान ज़िन्दगी की तस्वीर अपनी आँखों में बसाता है। कौन इसका चित्रण करे! तकलीफ़ होती है! गोया आसानी से हो जाए तो ठीक, नहीं तो ऐसी-तैसी!

मराठी, उर्दू और हिन्दी की कविता का मिलान यहाँ ठीक होगा। मराठी में जीवन-दृश्यों के क्षणों का सूक्ष्म चित्रण हुआ है। उर्दू में क्रान्ति और तारुण्य की बेसब्र सम्मिलित मनोभावनाओं का, और हिन्दी में वर्तमान जीवन की कटुता का, जोश भरे तरानों और क्रान्ति के सामान्यीकरणों का, बाहुल्य है। हमें जीवन के समस्त दृश्यों का चित्रण करना ज़रूरी है। इसलिए हमारे प्रयास व्यापक होना चाहिए। विशिष्ट (पार्टिकुलर) जन-जीवन-दृश्यों में जन-जीवन के अभिप्रायों के सामान्यीकरण (जेनेरल) की गूँज ज़रूरी है। इन दोनों के मिश्रण से ही पाठक को अपने जीवन-भाव और अपने अभिप्राय समझ में आएँगे। और इस प्रकार उसके हृदय में कठोर यथार्थ और हिम्मत, शक्ति और मस्ती का योग होगा। विशिष्ट को छोड़ मात्र सामान्य में वह बल नहीं आ पाता, जो ज़िन्दगी में चट्टानी हिम्मत, भुजाओं में फ़ौलादी ताक़त, दिल में इन्सानियत का लहराता समुन्दर, ला सके। इस प्रकार जन-जीवन का ज्ञान, जन-जीवन के अभिप्राय, और उसकी आत्म-शक्ति का मेल, जब तक हम अपने सुख-दुख में न कर केवल ऊपरी अमूर्त निराकार वैचारिक स्तर पर ही उसे घुमाते रहेंगे, तो सामान्य विशिष्ट का स्वर नहीं हो पाएगा। काव्य में विशिष्ट के साथ-साथ सामान्य रहे तो जीवन-दृश्य और उनका आघात ठीक-ठीक होगा। हमारे रात-दिन चलते हुए संघर्ष के दृश्यों के अभिप्राय ही तो जन-जीवन के अभिप्राय, जन-जीवन के प्रतीक हैं। इस लक्ष्य की पूर्ति अपने-आपमें एक ऐसा आकर्षक और सम्मोहक कार्य है, जिसके लिए ज़िन्दगी के तमाम दूसरे व्यक्तिगत मोहों को ठुकराया जा सकता है, और उसके माध्यम द्वारा जीवन की सफलता और अपने काव्य का आनन्द प्राप्त किया जा सकता है।

[नया ख़ून : 1951 में छद्मनाम से प्रकाशित। पुनः प्रकाशित—सवेरा संकेत : दीपावली विशेषांक, 1971 में]

प्रयोगवाद

तथाकथित प्रयोगवाद की कोई विशेष व्याख्या नहीं की जा सकती, साहित्यिक प्रवृत्त के रूप में ही उसे देखा जा सकता है। यह निश्चित है कि प्रारम्भिक रूप में प्रयोगवादी कविताएँ तत्कालीन सामाजिक परिस्थिति के विरुद्ध व्यक्ति द्वारा की गई भावनात्मक प्रतिक्रियाएँ हैं। किन्तु व्यक्ति अब छायावादी नहीं, उसमें अब बौद्धिकता आ गई है। वह जो देखता है, उस पर सोचना चाहता है। जो अनुभव करता है, वह लिखना चाहता है। उच्च सामाजिक श्रेणियों और वर्गों में वह 'हैव-नॉट्स' में से है, 'हैव्स' में से नहीं। जिस बात पर वह सोचना चाहता है, जिस स्थिति पर सोचने के लिए उसे मजबूर होना पड़ता है, उसके प्रति उसका दृष्टिकोण घनघोर व्यक्तिवादी स्थिति से लगाकर तो अविकसित मार्क्सवादी स्थिति तक फैला हुआ है। समाज उसका गला दबाता है, उसका अपना वर्ग भी उसकी आवाज़ को कुंठित करता है। समाज में पुरानापन है, दकियानूसी है, जड़ता है और कुचलने की शक्ति है। व्यक्ति इससे विद्रोह करता है, परन्तु विद्रोह करने का तरीक़ा उसे नहीं मालूम। इसलिए मात्र भावनात्मक विस्फोट करके वह रह जाता है। बौद्धिक लक्ष्यानुगामी होने के कारण, उसके विद्रोह में प्रगतिवादी फूत्कार नहीं आ पाते। वह कला-तत्त्व से अधिक सचेतन है, किन्तु अपने उदग्र और दमित भावना-मंडल की यथातथ्यता को प्रकट करने के लिए उसके पास केवल छायावादी शब्दावली है, जिसका प्रयोग वह नहीं चाहता। उसके अनुसार छायावादी शब्द छायावादी भाव को ही प्रकट करते हैं। वे नये मनो-वैज्ञानिक यथार्थ को प्रकट नहीं करते।

इस धारणा का परिणाम यह हुआ कि कविता को वैचारिक गद्य का जामा पहनाया जाने लगा। समाज से सामंजस्य के अभाव के फलस्वरूप तथा उसके विरुद्ध उसमें प्रखर बौद्धिक व्यक्तिवाद का विकास हुआ। कुछ लोगों में अन्तर्मुखी चेतना उदित हुई तो कुछ में बहिर्मुखी। चेतना अधिक यथार्थोन्मुख हुई, चाहे वह अन्तर्मुखी हो या बहिर्मुखी। कुछ में बाह्य चित्र प्रधान हुए, कुछ में अन्तश्चित्र। यह स्वाभाविक ही था कि इस खेमे के कुछ लोग आगे चलकर मार्क्सवादी होते। नवीन यथार्थोन्मुख (यथार्थ से मतलब हमेशा बाहरी यथार्थ ही नहीं होता) प्रतीक, उपमाएँ सामने आईं।

घिसी-घिसाई शब्दावली का त्याग हुआ।

किन्तु शिक्षित समाज की अभिरुचि छायावादी ही थी। उनके लिए पीड़ा का अर्थ रोमैंटिक या आध्यामिक ही था। यह स्वाभाविक ही था कि उन्हें ये कविताएँ पसन्द न आतीं। आगे चलकर ये ही छायावादी तबक़े और उनके समर्थक प्रशंसक, स्वाधीनता के उपरान्त, साहित्य तथा समाज के प्रभावशाली पदों और स्थानों पर जा पहुँचे। उन्होंने पर्याप्त रूप से ऐसा वातावरण घनीभूत किया जिसमें इस नवीन प्रवृत्ति का कंठरोध हो। किन्तु प्रयोगवादी प्रवृत्ति ऐतिहासिक कारणों से ही उत्पन्न हुई थी, उसी से उसका विकास भी हुआ और हो रहा है। इसलिए वह सामयिक विरोधों से दब नहीं सकती थी। दूसरा सप्तक के प्रकाशन के साथ ही, हिन्दी की विद्वान्-मंडली का ध्यान इसकी ओर गया, और तब से प्रयोगवाद चर्चा का विषय बना हुआ है।

यह ध्यान में रखना चाहिए कि तारसप्तक और दूसरा सप्तक में स्थिति तथा व्यक्ति का बहुत बड़ा भेद है। दूसरा सप्तक वालों को अच्छी परिस्थितियाँ मिली थीं। साथ ही, तब तक तारसप्तक वाले भी काफ़ी आगे बढ़ चुके थे। इसलिए जिन प्रश्नों को लेकर तारसप्तक वाले आगे बढ़े, उन प्रश्नों को लेकर दूसरा सप्तक वाले नहीं। तारसप्तक वालों की रोमांस-भावना की आयु, बहुत अंशों में, छायावाद में ही बीत चुकी थी। वे अपनी छायावादी अवधि पार कर उसकेविरुद्ध प्रतिक्रिया करते हुए प्रयोगवादी थे, तो दूसरा सप्तक वाले अपनी नवीन रोमैंटिक भावनाएँ लेकर प्रयोगवाद में आए। तारसप्तक और दूसरा सप्तक में यह एक मौलिक भेद है। व्यक्ति के विकास की दृष्टि से तारसप्तक अधिक मज़बूत है, दूसरा सप्तक रोमैंटिक परिधान की दृष्टि से अधिक मनोरम। रोमैंटिक भावनाएँ जीवन की यथार्थता हैं। मनोवैज्ञानिक यथार्थवादी दृष्टि से वे, अतएव, प्रयोगवाद के लिए निषिद्ध नहीं ठहरतीं, बशर्ते कि उनकी ओर देखने की दृष्टि कुहरिल न हो।

कोई भी नई साहित्यिक प्रवृत्ति अपनी प्रारम्भिक अवस्था में अनगढ़ होती ही है। किन्तु हिन्दी में केवल उसके कमज़ोर उदाहरणों को लेकर ही उस पर आक्रमण किया गया। उसकी शक्ति नहीं परखी गई। यह इस बात का सबूत है कि वर्तमान आलोचक, जिनमें प्रगतिवादी और छायावादी शामिल हैं, जीवन के नये मोड़ों की साहित्यिक अभिव्यक्ति का आकलन नहीं कर सकते, न्याय की बात ही नहीं उठती।

हमें साहित्यिक माप-जोख दो दृष्टियों से करनी चाहिए। एक, रूप की दृष्टि से; दूसरे, वस्तु-तत्त्व की दृष्टि से। वस्तु-तत्त्व में इतनी शक्ति होती है कि वह स्वयं अपने रूप को लेकर आता है। अतएव, मुख्यतः, हमारे लिए वस्तु-तत्त्व प्रधान हो जाता है। प्रश्न यह है कि क्या प्रयोगवाद का आज तक का विकास ऐसा है कि जो हमारी जनता के मुख्य लक्ष्यों को अग्रसर कर सके ? अथवा, क्या उससे यह आशा हो सकती है ?

मेरा अपना मत यह है कि अभी तक प्रयोगवादी कवियों में यह विशाल चेतना नहीं आ पाई है जिसे हम महत्त्व देते हैं। कुछ कवि तो मात्र मानसिक प्रत्याघातों का चित्रण करके ही चुप रह जाते हैं। अन्यों ने कुछ महत्त्वपूर्ण प्रयोग किये हैं। इनको देखकर यह आशा होती है कि आगे चलकर नये कवि अपने विशाल उत्तरदाायित्वों का निर्वाह अधिक सफलतापूर्वक कर सकेंगे।

[सम्भावित रचनाकाल : 1952–59।]

मध्ययुगीन भक्ति-आन्दोलन का एक पहलू

मेरे मन में बार-बार यह प्रश्न उठता है कि कबीर और निर्गुण पन्थ के अन्य कवि तथा दक्षिण के कुछ महाराष्ट्रीय सन्त तुलसीदास जी की अपेक्षा अधिक आधुनिक क्यों लगते हैं ? क्या कारण है कि हिन्दी-क्षेत्र में जो सबसे अधिक धार्मिक रूप से कट्टर वर्ग है, उनमें भी तुलसीदास जी इतने लोकप्रिय हैं कि उनकी भावनाओं और वैचारिक अस्त्रों द्वारा, वह वर्ग आज भी आधुनिक दृष्टि और भावनाओं से संघर्ष करता रहता है ? समाज के पारिवारिक क्षेत्र में इस कट्टरपन को अब नये पंख भी फूटने लगे हैं। ख़ैर, लेकिन यह इतिहास दूसरा है। मूल प्रश्न जो मैंने उठाया है, उसका कुछ-न-कुछ मूल उत्तर तो है ही।

मैं यह समझता हूँ कि किसी भी साहित्य का ठीक-ठीक विश्लेषण तब तक नहीं हो सकता जब तक हम उस युग की मूल गतिमान सामाजिक शक्तियों से बननेवाले सांस्कृतिक इतिहास को ठीक-ठीक न जान लें। कबीर हमें आपेक्षिक रूप से आधुनिक क्यों लगते हैं, इस मूल प्रश्न का मूल उत्तर भी उसी सांस्कृतिक इतिहास में कहीं छिपा हुआ है। जहाँ तक महाराष्ट्र की सन्त-परम्परा का प्रश्न है, यह निर्विवाद है कि मराठी सन्त-कवि, प्रमुखतः, दो वर्गों से आये हैं : एक ब्राह्मण और दूसरे ब्राह्मणेतर। इन दो प्रकार के संत-कवियों के मानव-धर्म में बहुत कुछ समानता होते हुए भी, दृष्टि और रुझान का भेद भी था। ब्राह्मणेतर सन्त-कवि की काव्य-भावना अधिक जनतंत्रात्मक, सर्वांगीण और मानवीय थी। निचली जातियों की आत्म-प्रस्थापना के उस युग में, कट्टर पुराणपन्थियों ने जो-जो तकलीफ़ें इन सन्तों को दी हैं, उनसे ज्ञानेश्वर-जैसे प्रचंड प्रतिभावान सन्त का जीवन अत्यन्त करुण कष्टमय और भयंकर दृढ़ हो गया। उनका प्रसिद्ध ग्रन्थ ज्ञानेश्वरी तीन सौ वर्षों तक छिपा रहा। उक्त ग्रन्थ की कीर्ति का इतिहास तो तब से शुरू होता है जब वह पुनः प्राप्त हुआ। यह स्पष्ट ही है कि समाज के कट्टरपन्थियों ने इन सन्तों को अत्यन्त कष्ट दिया। इन कष्टों का क्या कारण था ? और ऐसी क्या बात हुई कि जिस कारण निम्न जातियाँ अपने सन्तों को लेकर राजनीतिक, सामाजिक, सांस्कृतिक क्षेत्र में कूद पड़ीं ?

मुश्किल यह है कि भारत के सामाजिक-आर्थिक विकास के सुसम्बद्ध इतिहास

के लिए आवश्यक सामग्री का बड़ा अभाव है। हिन्दू इतिहास लिखते नहीं थे, मुस्लिम लेखक घटनाओं का ही वर्णन करते थे। इतिहास-लेखन पर्याप्त आधुनिक है। शान्तिनिकेतन के तथा अन्य पंडितों ने भारत के सांस्कृतिक इतिहास के क्षेत्र में बहुत अन्वेषण किये हैं। किन्तु सामाजिक-आर्थिक विकास के इतिहास के क्षेत्र में अभी तक कोई महत्त्वपूर्ण काम नहीं हुआ है।

ऐसी स्थिति में हम कुछ सर्वसम्मत तथ्यों को ही आपके सामने प्रस्तुत करेंगे।

(1) भक्ति-आन्दोलन दक्षिण भारत से आया। समाज की धर्मशास्त्रवादी, वेद-उपनिषद्‌वादी शक्तियों ने उसे प्रस्तुत नहीं किया, वरन् आलवार सन्तों ने और उनके प्रभाव में रहनेवाले जनसाधारण ने उसका प्रसार किया।

(2) ग्यारहवीं सदी से महाराष्ट्र की ग़रीब जनता में भक्ति-आन्दोलन का प्रभाव अत्यधिक हुआ। राजनीतिक दृष्टि से, यह जनता हिन्दू-मुस्लिम दोनों प्रकार के सामन्ती उच्चवर्गीयों से पीड़ित रही। सन्तों की व्यापक मानवतावादी वाणी ने उन्हें बल दिया। कीर्तन-गायन ने उनके जीवन में रस-संचार किया। ज्ञानेश्वर, तुकाराम आदि सन्तों ने ग़रीब किसान और अन्य जनता का मार्ग प्रशस्त किया। इस सांस्कृतिक आत्म-प्रस्थापना के उपरान्त सिर्फ़ एक और क़दम की आवश्यकता थी।

वह समय भी शीघ्र ही आया। ग़रीब उद्धत किसान तथा अन्य जनता को अपना एक और सन्त, रामदास, मिला, और एक नेता प्राप्त हुआ, शिवाजी। इस युग में राजनीतिक रूप से महाराष्ट्र का जन्म और विकास हुआ। शिवाजी के समस्त छापेमार युद्धों के सेनापति और सैनिक, समाज के शोषित तबक़ों से आए। आगे का इतिहास आपको मालूम ही है—किस प्रकार सामान्तवाद टूटा नहीं, किसानों की पीड़ाएँ वैसी ही रहीं, शिवाजी के उपरान्त राजसत्ता उच्च वंशोत्पन्न ब्राह्मणों के हाथ पहुँची, पेशवाओं (जिन्हें मराठे भी जाना जाता रहा) ने किस प्रकार के युद्ध किये और वे अंग्रेज़ों के विरुद्ध क्यों असफल रहे, इत्यादि।

(3) उच्चवर्गीयों और निम्नवर्गीयों का संघर्ष बहुत पुराना है। यह संघर्ष निःसन्देह धार्मिक, सांस्कृतिक, सामाजिक क्षेत्र में अनेक रूपों में प्रकट हुआ। सिद्धों और नाथ-सम्प्रदाय के लोगों ने जनसाधारण में अपना पर्याप्त प्रभाव रखा, किन्तु भक्ति-आन्दोलन का जनसाधारण पर जितना व्यापक प्रभाव हुआ उतना किसी अन्य आन्दोलन का नहीं। पहली बार शूद्रों ने अपने सन्त पैदा किये, अपना साहित्य और अपने गीत सृजित किये। कबीर, रैदास, नाभा सिंपी, सेना नाई, आदि-आदि महापुरुषों ने ईश्वर के नाम पर जातिवाद के विरुद्ध आवाज़ बुलन्द की। समाज के न्यस्त स्वार्थवादी वर्ग के विरुद्ध नया विचारवाद अवश्यम्भावी था। वह हुआ, तकलीफ़ें हुईं। लेकिन एक बात हो गई।

शिवाजी स्वयं मराठा क्षत्रिय था, किन्तु भक्ति-आन्दोलन से, जाग्रत जनता के कष्टों से, ख़ूब परिचित था, और स्वयं एक कुशल संगठक और वीर सेनाध्यक्ष था। सन्त रामदास, जिसका उसे आशीर्वाद प्राप्त था, स्वयं सनातनी ब्राह्मणवादी था, किन्तु नवीन जाग्रत जनता की शक्ति से ख़ूब परिचित भी था। सन्त से अधिक वह स्वयं एक सामन्ती राष्ट्रवादी नेता था। तब तक कट्टरपन्थी शोषक तत्त्वों में यह भावना पैदा हो गई थी कि निम्नजातीय सन्तों से भेदभाव अच्छा नहीं है। अब ब्राह्मण-शक्तियाँ स्वयं उन्हीं सन्तों का कीर्तन-गायन करने लगीं। किन्तु इस कीर्तन-गायन के द्वारा वे उस समाज की रचना को, जो जातिवाद पर आधारित थी, मज़बूत करती जा रही थीं। एक प्रकार से उन्होंने अपनी परिस्थिति से समझौता कर लिया था। दूसरे, भक्ति आन्दोलन के प्रधान सन्देश से प्रेरणा प्राप्त करनेवाले लोग ब्राह्मणों में भी होने लगे थे। रामदास, एक प्रकार से, ब्राह्मणों में से आए हुए अन्तिम सन्त हैं, इसके पहले एकनाथ हो चुके थे। कहने का सारांश यह कि नवीन परिस्थिति में यद्यपि युद्ध-सत्ता (राजसत्ता) शोषित और ग़रीब तबक़ों से आए सेनाध्याक्षों के पास थी, किन्तु सामाजिक क्षेत्र में पुराने सामन्तवादियों और नये सामन्तवादियों में समझौता हो गया था। नये सामन्तवादी कुनबियों, धनगरों, मराठों और अन्य ग़रीब जातियों से आए हुए सेनाध्यक्ष थे। इस समझौते का फल यह हुआ कि पेशवा ब्राह्मण हुए, किन्तु युद्ध-सत्ता नवीन सामन्तवादियों के हाथ में रही।

उधर सामाजिक-सांस्कृतिक क्षेत्र में निम्नवर्गीय भक्तिमार्ग के जनवादी सन्देश के दाँत उखाड़ लिये गए। उन सन्तों को सर्ववर्गीय मान्यता प्राप्त हुई, किन्तु उनके सन्देश के मूल स्वरूप पर कुठाराघात किया गया, और जातिवादी पुराणधर्म पुनः निःशंक भाव से प्रतिष्ठित हुआ।

(4) उत्तर भारत में निर्गुणवादी भक्ति-आन्दोलन में शोषित जनता का सबसे बड़ा हाथ था। कबीर, रैदास, आदि सन्तों की बानियों का सन्देश, तत्कालीन मानों के अनुसार, बहुत अधिक क्रान्तिकारी था। यह आकस्मिकता न थी कि चंडीदास कह उठता है :

> शुनह मानुष भाई,
> शबार ऊपरे मानुष शत्तो
> ताहार उपरे नाई।

इस मनुष्य-सत्य की घोषणा के क्रान्तिकारी अभिप्राय कबीर में प्रकट हुए। कुरीतियों, धार्मिक, अन्धविश्वासों और जातिवाद के विरुद्ध कबीर ने आवाज़ उठाई। वह फैली। निम्न जातियों में आत्मविश्वास पैदा हुआ। उनमें आत्म-गौरव का भाव हुआ। समाज की शासक-सत्ता को यह कब अच्छा लगता? निर्गुण मत के विरुद्ध

सगुण मत का प्रारम्भिक प्रसार और विकास उच्चवंशियों में हुआ। निर्गुण मत के विरुद्ध सगुणमत का संघर्ष निम्न वर्गों के विरुद्ध उच्चवंशीय संस्कारशील अभिरुचिवालों का संघर्ष था। सगुण मत विजयी हुआ। उसका प्रारम्भिक विकास कृष्णभक्ति के रूप में हुआ। यह कृष्णभक्ति कई अर्थों में निम्नवर्गीय भक्ति-आन्दोलन से प्रभावित थी। उच्चवर्गीयों का एक भावुक तबक़ा भक्ति-आन्दोलन से हमेशा प्रभावित होता रहा, चाहे वह दक्षिण भारत में हो या उत्तर भारत में। इस कृष्णभक्ति में जातिवाद के विरुद्ध कई बातें थीं। वह एक प्रकार से भावावेशी व्यक्तिवाद था। इसी कारण, महाराष्ट्र में, निर्गुण मत के बजाय निम्न-वर्ग में, सगुण मत ही अधिक फैला। सन्त तुकाराम का विठोबा एक सार्वजनिक कृष्ण था। कृष्णभक्तिवाली मीरा 'लोकलाज' छोड़ चुकी थी। सूर कृष्ण-प्रेम में विभोर थे। निम्नवर्गीयों में कृष्णभक्ति के प्रचार के लिए पर्याप्त अवकाश था, जैसा महाराष्ट्र की सन्त परम्परा का इतिहास बतलाता है। उत्तर भारत में कृष्णभक्ति-शाखा का निर्गुण मत के विरुद्ध जैसा संघर्ष हुआ, वैसा महाराष्ट्र में नहीं रहा। महाराष्ट्र में कृष्ण की शृंगार-भक्ति नहीं थी, न भ्रमरगीतों का ज़ोर था। कृष्ण एक तारणकर्ता देवता था, जो अपने भक्तों का उद्धार करता था, चाहे वह किसी भी जाति का क्यों न हो। महाराष्ट्रीय सगुण कृष्णभक्ति में शृंगारभावना, और निर्गुण भक्ति—इन दो के बीच कोई संघर्ष नहीं था। उधर उत्तर भारत में, नन्ददास वग़ैरह कृष्णभक्तिवादी सन्तों की निर्गुण मत-विरोधी भावना स्पष्ट ही है और ये सब लोग उच्चकुलोद्‌भव थे। यद्यपि उत्तर भारतीय कृष्णभक्तिवाले कवि उच्चवंशीय थे, और निर्गुण मत से उनका सीधा संघर्ष भी था, किन्तु हिन्दू समाज के मूलाधार यानी वर्णाश्रम-धर्म के विरोधियों ने जातिवाद-विरोधी विचारों पर सीधी चोट नहीं की थी। किन्तु उत्तर भारतीय भक्ति-आन्दोलन पर उनका प्रभाव निर्णायक रहा।

एक बार भक्ति-आन्दोलन में ब्राह्मणों का प्रभाव जम जाने पर वर्णाश्रम धर्म की पुनर्विजय की घोषणा में कोई देर नहीं थी। ये घोषणा तुलसीदासजी ने की थी। निर्गुण मत में निम्नजातीय धार्मिक जनवाद का पूरा ज़ोर था, उसका क्रान्तिकारी सन्देश था। कृष्णभक्ति में वह बिल्कुल कम हो गया, किन्तु फिर भी निम्नजातीय प्रभाव अभी भी पर्याप्त था। तुलसीदास ने भी निम्नजातीय भक्ति स्वीकार की, किन्तु उसको अपना सामाजिक दायरा बतला दिया। निर्गुण मतवाद के जनोन्मुख रूप और उसकी क्रान्तिकारी जातिवाद-विरोधी भूमिका के विरुद्ध तुलसीदासजी ने पुराण-मतवादी स्वरूप प्रस्तुत किया। निर्गुण-मतवादियों का ईश्वर एक था, किन्तु अब तुलसीदासजी के मनोजगत् में परब्रह्म के निर्गुण-स्वरूप के बावजूद सगुण ईश्वर ने सारा समाज और उसकी व्यवस्था—जो जातिवाद, वर्णाश्रम धर्म पर आधारित थी—उत्पन्न की। राम निषाद और गुह का आलिंगन कर सकते थे, किन्तु निषाद और गुह ब्राह्मण का अपमान कैसे

कर सकते थे? दार्शनिक क्षेत्र का निर्गुण मत जब व्यावहारिक रूप से ज्ञानमार्गी भक्तिमार्ग बना, तो उसमें पुराण-मतवाद को स्थान नहीं था। कृष्णभक्ति के द्वारा पौराणिक कथाएँ घुसीं, पुराणों ने रामभक्ति के रूप में आगे चलकर वर्णाश्रम धर्म की पुनर्विजय की घोषणा की।

साधारण जनों के लिए कबीर का सदाचारवाद तुलसी के सन्देश से अधिक क्रान्तिकारी था। तुलसी को भक्ति का यह मूल तत्त्व तो स्वीकार करना ही पड़ा कि राम के सामने सब बराबर हैं, किन्तु चूँकि राम ही ने सारा समाज उत्पन्न किया है, इसलिए वर्णाश्रम धर्म और जातिवाद को तो मानना ही होगा। पं. रामचन्द्र शुक्ल जो निर्गुण मत को कोसते हैं, वह यों ही नहीं। इसके पीछे उनकी सारी पुराण-मतवादी चेतना बोलती है।

क्या यह एक महत्त्वपूर्ण तथ्य नहीं है कि रामभक्ति-शाखा के अन्तर्गत, एक भी प्रभावशाली और महत्त्वपूर्ण कवि निम्नजातीय शूद्र वर्गों से नहीं आया? क्या यह एक महत्त्वपूर्ण तथ्य नहीं है कि कृष्णभक्ति-शाखा के अन्तर्गत रसखान और रहीम-जैसे हृदयवान मुसलमान कवि बराबर रहे आए, किन्तु रामभक्ति-शाखा के अन्तर्गत एक भी मुसलमान और शूद्र कवि प्रभावशाली और महत्त्वपूर्ण रूप से अपनी काव्यात्मक प्रतिभा विशद नहीं कर सका? जबकि यह एक स्वत:सिद्ध बात है कि निर्गुण-शाखा के अन्तर्गत ऐसे लोगों को अच्छा स्थान प्राप्त था।

निष्कर्ष यह कि जो भक्ति-आन्दोलन जनसाधारण से शुरू हुआ और जिसमें सामाजिक कट्टरपन के विरुद्ध जनसाधारण की सांस्कृतिक आशा-आकांक्षाएँ बोलती थीं, उसका 'मनुष्य-सत्य' बोलता था, उसी भक्ति-आन्दोलन को उच्चवर्गीयों ने आगे चलकर अपनी तरह बना लिया, और उससे समझौता करके, फिर उस पर अपना प्रभाव क़ायम करके, और अनन्तर जनता के अपने तत्त्वों को उनमें से निकालकर, उन्होंने उस पर अपना पूरा प्रभुत्व स्थापित कर लिया।

और इस प्रकार, उच्चवंशी उच्चजातीय वर्गों का—समाज के संचालक शासक वर्गों का—धार्मिक-सांस्कृतिक क्षेत्र में पूर्ण प्रभुत्व स्थापित हो जाने पर, साहित्यिक क्षेत्र में उन वर्गों के प्रधान भाव—शृंगार-विलास—का प्रभावशाली विकास हुआ और भक्ति-काव्य की प्रधानता जाती रही। क्या कारण है कि तुलसीदास भक्ति-आन्दोलन के प्रधान (हिन्दी क्षेत्र में) अन्तिम कवि थे? सांस्कृतिक-साहित्यिक क्षेत्र में यह परिवर्तन भक्ति-आन्दोलन की शिथिलता को द्योतित करता है। किन्तु यह आन्दोलन इस क्षेत्र में शिथिल क्यों हुआ?

ईसाई मत का भी यही हाल हुआ। ईसा का मत जनसाधारण में फैला तो यहूदी धनिक वर्गों ने उसका विरोध किया, रोमन शासकों ने उसका विरोध किया। किन्तु

जब वह जनता का अपना धर्म बनने लगा, तो धनिक यहूदी और रोमन लोग भी उसको स्वीकार करने लगे। रोमन शासक ईसाई हुए और सेंट पॉल ने उसी भावुक प्रेममूलक धर्म को क़ानूनी शिकंजों में जकड़ लिया, पोप जनता से फ़ीस लेकर पापों और अपराधों के लिए क्षमापत्र वितरित करने लगा।

यदि हम धर्मों के इतिहास को देखें, तो यह ज़रूर पाएँगे कि तत्कालीन जनता की दुरवस्था के विरुद्ध उसने घोषणा की, जनता को एकता और समानता के सूत्र में बाँधने की कोशिश की। किन्तु ज्यों-ज्यों उस धर्म में पुराने शासकों की प्रवृत्तिवाले लोग घुसते गए और उनका प्रभाव जमता गया, उतना-उतना ग़रीब जनता का पक्ष न केवल कमज़ोर होता गया, वरन् उसको अन्त में उच्चवर्गों की दासता-धार्मिक दासता—भी फिर से ग्रहण करनी पड़ी।

क्या कारण है कि निर्गुण-भक्तिमार्गी जातिवाद-विरोधी आन्दोलन सफल नहीं हो सका ? उसका मूल कारण यह है कि भारत में पुरानी समाज-रचना को समाप्त करनेवाली पूँजीवादी क्रान्तिकारी शक्तियाँ उन दिनों विकसित नहीं हुई थीं। भारतीय स्वदेशी पूँजीवाद की प्रधान भौतिक-वास्तविक भूमिका विदेशी पूँजीवादी साम्राज्यवाद ने बनाई। स्वदेशी पूँजीवाद के विकास के साथ ही भारतीय राष्ट्रवाद का अभ्युदय और सुधारवाद का जन्म हुआ, और उसने सामन्ती समाज-रचना के मूल आर्थिक आधार, यानी पेशेवर जातियों द्वारा सामाजिक उत्पादन की प्रणाली समाप्त कर दी। गाँवों की पंचायती व्यवस्था टूट गई। ग्रामों की आर्थिक आत्मनिर्भरता समाप्त हो गई।

भक्ति-काल की मूल भावना साधारण जनता के कष्ट और पीड़ा से उत्पन्न है। यद्यपि पंडित हज़ारी प्रसाद द्विवेदी का यह कहना ठीक है कि भक्ति की धारा बहुत पहले से उद्‌गत होती रही, और उसकी पूर्वभूमिका बहुत पूर्व से तैयार होती रही। किन्तु उनके द्वारा निकाला गया यह तर्क ठीक नहीं मालूम होता कि मध्ययुगीन भक्तों की भावना में जनता के सांसारिक कष्टों के तत्त्व नहीं हैं। पंडित रामचन्द्र शुक्ल के इस कथन में हमें पर्याप्त सत्य मालूम होता है कि भक्ति-आन्दोलन का एक मूल कारण जनता का कष्ट है। किन्तु पंडित शुक्ल ने इन कष्टों के मुस्लिम-विरोधी और हिन्दू-राजसत्ता के पक्षपाती जो अभिप्राय निकाले हैं, वे उचित नहीं मालूम होते। असल बात यह है कि मुसलमान सन्त-मत भी उसी तरह कट्टरपन्थियों के विरुद्ध था, जितना कि भक्ति-मार्ग। दोनों एक-दूसरे से प्रभावित भी थे। किन्तु इस बात से इनकार नहीं किया जा सकता कि भक्ति-भावना की तीव्र आर्द्रता और सारे दुःखों और कष्टों के परिहार के लिए ईश्वर की पुकार के पीछे जनता की भयानक दुःस्थिति छिपी हुई थी। यहाँ यह हमेशा ध्यान में रखना चाहिए कि यह बात साधारण जनता और उसमें से निकले हुए सन्तों की है, चाहे वे ब्राह्मण वर्ग से निकले हों या ब्राह्मणेतर वर्ग से। साथ ही,

यह भी स्मरण रखना होगा कि शृंगार-भक्ति का रूप उसी वर्ग में सर्वाधिक प्रचलित हुआ जहाँ ऐसी शृंगार-भावना के परिपोष के लिए पर्याप्त अवकाश और समय था, फ़ुरसत का समय। भक्ति-आन्दोलन का आविर्भाव, एक ऐतिहासिक-सामाजिक शक्ति के रूप में, जनता के दु:खों और कष्टों से हुआ, यह निर्विवाद है।

किसी भी साहित्य को हमें तीन दृष्टियों से देखना चाहिए। एक तो यह कि वह किन सामाजिक और मनोवैज्ञानिक शक्तियों से उत्पन्न है, अर्थात् वह किन शक्तियों के कार्यों का परिणाम है, किन सामाजिक-सांस्कृतिक प्रक्रियाओं का अंग है? दूसरे यह कि उसका अन्त:स्वरूप क्या है, किन प्रेरणाओं और भावनाओं ने उसके आन्तरिक तत्त्व रूपायित किये हैं? तीसरे, उसके प्रभाव क्या हैं, किन सामाजिक शक्तियों ने उसका उपयोग या दुरुपयोग किया है और क्यों? साधारण जन के किन मानसिक तत्त्वों को उसने विकसित या नष्ट किया है?

तुलसीदासजी के सम्बन्ध में इस प्रकार के प्रश्न अत्यन्त आवश्यक भी हैं। रामचरितमानसकार एक सच्चे सन्त थे, इसमें किसी को भी कोई सन्देह नहीं हो सकता। रामचरितमानस साधारण जनता में भी उतना ही प्रिय रहा जितना कि उच्चवर्गीय लोगों में। कट्टरपन्थियों ने अपने उद्देश्यों के अनुसार तुलसीदास जी का उपयोग किया, जिस प्रकार आज जनसंघ और हिन्दू महासभा ने शिवाजी और रामदास का उपयोग किया। सुधारवादियों की तथा आज की भी एक पीढ़ी को तुलसीदास जी के वैचारिक प्रभाव से संघर्ष करना पड़ा, यह भी एक बड़ा सत्य है।

किन्तु साथ ही यह भी ध्यान में रखना होगा कि साधारण जनता ने राम को अपना त्राणकर्ता भी पाया, गुह और निषाद को अपनी छाती से लगानेवाला भी पाया। एक तरह से जनसाधारण की भक्ति-भावना के भीतर समाये हुए समान प्रेम का आग्रह भी पूरा हुआ, किन्तु वह सामाजिक ऊँच-नीच को स्वीकार करके ही। राम के चरित्र द्वारा और तुलसीदास जी के आदेशों द्वारा सदाचार का रास्ता भी मिला। किन्तु वह मार्ग कबीर के और अन्य निर्गुणवादियों के सदाचार का जनवादी रास्ता नहीं था। सचाई और ईमानदारी, प्रेम और सहानुभूति से ज़्यादा बड़ा तकाज़ा था सामाजिक रीतियों का पालन। (देखिए, रामायण में अनुसूया द्वारा सीता को उपदेश)। उन रीतियों और आदेशों का पालन करते हुए, और उसकी सीमा में रहकर ही, मनुष्य के उद्धार का रास्ता था। यद्यपि यह कहना कठिन है कि किस हद तक तुलसीदासजी इन आदेशों का पालन करवाना चाहते थे और किस हद तक नहीं। यह तो स्पष्ट है ही कि उनका सुझाव किस ओर था। तुलसीदास जी द्वारा इस वर्णाश्रम धर्म की पुन:स्थापना के अनन्तर हिन्दी साहित्य में फिर से कोई महान भक्त-कवि नहीं हुआ तो इसमें आश्चर्य नहीं।

आश्चर्य की बात यह है कि आजकल प्रगतिवादी क्षेत्रों में तुलसीदास जी के सम्बन्ध में जो कुछ लिखा गया है, उसमें, जिस सामाजिक-ऐतिहासिक प्रक्रिया के तुलसीदासजी अंग थे, उसको जान-बूझकर भुलाया गया है। पंडित रामचन्द्र शुक्ल की वर्णाश्रमधर्मी जातिवादग्रस्त सामाजिकता और सच्चे जनवाद को एक-दूसरे से ऐसे मिला दिया गया है मानो शुक्लजी (जिनके प्रति हमारे मन में अत्यन्त आदर है) सच्ची जनवादी सामाजिकता के पक्षपाती हों! तुलसीदास जी को पुरातनवादी कहा जाएगा कबीर की तुलना में, जिनके विरुद्ध शुक्लजी ने चोटें की हैं।

दूसरे, जो लोग शोषित निम्नवर्गीय जातियों के साहित्यिक और सांस्कृतिक सन्देश में दिलचस्पी रखते हैं और उस सन्देश के प्रगतिशील तत्त्वों के प्रति आदर रखते हैं, वे लोग तो यह ज़रूर देखेंगे कि जनता की सामाजिक मुक्ति को किस हद तक किसने सहारा दिया और तुलसीदास जी का उसमें कितना योग रहा। चाहे श्री रामविलास शर्मा जैसे 'मार्क्सवादी' आलोचक हमें 'वल्गर मार्क्सवादी' या बूर्ज्वा कहें, यह बात निन्सन्देह है कि समाजशास्त्रीय दृष्टि से मध्ययुगीन भारत की सामाजिक, सांस्कृतिक, ऐतिहासिक शक्तियों के विश्लेषण के बिना, तुलसीदासजी के साहित्य के अन्तःस्वरूप का साक्षात्कार नहीं किया जा सकता। जहाँ तक रामचरितमानस की काव्यगत सफलताओं का प्रश्न है, हम उनके सम्मुख केवल इसलिए नतमस्तक नहीं हैं कि उसमें श्रेष्ठ कला के दर्शन होते हैं, बल्कि इसलिए कि उसमें उक्त मानव-चरित्र के, भव्य और मनोहर व्यक्तित्व-सत्ता के, भी दर्शन होते हैं। तुलसीदासजी की रामायण पढ़ते हुए, हम एक अत्यन्त महान व्यक्तित्व की छाया में रहकर अपने मन और हृदय का आप-ही-आप विस्तार करने लगते हैं और जब हम कबीर आदि महान जनोन्मुख कवियों का सन्देश देखते हैं, तो हम उनके रहस्यवाद से भी मुँह मोड़ना चाहते हैं। हम उस रहस्यवाद के समाजशास्त्रीय अध्ययन में दिलचस्पी रखते हैं, और यह कहना चाहते हैं कि निर्गुण मत की सीमाएँ तत्कालीन विचारधारा की सीमाएँ थीं, जनता का पक्ष लेकर जहाँ तक जाया जा सकता था; वहाँ तक जाना हुआ। निम्नजातीय वर्गों के इस सांस्कृतिक योग की अपनी सीमाएँ थीं। ये सीमाएँ उन वर्गों की राजनीतिक चेतना की सीमाएँ थीं। आधुनिक अर्थों में, वे वर्ग कभी जागरूक सामाजिक-राजनीतिक-संघर्ष-पथ पर अग्रसर नहीं हुए। इसका कारण क्या है, यह विषय यहाँ अप्रस्तुत है। केब्वल इतना ही कहना उपयुक्त होगा कि संघर्षहीनता के अभाव का मूल कारण भारत की सामन्तयुगीन सामाजिक-आर्थिक रचना में है। दूसरे, जहाँ ये संघर्ष करते-से दिखाई दिये, वहाँ उन्होंने एक नये सामन्ती शासक वर्ग को ही दृढ़ किया, जैसा कि महाराष्ट्र में हुआ।

प्रस्तुत विचारों के प्रधान निष्कर्ष ये हैं : (1) निम्नवर्गीय भक्ति-भावना एक सामाजिक परिस्थिति में उत्पन्न हुई और दूसरी सामाजिक स्थिति में परिणत हुई। महाराष्ट्र

में उसने एक राष्ट्रीय जाति खड़ी कर दी, सिख एक नवीन जाति बन गए। इन जातियों ने तत्कालीन सर्वोत्तम शासक वर्गों से मोर्चा लिया। भक्तिकालीन सन्तों के बिना महाराष्ट्रीय भावना की कल्पना नहीं की जा सकती, न सिख गुरुओं के बिना सिख जाति की। सारांश यह कि भक्ति भावना के राजनीतिक गर्भितार्थ थे। ये राजनीतिक गर्भितार्थ तत्कालीन सामन्ती शोषक वर्गों और उनकी विचारधारा के समर्थकों के विरुद्ध थे।

(2) इस भक्ति-आन्दोलन के प्रारम्भिक चरण में निम्नवर्गीय तत्त्व सर्वाधिक सक्षम और प्रभावशाली थे। दक्षिण भारत के कट्टरपन्थी तत्त्व, जो कि तत्कालीन हिन्दू सामन्ती वर्गों के समर्थक थे, इस निम्नवर्गीय सांस्कृतिक जन-चेतना के एकदम विरुद्ध थे। वे उन पर तरह-तरह के अत्याचार भी करते रहे। मुस्लिम तत्त्वों से मार खाकर भी, हिन्दू सामन्ती वर्ग, उनसे समझौता करने की विवशता स्वीकार कर, उनसे एक प्रकार से मिले हुए थे। उत्तर भारत में हिन्दुओं के कई वर्गों का पेशा ही मुस्लिम वर्गों की सेवा करना था। अकबर ही पहला शासक था, जिसने तत्कालीन तथ्यों के आधार पर खुलकर हिन्दू सामन्तों का स्वागत किया।

उत्तर प्रदेश तथा दिल्ली के आस-पास के क्षेत्रों में हिन्दू सामन्ती तत्त्व मुसलमान सामन्ती तत्त्वों से छिटककर नहीं रह सके। लूट-पाट, नोच-खसोट के उस युग में, जनता की आर्थिक-सामाजिक दु:स्थिति गम्भीर थी। निम्नवर्गीय जातियों के सन्तों की निर्गुण-वाणी का, तत्कालीन मानों के अनुसार, क्रान्तिकारी सुधारवादी स्वर, अपनी सामाजिक स्थिति के विरुद्ध क्षोभ, और अपने लिए अधिक मानवोचित परिस्थिति की आवश्यकता बतलाता था। भक्तिकाल की निम्नवर्गीय चेतना के सांस्कृतिक स्तर अपने-अपने सन्त पैदा करने लगे। हिन्दू-मुस्लिम सामन्ती तत्त्वों के शोषण-शासन और कट्टरपन्थी दृढ़ता से प्रेरित हिन्दू-मुस्लिम जनता भक्ति-मार्ग पर चल पड़ी थी, चाहे वह किसी भी नाम से क्यों न हो। निम्नवर्गीय भक्ति-मार्ग निर्गुण-भक्ति के रूप में प्रस्फुटित हुआ। इस निर्गुण-भक्ति में तत्कालीन सामन्तवाद-विरोधी तत्त्व सर्वाधिक थे। किन्तु तत्कालीन समाज-रचना के कट्टर पक्षपाती तत्त्वों में से बहुतेरे भक्ति-आन्दोलन के प्रभाव में आ गए थे। इनमें से बहुत-से भद्र सामन्ती परिवारों में से थे। निर्गुण भक्ति की उदारवादी और सुधारवादी सांस्कृतिक विचारधारा का उन पर भी प्रभाव हुआ। उन पर भी प्रभाव तो हुआ, किन्तु आगे चलकर उन्होंने भी भक्ति-आन्दोलन को प्रभावित किया। अपने कट्टरपन्थी पुराणमतवादी संस्कारों से प्रेरित होकर, उत्तर भारत की कृष्णभक्ति, भावावेशवादी आत्मवाद को लिये हुए, निर्गुण मत के विरुद्ध संघर्ष करने लगी। इस सगुण मत में उच्चवर्गीय तत्त्वों का पर्याप्त से अधिक समावेश था। किन्तु फिर भी इस सगुण शृंगारप्रधान भक्ति की इतनी हिम्मत नहीं थी कि वह जाति-विरोधी सुधारवादी वाणी के विरुद्ध प्रत्यक्ष और प्रकट रूप से वर्णाश्रम धर्म के

सार्वभौम औचित्य की घोषणा करे। कृष्णभक्तिवादी सूर आदि सन्त-कवि इन्हीं वर्गों से आए थे। इन कवियों ने भ्रमरगीतों द्वारा निर्गुण मत से संघर्ष किया और सगुणवाद की प्रस्थापना की। वर्णाश्रम धर्म की पुनःस्थापना के लिए सिर्फ़ एक ही क़दम आगे बढ़ना ज़रूरी था। तुलसीदास जी के अदम्य व्यक्तित्व ने इस कार्य को पूरा कर दिया। इस प्रकार भक्ति-आन्दोलन, जिस पर प्रारम्भ में निम्नजातियों का सर्वाधिक ज़ोर था, उस पर अब ब्राह्मणवाद पूरी तरह छा गया और सुधारवाद के विरुद्ध पुराण मतवाद की विजय हुई। इसमें दिल्ली के आस-पास के क्षेत्र तथा उत्तर प्रदेश के हिन्दू-मुस्लिम सामन्ती तत्त्व एक थे। यद्यपि हिन्दू मुसलमानों के अधीन थे, किन्तु दुःख और खेद से ही क्यों न सही, यह विवशता उन्होंने स्वीकार कर ली थी। इन हिन्दू सामन्त तत्त्वों की सांस्कृतिक क्षेत्र में अब पूरी विजय हो गई थी।

(3) महाराष्ट्र में इस प्रक्रिया ने कुछ और रूप लिया। जन-सन्तों ने अप्रत्यक्ष रूप से महाराष्ट्र को जाग्रत और सचेत किया, रामदास और शिवाजी ने प्रत्यक्ष रूप से नवीन राष्ट्रीय जाति को जन्म दिया। किन्तु तब तक ब्राह्मणवादियों और जनता के वर्ग से आए हुए प्रभावशाली सेनाध्यक्षों और सन्तों में एक-दूसरे के लिए काफ़ी उदारता बतलाई जाने लगी। शिवाजी के उपरान्त, जनता के ग़रीब वर्गों से आए हुए सेनाध्यक्षाओं और नेताओं ने नये सामन्ती घराने स्थापित किये। नतीजा यह हुआ कि पेशवाओं के काल में ब्राह्मणवाद फिर ज़ोरदार हो गया। कहने का सारांश यह कि महाराष्ट्र में वही हाल हुआ जो उत्तर प्रदेश में। अन्तर यह था कि निम्नजातीय सांस्कृतिक चेतना जिसे पल-पल पर कट्टरपन्थ से मुकाबला करना पड़ा था, वह उत्तर भारत से अधिक दीर्घकाल तक रही। पेशवाओं के काल में दोनों की स्थिति बराबर-बराबर रही। किन्तु आगे चलकर, अंग्रेज़ी राजनीति के ज़माने में, पुराने संघर्षों की यादें दुहराई गईं, और 'ब्राह्मण-ब्राह्मणेतरवाद' का पुनर्जन्म और विकास हुआ। और इस समय भी लगभग वही स्थिति है। फ़र्क़ इतना ही है कि निम्नजातियों के पिछड़े हुए लोग शिड्यूल्ड कास्ट फ़ेडरेशन में हैं, और अग्रगामी लोग कांग्रेस, पेज़ेन्ट्स एंड वर्कर्स पार्टी, कम्यूनिस्ट पार्टी तथा अन्य वामपक्षी दलों में शामिल हो गए हैं। आख़िर जब इन्हीं जातियों में से पुराने ज़माने में संत आ सकते थे, आगे चलकर सेनाध्यक्ष निकल सकते थे, तो अब राजनीतिक विचारक और नेता क्यों नहीं निकल सकते?

(4) सामन्तवादी काल में इन जातियों को सफलता प्राप्त नहीं हो सकती थी, जब तक कि पूँजीवादी समाज-रचना सामन्ती समाज-रचना को समाप्त न कर देती। किन्तु सच्ची आर्थिक-सामाजिक समानता तब तक प्राप्त नहीं हो सकती, जब तक कि समाज आर्थिक-सामाजिक आधार पर वर्गहीन न हो जाए।

(5) किसी भी साहित्य का वास्तविक विश्लेषण हम सब तक नहीं कर सकते,

जब तक कि हम उन गतिमान सामाजिक शक्तियों को नहीं समझते, जिन्होंने मनोवैज्ञानिक-सांस्कृतिक धरातल पर आत्मप्रकटीकरण किया है। कबीर, तुलसीदास, आदि सन्तों के अध्ययन के लिए यह सर्वाधिक आवश्यक है। मैं इस ओर प्रगतिवादी क्षेत्रों का ध्यान आकर्षित करना चाहता हूँ।

[नई दिशा : मई, 1955 में प्रकाशित।]

नई कविता : एक दायित्व

नये कवियों के सामने आज जितनी समस्याएँ प्रस्तुत हुई हैं, उतनी कदाचित् उनके पूर्वजों और अंग्रेज़ों के सामने न थीं। उन समस्याओं के बारे में सोचना नये लेखक की एक मजबूरी हो गई है। उसके सामने ये समस्याएँ किताबी ढंग से पेश नहीं होतीं, वरन् संवेदनाओं का इतिहास बनकर उसके सामने ये महत्त्वपूर्ण हो उठती हैं। इन संवेदनाओं के कार्य-कारणों के विश्लेषण की ओर उसकी दृष्टि जाना स्वाभाविक ही है। ये कार्य-कारण जिन क्षेत्रों के अंगभूत होते हैं, उन क्षेत्रों के तत्त्व-रूप से ही उन समस्याओं का स्वरूप-निर्धारण होता है। संवेदना के स्तर पर ये समस्याएँ भले ही अनेकानेक रूप-निर्धारण करें, और मात्र मनोवैज्ञानिक या व्यक्तिगत कहलाएँ, असल में उस स्थिति का उद्घाटन करती हैं जिसमें मनुष्य चाहता एक है, और दुनिया देती और कुछ है। साधारण मनुष्य सल्तनत नहीं चाहता। मनुष्य की स्वाभाविक गरिमा के अनुरोधों के अनुसार वह जीवन चाहता है, और उस जीवन की आवश्यकताएँ पूरी हो जाने की स्थिति चाहता है। लेखक इस साधारण मनुष्य से अधिक असाधारण नहीं है (अपवादों को छोड़कर)। आज की दुनिया में बैठा हुआ आज का मनुष्य, विरोधी, अनुकूल अथवा भिन्न-भिन्न प्रतिक्रियाएँ करता हुआ, जिस ढंग से अपने जगत् से सन्तुलन अथवा असन्तुलन स्थापित करता चलता है, वह ढंग उसकी संवेदनाओं के इतिहास की शैली बनकर, उसके चरित्र और व्यक्तित्व का निर्माण या संहार करता हुआ, उसके जीवन को एक विशेष प्रकार का रूपाकार, एक विशेष प्रकार का डिज़ाइन, देता चलता है।

निश्चय ही, व्यक्ति द्वारा प्राप्त सामंजस्य को एक दृष्टि से असन्तुलन और दूसरी दृष्टि से सन्तुलन कहा जा सकता है। असल में, वह आस-पास के जगत् से, अपनी स्थिति से, विशेष प्रकार का सामंजस्य, सन्तुलन और असन्तुलन, दोनों को एक साथ अपने में धारण किये हुए है। बात थोड़ी स्पष्ट की जाए। एक व्यक्ति बदलते हुए समाज के भीतर नये मानवतावादी मूल्यों से संचालित होकर अपने आस-पास के जगत् और उसके प्रवाहों से विशेष प्रकार का सामंजस्य स्थापित किये हुए हैं। किन्तु, उसी जगत् का एक पक्ष और एक धारा ऐसी है जो उस व्यक्ति द्वारा प्राप्त इस प्रकार के सामंजस्य

को न केवल हीन दृष्टि से देखती है, वरन् प्रत्यक्ष और अप्रत्यक्ष, दोनों ही तरीक़ों से उस व्यक्ति की तत्सम्बन्धित सत्ता को समाप्त करने की ओर अग्रसर होती है—भले ही इस सक्रिय विरोध के उसके अपने तरीक़े मीठे और सुसंस्कृत से लेकर अभद्र और कठोरतम रहें। फलतः, व्यक्ति का सन्तुलन यदि एक पक्ष से है, तो उसका दूसरे पक्ष से असन्तुलन अनिवार्य ही नहीं, वह कभी-कभी प्राकृत हो उठता है। यदि व्यक्ति का नये मूल्यों के लिए आग्रह बहुत ही भीतरी और चरित्रगत हुआ तो फिर कहना ही क्या! फिर तो उसके भौतिक और मानसिक जीवन में चिन्ता, आंशका और अशान्ति ही समझिए। मुश्किल यह है कि उसका यह विरोधी पक्ष घर-आँगन, परिवार-रिश्तेदार, दोस्त-अहबाब, सभा-सोसाइटी, समाज-राजनीति तक ही सीमित नहीं रहता, वरन् उसके अपने मन के भीतर भी वह अनेक प्रकार की द्विधाएँ, और नये और पुराने के बीच के अनेकानेक मानसिक द्वन्द्व, उत्पन्न करता है।

यह आन्तरिक द्वन्द्व, वस्तुतः बहुत बार उसके भीतर नई आवश्यकताओं के अनुसार व्यक्तित्व के नये रूपायन के अनुरोधों और पुराने मूल्यों के अनुसार बने हुए आन्तरिक चरित्र, के बीच द्वन्द्व होता है। पुराने मूल्यों और नये मूल्यों का आन्तरिक संघर्ष कहाँ तक सफल होता है, यह व्यक्ति की अपनी तेजस्विता और आत्मबल पर निर्भर है। यह द्वन्द्व सबमें समान रूप से तीव्र ही हो, यह आवश्यक नहीं। लोग संघर्ष के अलग-अलग स्तरों तक पहुँचकर रुक जाते हैं। नतीजा यह होता है कि कुछ पुराने मूल्य साथ-साथ चले चलते हैं, और कुछ नये मूल्य आत्मसात् हो जाते हैं। उनकी भीतरी टक्कर के अलावा वास्तविक बाह्य जीवन में भी टक्कर हो उठती है। इस टक्कर को टाला नहीं जा सकता। जो लोग आत्म-सन्तुष्टिपूर्वक समाज से सामंजस्य की बात करते हैं, उनकी ज़िन्दगी में ज़रा घुसकर देखने से पता चलता है कि उन्होंने कितना और कैसा सामंजस्य प्राप्त कर लिया है। असल में, वह [सच्चा] सामंजस्य न होकर शिष्ट समाज की गोल-मोल सतही आवभगत से अपनी गोल-मोल सतही सामाजिक भद्रता का सामंजस्य होता है। वह सामंजस्य यश और शिश्नोदर की लिप्सा में पड़े हुए मनुष्य का आत्मछल मात्र है।

नये मूल्यों का जन्म नई परिस्थितियों की सार्वजनिकता से होता है। मूल्य मूर्त होते हैं, जो, केवल भावुक और वैचारिक धरातल पर 'मूल्य' कहलाकर, वस्तुतः, व्यक्तित्व का गुण (वर्च्यू) बनने का प्रयास करते रहते हैं। नई परिस्थितियाँ जब व्यक्तित्व को इष्ट दिशा में सम्पूर्ण रूप से मोड़ देती हैं—अपने तक़ाज़ों की पूर्ति के लिए आवश्यक कार्यों की शक्ति जब व्यक्तित्व में पैदा कर देती हैं, यानी उस परिस्थिति के लिए आवश्यक गुणों का जन्म और विकास जब उस व्यक्तित्व में हो जाता है—तब वे मूल्य साकार हो उठते हैं। मूल्यों को जन्म देने वाली ये परिस्थितियाँ अपनी

सार्वजनिकता में ऐतिहासिक होती हैं। अतएव वे मूल्य भी ऐतिहासिक हो जाते हैं।

मध्यवर्गीय परिवारों के क्षेत्र में, पारिवारिक उत्तरदायित्व की सुघर सामाजिकता और शिष्ट समाज में अपने यश की सुघर वैयक्तिकता महत्त्वपूर्ण होती है। फलतः, पारिवारिक उत्तरदायित्व के सुघर निर्वाह का संघर्ष, और शिष्ट समाज में यश प्राप्त करने का संघर्ष, महत्त्वपूर्ण हो उठता है। इस उत्तरदायित्व का सुघर निर्वाह किस ढंग, किस प्रणाली और किस रीति से हो रहा है, यह महत्त्वपूर्ण नहीं होता, जितनी कि यह बात कि ख्याति मिल रही है, कि यह उत्तरदायित्व पारिवारिकों को उत्तम रीति का जीवन प्रदान कर रहा है, और यह कि अपने सुघर-सुन्दर जीवन द्वारा वह शिष्ट समाज का यशोभागी है। नतीजा यह होता है कि मध्यवर्ग की केवल आत्म-वंचनाओं का ही सृजन नहीं होता, वरन् उस तथाकथित यश और उत्तरदायित्व की पूर्ति के मार्ग में व्यक्ति को अनेक झूठे समझौते करने पड़ते हैं।

भारत की पूरी ऐतिहासिक स्थिति ही ऐसी है कि ग़रीब वर्ग अधिकाधिक ग़रीब होते जा रहे हैं और धनी वर्ग अधिकाधिक श्रीमान। मध्यवर्ग की खाती-पीती शिष्ट श्रेणी और उसी वर्ग की ग़रीब श्रेणी के बीच भयानक खाई पड़ी हुई है, जो दिन-ब-दिन बढ़ती जाती है। ये ग़रीब श्रेणी अब इस नतीजे पर पहुँच रही है कि उसका पूरा उद्धार सभी ग़रीब वर्गों की मुक्ति के साथ है, उनसे अलग हटकर नहीं। प्राइमरी पाठशालाओं के शिक्षकों और बालकों, ग़रीब परिवारों, ऑफ़िसों के छोटे-छोटे क्लर्कों से लेकर तो इसी वर्ग से उपजे हुए अनेक बुद्धिजीवियों, डॉक्टरों और वकीलों तक में यह बात घर करके बैठ गई है। निस्सन्देह, इस वर्ग में से बहुतेरे ऐसे हैं जो व्यक्तिगत लाभ की लालसा में औरों की राह में बाधा बनकर स्वयं महत्त्वपूर्ण हो जाते हैं, या आपेक्षिक ऊँची जगह पर पहुँच जाते हैं। किन्तु उनका स्वयं का वर्ग (ग़रीब श्रेणी) उनका स्वागत नहीं करता। फलतः, उच्च वर्गों के प्रति अविश्वास, घृणा, तिरस्कार और क्षोभ, साथ ही, अपने वर्ग की दुःस्थिति में पड़े हुए लोगों की सहायता, प्रेम तथा नये आदर्शों का स्वप्न, और अपनी दुःस्थिति के प्रति उग्र प्रतिक्रिया और विक्षोभ—इस ग़रीब मध्यवर्ग के स्थायी भावों में से हैं। इस वर्ग से उत्पन्न और इस वर्ग से तदाकार लेखक अपनी परिस्थितियों से जूझता हुआ उन्हीं भाव-स्थितियों को व्यक्तिगत धरातल पर प्रकट करता है जो उस वर्ग की अपनी होती हैं। लेखक की ये भाव-स्थितियाँ अपनी श्रेणी की परिस्थितियों की पेचीदगियों से पैदा हुए विविध तनावों से उत्पन्न होती हैं।

ये तनाव ऐतिहासिक तनाव हैं—ऐतिहासिक इस दृष्टि से कि समाज के भीतर चलनेवाली परिवर्तन-प्रक्रियाओं का वे महत्त्वपूर्ण अंग हैं। इन तनावों का मर्म समझना, उनको उनके वास्तविक सन्दर्भ में देकर संवेदनात्मक ज्ञान के हार्दिक माध्यम द्वारा

काव्य में (अथवा उपन्यास आदि में) प्रकट करना, लेखक का ऐतिहासिक कार्य है।

यह निश्चित है कि ग़रीब श्रेणी के परिवारों में भी, (1) सामन्ती प्रभाव, (2) व्यक्ति-स्वातंत्र्यवादी नई पीढ़ी, [और] (3) पुरानी और नई पीढ़ी को अपने अजगर-पाश में बाँधनेवाली एक-सी दुःस्थितियाँ होने के कारण, नये मूल्यों का संघर्ष पेचीदा हो जाता है। सचेत और भावुक, जिज्ञासु और कार्यशील नया लड़का अपनी व्यक्ति-स्वातंत्र्य की वृत्ति को इतना अमानवीय रूप से तीखा नहीं कर सकता कि जिससे वे दुःस्थितियाँ और भी घनीभूत हो जाएँ। समाज की विषमता का ज्ञान उस लड़के को प्रारम्भ से ही एक वेदना के रूप में प्राप्त हो जाता है। अपने स्कूली जीवन में ही वह सीख जाता है कि ऊनी कोट पहनकर आनेवाला विद्यार्थी और फटा कुर्ता पहनकर विद्याध्ययन करनेवाला विद्यार्थी, इन दोनों की अलग-अलग श्रेणियाँ हैं, जिनके भाव-समुदाय और मनोवैज्ञानिक तत्त्व अलग-अलग हैं। किन्तु साथ ही, जीवन के अधिकाधिक अनुभव के फलस्वरूप, उसकी संवेदनात्मक ज्ञान-क्षमता गहरी और विस्तीर्ण होती है। फलतः वह यह पाता है कि केवल सामन्ती प्रभाव ही (जिससे जूझने के कारण उनके स्नेह-सम्बन्ध तोड़े-मरोड़े गए हैं), परिवार के अन्दर-बाहर उसकी परिस्थिति ख़राब होने का एकमात्र मूल कारण नहीं है, वरन् उसके मूल में और भी एक तथ्य है। जिसे धन यानी आर्थिक क्षमता और तज्जन्य और तदनुषंगी सामाजिक प्रतिष्ठा कहा जाता है, जिसे समाज में जीवन की 'सफलता' (घोषित या अघोषित रूप से) कहा जाता है, परिवार के अन्दर उसी की दृष्टि से और उसी आधार पर ऊँच-नीच की कल्पना, सफलता-असफलता की कल्पना घर किये बैठती है। समाज के अन्दर [उसे] अपनी आजीविका के संघर्ष के अतिरिक्त, सामाजिक प्रतिष्ठा के मनोविज्ञान से, सफलता-असफलता की कल्पना के मनोविज्ञान से, जूझना पड़ता है। इसका पर्यवसान उसके आस-पास के समाज से न केवल असामंजस्य में होता है, वरन् इस कारण विभिन्न व्यक्तित्व-चरित्रों से परस्पर-आघात-प्रत्याघात द्वारा उसका स्वयं का मन भी अन्तर्मुख होता जाता है। उसे प्रतीत होता रहता है कि साधारणजनों के मानवीय अनुरोधों का पुंज, इन्हीं सामन्ती प्रभाव-पुंजों [के] और व्यक्तिगत पद-प्रतिष्ठा-लोभों और आर्थिक क्षमता की बुद्धि की कला के चमत्कारों के, एकदम विरुद्ध है। जितना-जितना उसका अनुभव बढ़ता जाता है, वह इस नतीजे पर पहुँचता है कि व्यक्तिगत आर्थिक क्षमता और सामाजिक पद-प्रतिष्ठा के पुजारियों का कार्य इस बात का प्रमाण है कि हमारा समाज निकृष्ट क़िस्म के इस सिद्धान्त पर आधारित है कि 'प्रत्येक व्यक्ति केवल अपने लिए, दूसरों को चूल्हे में जाने दो।' इस सिद्धान्त की पुष्टि उसका अपना अनुभव, अपना जीवन करता है। अनुभव-ज्ञान के अधिकाधिक विकास के साथ उसे यह भी दिखाई देने लगता है कि वर्तमान समाज-प्रणाली दूषित है,

पूँजीवादी है। चाहे जितने लोग उसे सुधारने का प्रयत्न करें, इस समाज के मूलाधार को बदले बिना वह नहीं सुधर सकती।

किन्तु इस ज्ञान तक आते-आते तनावों की दुनिया में रहने वाला व्यक्ति अपनी आधी शारीरिक और मानसिक शक्ति खो देता है। पच्चीस वर्ष की आयु होने के बाद, जब नई आशा और नये उत्साह की रचनात्मक आवश्यकता होती है, तब वह वृद्ध हो जाता है। आजीविका का संघर्ष उसे पछाड़ देता है। स्नेह की भूख उसे दबा देती है। ज्ञान की पिपासा जाग्रत होते हुए भी, उसके साधन उसके पास नहीं होते। इसलिए उसके स्थायी भाव क्षोभ, घृणा, अविश्वास, तिरस्कार [रहते हैं,] और साथ ही, स्नेह-सम्बन्धों के निर्वाह का अनुरोध, अपने व्यक्तिगत संघर्ष को सामाजिक संघर्ष में बदलने की लालसा, और तत्सम्बन्धी जिज्ञासा पैदा हो जाती है। वह भावुक से अब बौद्धिक होने लगता है।

इस असामंजस्य के अतिरिक्त उसका सामंजस्य भी बहुत बड़ा होता है। उसके आस-पास उसके समानधर्मा और समशील नवयुवकों की अनेक पंक्तियाँ होती हैं, जिनसे उसे प्रेरणा, सहानुभूति, जीने की और काम कर दिखाने की शक्ति प्राप्त होती है—भले ही उसके काम प्रतिष्ठित पत्र-पत्रिकाओं के कॉलमों में न दिखाई दें। नतीजा यह होता है कि 'मनुष्य-सत्य' का जो अर्थ वह लेता है, 'मानवीयता' का जो अर्थ उसके द्वारा ग्रहण किया जाता है, वह अर्थ निश्चय ही अन्य उच्च वर्गों द्वारा लिये गए अर्थ से बहुत कुछ भिन्न होता है।

सामंजस्य फलप्रद करने की यह प्रक्रिया अपने तईं काफ़ी कठिन होती है। जिन लोगों से उसका सामंजस्य होता है, वे उसकी-जैसी ही तनावों की दुनिया में रहनेवाले लोग होते हैं। उनके पास मूल साधनों की ही कमी होती है। जीविकोपार्जन स्वयं एक बड़ी कठिन समस्या हो जाती है। किन्तु, उन्हें सबसे बड़ी सुविधा यह होती है कि स्वयं की जीवन-स्थिति के कारण ही वे ग़रीब वर्ग के एक भाग होते हैं, इसलिए उनकी मनोदशाएँ वे अधिक समझते हैं, और उन सामाजिक प्रक्रियाओं की उन्हें अधिक जानकारी होती है जो उन ग़रीब वर्गों में चलती रहती हैं। दूसरे, स्वयं पढ़े-लिखे और सांस्कृतिक क्षेत्र में होने के कारण, वे प्रगति की अद्यावत् प्रवृत्तियों को आत्मसात् किये रहते हैं।

अपने साहित्य की जीवन-भूमि में ऐसे लोग मुख्यत: तीन बातें अर्जित करते हैं : (1) व्यक्तिगत संघर्ष को सामाजिक संघर्ष में बदलने की प्रक्रिया, और सामाजिक संघर्ष में व्यक्तिगत संघर्ष का महत्त्व।

(2) नये मानवतावादी मूल्यों के लिए किये जानेवाले संघर्ष में चरित्र का महत्त्व ('चरित्र' का यहाँ साधारण अर्थ नहीं लिया जा रहा है, अज्ञान भी चरित्र का अंग है),

वैज्ञानिक विचारधारा का महत्त्व, जिस पर उसकी विश्व-दृष्टि आधारित है, विश्व-दृष्टि के विकास का महत्त्व—इस विश्व-दृष्टि में चरित्र की मानवीय मनोहरता और सुदृढ़ता भी सम्मिलित है। इस चरित्र में मानवीय सुकुमार गुणों का समन्वय तो हो ही, साथ ही उसमें समाज के अन्दर दुष्प्रभावों से उत्पन्न धारणाओं के विरुद्ध अपनी सत्ता स्थापित करने की प्रवृत्ति भी हो। वैचारिक आकर्षण में चरित्र का आकर्षण भी सम्मिलित है, इसलिए कि विचार यथार्थ की वेदनाओं से प्रसूत हैं, वे संवेदनात्मक ज्ञान-क्षमता के हार्दिक माध्यम से उत्पन्न हुए हैं।

(3) अनुभवजन्य तथा विचारजन्य ज्ञान की प्राप्ति का अनुरोध होता है कि ज्ञान-प्राप्तिकर्ता का चरित्र भी उस ज्ञान द्वारा निश्चित किये गए मानदंडों और कार्यों की पूर्ति करे। सारांशत: व्यक्तित्व को अब ऐसे गुणों की आवश्यकता होती है जो नये मानवीय मूल्यों की नई-नई मंज़िलों तक पहुँचने के संघर्ष में टिकने के लिए उसे सक्रिय सहायता कर सकें, उसे जीवन-ज्ञान की गहराई दे सकें, और उस ज्ञान के कार्यात्मक तक़ाजों की पूर्ति के लिए आवश्यक हार्दिक, बौद्धिक और कार्यात्मक क्षमता प्रदान कर सकें।

किन्तु इस पूरे विकास के लिए व्यक्ति को एक-से-एक भयानक तनावों की राहों से गुज़रना पड़ता है। बैठकर प्रोफ़ेसरी करनेवाला व्यक्ति चार अख़बार पढ़कर गप लगा सकता है, अमेरिका और रूस [के बारे में] दूर की हाँक सकता है, लेकिन समाज की गलियों में रहनेवालों के संघर्ष के मनोविज्ञान को वह क़तई नहीं समझ सकता।

इस पूरे संघर्ष में, भीतरी व्यक्तित्व को ख़ूब चोटें पहुँचती हैं, दिल और दिमाग़ में तनावों के कारण उसकी शारीरिक और मानसिक शक्ति बहुत ज़्यादा ख़र्च हो जाती है। इस संघर्ष में, उसके हार्दिक स्नेह-सम्बन्ध, जिनके बिना वह जी नहीं सकता, काफ़ी तोड़े-मरोड़े गए होते हैं। हार्दिक सम्बन्धों में टूट-फूट की नुकसान-भरपाई हो ही जाए, यह आवश्यक नहीं होता। उसे हृदय-सम्बन्धी सहायता की ज़रूरत महसूस होती रहती है। जीविका-सम्बन्धी प्रश्न सनातन हो जाता है। बिना आर्थिक क्षमता के, वह पारिवारिक स्नेह की जीवन-सम्बन्धी कार्यगत आवश्यकताओं की पूर्ति भी नहीं कर सकता।

इस प्रकार, एक ओर उसके जीवन में सहकारियों, सहयोगियों और सहानुभवियों का बल होता है, नये अनुभव से प्राप्त संवेदनात्मक ज्ञान-क्षमता होती है, तो दूसरी ओर, विशुद्ध व्यक्तिगत क्षेत्र में वह 'असफल' (सांसारिक दृष्टि से) है। किन्तु सबसे बड़ा बल प्रेरणा का उन्मेष है, व्यापक भावनाओं को अनुभव करने की हार्दिक क्षमता और सामाजिक विकास में योग देने की वृत्ति और कार्य [है,] जिसका सम्बल उसे सहारा देता रहता है।

हम यह पहले ही कह चुके हैं कि अपने विकास में इस श्रेणी के व्यक्ति की दो

प्रतिक्रियाएँ परिलक्षित होती हैं। एक, सामन्ती प्रभावों और प्रतिच्छायाओं के विरुद्ध व्यक्ति-स्वातंत्र्य भावना से संचालित प्रतिक्रियाएँ; दूसरी, आर्थिक-सामाजिक व्यक्तिवाद के विरुद्ध, यानी तदनुषंगी समस्त विकृतियों के विरुद्ध, (चाहे वे समाज-रचना से सम्बन्धित हों या व्यक्ति से) मानव-मुक्ति और मानव-गरिमा की भावना से संचालित प्रतिक्रियाएँ।

इन दोनों भावनाओं द्वारा संचालित प्रतिक्रियाएँ, जो ग़रीब वर्ग के किसी लेखक को अपने व्यक्तित्व के अंग के रूप में प्राप्त होती हैं, उसे संघर्षों और तनावों की दुनिया में प्राकृत रूप से पहुँचा देती हैं। ये संघर्ष और तनाव बहुधा उसे अन्तर्मुख बना देते हैं, और दुखी हुई आत्मा के आत्मनिवेदन की वृत्ति को प्रोत्साहित करते हैं। दूसरे, ये संघर्ष की सीमा में ही घिरे नहीं रहते, किन्तु इन दो उपर्युक्त वृत्तियों और परिस्थिति की पेचीदगियों की भावना के मिले-जुले रूप में भी प्रकट होते हैं। कभी वे आत्मद्वन्द्व का रूप लेते हैं, कभी बाहरी यथार्थ को मोड़ने की आकांक्षा बनते हैं, तो कभी मात्र निराशा का पुंज बन जाते हैं। किन्तु, वस्तुतः, ये संघर्षों और तनावों से उत्पन्न विभिन्न सम्मिश्र भाव-स्थितियाँ ही हैं।

इस श्रेणी के कवियों के लिए, नई कविता का जन्म संघर्षों और तनावों से उत्पन्न विभिन्न भाव-स्थितियों से हुआ है।

साहित्य की वास्तविक जीवन-भूमि (जो इन्होंने पाई है), वस्तुतः उनकी कविता से अधिक सम्पन्न गरिमामय, वैविध्यपूर्ण और नये मूल्यों से समन्वित है। किन्तु, नई कविता तो तनावों के मनोविज्ञान को भी पूर्णतः बिम्बित नहीं कर पाती। संवेदनात्मक ज्ञान-क्षमता और अनुभव-सामर्थ्य की श्री से स्वयं सम्पन्न होते हुए भी, लेखक तनावों के अत्यन्त लघु, अत्यन्त अल्प क्षेत्र को ही कविता में प्रतिबिम्बित कर पाता है। यहाँ तक कि नये मूल्यों के क्षेत्र में उसने स्वयं जो ईमानदार संघर्ष किया है, उसकी गूँज ही कहीं-कहीं प्रकट होती है, न कि उस संघर्ष के वस्तु-तत्त्वों (जिनमें मनोवैज्ञानिक तत्त्व प्रधान रूप से शामिल हैं) का मानसिक चित्र। यहाँ तक कि वास्तविक जीवन में महान भावनाएँ, जो मूर्त होती हैं और बराबर अनुभव की जाती हैं (वह लेखक का मानव-सामर्थ्य है), नई कविता में बिम्बित नहीं हो पातीं। कहीं-कहीं, इधर-उधर, ऐसी मानसिक प्रतिक्रियाओं के खंड-चित्र दिखाई देते हैं। किन्तु तनावों के विस्तार-चित्र, जिनमें जीवन के सामान्यीकरणों के लिए गुंजाइश हो, मुझे तो कम-से-कम नहीं-से दिखाई दिये। मतलब यह है कि इस श्रेणी के लेखकों में से बहुतेरों में (जिनमें नम्रतावश नहीं, वास्तविकतावश; मैं भी अपने को शामिल करता हूँ) कहीं-न-कहीं अटकाव ज़रूर है, जिसका निदान आवश्यक है।

इसका एक कारण, जो मुझे सूझ पड़ता है, यह है कि कविता ऐसे लोगों के लिए

'प्राइवेट' चीज़ हो गई है—प्राइवेट इस अर्थ में कि अपने वास्तविक जीवन में किये हुए वास्तविक संघर्ष, और उसके दौरान में प्राप्त अनुभव, और अनुभूत महान भावना की वास्तविकताएँ और पाई हुई दृष्टि, उसको इतना हर्षोत्फुल्ल या प्रेरणामय नहीं करतीं, जितना कि संघर्ष में शक्ति के अतिव्यय से उत्पन्न थकान और क्षोभ उसे किसी 'मात्र अपने' से आत्मनिवेदन करने की ओर प्रोत्साहित करते हैं। फल यह होता है कि यद्यपि आत्मनिवेदन कवितामय हो जाता है, लेखक अपने व्यक्तित्व को अप्रत्यक्षतः विकृत रूप से देखने लगता है—यानी जहाँ तक कि उस लिखित कविता का क्षेत्र है। अर्थात्, वह अपने भीतर के मानव-सामर्थ्य की ऊँचाइयों के प्रति कला के क्षेत्र में अनुत्तरदायी व्यवहार करता है। यह द्विधा इस बात का भी संकेत है कि लेखक के व्यक्तित्व-चरित्र में एक खाई है, एक दीवार है। दीवार इसलिए कि वस्तुतः, जिस प्रकार की स्थिति और जीवन वह अपने लिए चाहता है (उसका चाहना निःसन्देह अत्यन्त मानवोचित है), वह न मिलने पर (वह सबको मिलना, सामान्यतः, असम्भव भी है, जब तक कि समाज-स्थिति ही आमूल बदल न जाए और सबको वैसी जीवन-स्थिति न मिले) वह न केवल दुखी है, वरन् उन इच्छाओं से इतना लिपटा हुआ है कि उसके काव्य के लिए तज्जन्य दुःख ही महत्त्वपूर्ण हैं, न कि उसके स्वयं किये हुए संघर्ष, न कि उसके अपने ज्योतिर्मान अनुभव, न कि उसकी अपनी महान भावना, जो चाहे समाज-उन्नति के कार्य में भ्रातृत्व और मैत्री की हो या प्रगाढ़ स्नेह की, जबकि वस्तुतः उसने ये बातें अनुभव की हैं। अपने व्यक्तित्व को देखने के उसके दृष्टि-विकार का एक कारण यह है कि अपने जीवन-मूल्यों के प्रति उसकी तदाकारिता में कमी है, और यह कमी बहुत बड़ी है। यह कमी उसके सामर्थ्य को भी कम करती है, यहाँ तक कि उसके अपने अनुभवों, उसकी अपनी गहन व्यापक भावनाओं, उसके अपने संघर्षों के मानवैतिहासिक महत्त्व को उचित रूप से आँक नहीं पाती। मैं जानता हूँ कि मेरे इस कथन के अपवाद भी बताए जा सकते हैं। किन्तु, वे अपवाद, अपने-आपमें महत्त्वपूर्ण होते हुए भी, मेरे उपर्युक्त सामान्यीकरण के लिए ऐसे प्रधान नहीं हैं कि वह सामान्यीकरण भंग हो सके।

इसका एक दूसरा पक्ष भी है। वह है, बढ़-चढ़कर बात करने की अयथार्थ आत्मश्लाघामयी अहंवादी प्रवृत्ति। यह प्रवृत्ति तथाकथित प्रगतिवाद के जोशीले उद्गारों में भी दिखाई देती है। इस प्रवृत्ति से हानि बहुत अधिक हुई है। 'हम यह कर देंगे, वह कर देंगे, दुनिया के तख़्ते को पलट देंगे' वाले कवि महान राजनीतिक भावनाओं के वस्तुपरक, वस्तु-सत्यात्मक, यथार्थ चित्रण से अछूते रहे हैं—जो राजनीतिक जीवन के राजनीतिक संघर्ष में प्राप्त अप्रतिम हृदय-विस्तार के रूप में वास्तविक जीवन में हमें प्राप्त होती हैं। खेद है कि मानव-मुक्ति की राजनीति की महान मुनष्यता का

विश्वदर्शी काव्य हिन्दी में नहीं आ सका है। इसके विपरीत, जो मिला, 'उसमें काव्य का खरापन' भी बहुत हद तक उपेक्षित होने लगा। बढ़-चढ़कर बात करने का ढोल काव्य-संघर्ष की वास्तविक अनुभवात्मक ऊँचाइयों की छाया भी नहीं छू सका।

उधर, नई कविता के (इस श्रेणी के) लेखकों में, अपने अनुभव की साक्षात् जीवन-भूमि होने, रहने और बढ़ने के बावजूद, अपने ही उत्कृष्ट प्रयासों और पराजयों के कारणों की खोज की भावनाओं, जिज्ञासाओं और पुनः प्रयासों की वास्तविकताओं के बावजूद, काव्य में जो आया, जो उतरा, वह केवल मानसिक प्रतिक्रिया के खंड-चित्र ही हैं। तनाव-भरे जीवन के व्यापक मनोवैज्ञानिक और तथ्यात्मक सामान्यीकरणों का उसमें अभाव-सा है।

इसके विपरीत, जिस व्यक्ति में लक्ष्य के प्रति, श्रेष्ठतम जीवन-मूल्यों के प्रति, तदाकारिता कम हुई, या जिसने उसे जिस छोटी हद तक समझा, उतना ही उस लक्ष्य का तकाज़ा भी उस पर कम हुआ। उन अनुरोधों की उग्रता की तुलना में व्यक्तित्व की सापेक्ष दुर्बलता की भावना कभी-कभी तीव्र होती है। किन्तु उन आग्रहों की उग्रता कम होने की स्थिति में व्यक्तित्व पर दबाव कम हो जाने से, तथाकथित सन्तुलन और आत्मविश्वास के आभास का जन्म होता है। अपने ही तथाकथित सन्तुलन और आत्मविश्वास के आभास की भाव-स्थिति में, लेखक कभी-कभी अपने सामर्थ्य की डींग-सी मारने लगता है। सारांश, एक ओर, अनुभूत की हुई महान भावनाओं, विशाल अनुभवों, भव्य करुणार्द्र स्थितियों और अथक जिज्ञासाओं की निच्छल प्रश्नभरी दृष्टियों का (जो उसके जीवन की वास्तविकताओं की एक महत्त्वपूर्ण अंग रही हैं), कोई यथार्थ मनोवैज्ञानिक मानवीय चित्र नहीं उपस्थित किया जाता। उसके विपरीत, व्यक्तित्व पर लक्ष्यों की माँगें कम होने की स्थिति में, छोटी-मोटी सांसारिक सफलताओं के नशे में, लेखक अपने तथाकथित सन्तुलन और आत्मविश्वास के आभास का बृहद् रूप बनाकर कविता में तथाकथित 'आत्म-स्थापना' करता है। किन्तु पाठकों को या अन्य लेखकों को ऐसी कविता पढ़कर केवल इतना ही प्रतीत होता है कि कवि 'आत्म-प्रस्थापना' के मूड में है। कुल मिलाकर नतीजा यह होता है कि वास्तविक अनुभवित जीवन के साक्षात् मनोवैज्ञानिक वस्तुतत्त्वात्मक चित्र, अपने अभाव में, महत्त्वपूर्ण हो जाते हैं। विशेष वर्ग में रहनेवाले विशेष प्रकार के जीवन में पड़े हुए पूर्ण मनुष्य का मनोवैज्ञानिक चित्रण नहीं हो पाता। स्वयं के द्वारा किये गए जीवन के नये मूल्यों के संघर्ष के अनुभव तो गुहान्धकार में छिप ही जाते हैं, उन दुःस्थितियों को ही संघर्ष का नाम दिया जाता है, जहाँ, वस्तुतः बहिरागता बाधाएँ और उनकी पीड़ाएँ ही हैं, किन्तु पेचोदगियों की भँवरों में पड़कर (उन्हें मेटने के लिए काफ़ी अक्ल और धैर्य की आवश्यकता होती है) मन केवल डूबा ही जाता है, उबरता नहीं यानी कि पीड़ा

के सामने प्रयासरहित होने की स्थिति को संघर्ष कहा जाने लगता है। जहाँ संघर्ष है, वस्तुतः वही संघर्ष है। हर बाधा, मुठभेड़ हुए बिना, संघर्ष नहीं हो सकती। जो व्यक्ति, वस्तुतः अपने संघर्षों के प्रयासों की प्रेरणा में विश्वास करता है, वह आस्थावान होता है और वह अन्यों की सत्प्रेरणाओं पर भी सहज विश्वास कर लेता है। किन्तु जिसमें ऐसा नहीं होता, वह डींग भले ही मार ले, वह न अपने प्रति आस्थावान होता है, न अन्यों के प्रति। वस्तुतः, मूलतः, वह अनास्थाशील व्यक्ति है। नई कविता में नये मूल्यों के संघर्ष के तनावों के, तथा मानवास्था के, मनोवैज्ञानिक चित्र कितने कम हैं, यह किसी से छुपा नहीं है। दूसरी ओर, उच्चवर्गीय सम्मोहों का काफ़ी प्रभाव नई कविता पर है। बड़ी-बड़ी राजधानियों में रहनेवाले युवा साहित्यिकों की महत्त्वपूर्ण कृतियों में, साबुन और टॉयलेट के रोमांस से लगाकर तो न जाने किन-कि शृंगारिक वृत्तियों का (शहरी उच्चवर्गीयों की अभिरुचि का) सम्मोह दिखाई देता है।

शृंगार और रोमांस सब जगह हैं और जीवन का एक अंग हैं। विभिन्न वर्गों में ही, प्रेम से सम्बन्धित मनोवैज्ञानिक वस्तु-तत्त्व भी अलग-अलग होते हैं। गोदान की सिलिया का प्रेम, सियाराम की नारी का प्रेम, यशपाल के प्रेम से बिलकुल भिन्न है। यशपाल आदि लोग (जिनमें ग़रीब श्रेणी से आए हुए बहुत-से नये कवि भी शामिल हैं) उच्च-मध्यवर्गीय शृंगारिक तथा इतर सम्मोहों में जकड़े हुए हैं। अपनी श्रेणी की कविता को इन फैशनों से बचाना क्या ज़रूरी नहीं है? यह इसी बात को साबित करता है कि उच्च वर्ग के प्रति आसक्त लेखक साधारण श्रेणी की जीवन-भूमि में प्राप्त शृंगार का चित्रण नहीं कर सकते या नहीं करना चाहते। किन्तु बात केवल शृंगार की ही नहीं, विचारों की, दृष्टि की, अभिरुचि की, और मर्मज्ञता की भी है। और मूलतः, उस संघर्ष को समझने की बात है, जो सिर्फ़ उन्होंने ही नहीं किया है—अर्थात्, जीवन-मूल्यों की बात है। किस प्रकार के जीवन-मूल्य आप प्रस्तुत करना चाहते हैं—उच्च मध्यवर्गीय? या साधारण जन के? इसका अर्थ यह कदापि नहीं कि कला और तंत्र के क्षेत्र में उच्च-मध्यवर्गीयों की सफलताओं से अपने लिए नतीजे न निकाले जाएँ, किन्तु अपनी श्रेणी को छोड़कर उनके सम्मोहों के वशीभूत तो न हुआ जाए।

इस श्रेणी के सारे लक्ष्यों का समवाय एक ही सूत्र में है। और वह, वस्तुतः, है मानव-मुक्ति, जिसके अन्तर्गत जीवन के सभी पक्ष आ जाते हैं, चाहे वह शृंगार हो या राजनीति। हर पक्ष में मुक्ति का संघर्ष है। कोई भी पक्ष इससे ख़ाली नहीं है। उसमें, रामचन्द्र शुक्ल की शब्दावली में, सत् और असत् का, मंगल और अमंगल का, संघर्ष चला हुआ है—चाहे वह सौन्दर्य का क्षेत्र क्यों न हो। इस संघर्ष के द्वन्द्वों को पहचानना, उनके मनोवैज्ञानिक तत्त्वों का चित्रण करना, क्या नई कविता का, नये साहित्य का, कर्तव्य नहीं है? काव्य में नये जीवन-मूल्यों की संस्थापना के लिए हमें प्रयास करना

ही होगा, यह निसन्देह है।

अन्त में, एक स्पष्टीकरण करना और ज़रूरी है। मैंने साधारण वर्ग के मनुष्य की ही ऊँचाइयों को ध्यान में रखा है। मेरा यह ख़याल है कि उसमें अनेक निचाइयों के बावजूद, ऊँचाइयाँ हैं। अनेक निचाइयों के बावजूद, उसी तरह, एक ईमानदार लेखक में भी ऊँचाइयाँ हैं। मैं केवल इतना ही कहना चाहता हूँ कि आत्मगत और बहिर्गत यथार्थ को यथार्थ दृष्टि से ही देखा जाना ज़रूरी है।

[नई दिशा : अक्टूबर, 1955 में प्रकाशित। नई कविता का आत्मसंघर्ष में संकलित]

नई कविता और आधुनिक भाव-बोध

बहुत दिनों से हिन्दी साहित्य में नई कविता होती चली आई है। विगत दो दशाब्दियों से हिन्दी कविता ने जो नया रंग पकड़ा है, उससे घबराकर बहुतों ने अलग-अलग कोणों से उसका विरोध भी किया। किन्तु आज यह प्रकट सत्य है कि नई कविता को साहित्य के मैदान से कोई भी नहीं हटा सकता। जिस समय वह साहित्य के मैदान से हटती नज़र आएगी, तब यह देखा जाएगा कि भिन्न और नवीन प्रकार की काव्याभिरुचि और भिन्न और नवीन प्रकार की काव्यधारा उसका स्थान ले रही है। किन्तु, इस समय कहीं भी ऐसा संकेत नहीं मिलता कि नई कविता का पद और प्रभाव क्षीण हो रहा है।

पिछले बीस-पच्चीस वर्षों के भीतर काव्य-प्रवृत्ति अनेक विकास-चरणों को पार करती हुई यहाँ तक आ पहुँची है। उसके भीतर अनेक शैलियाँ, अनेक भाव-धाराएँ, और अनेक वैचारिक दृष्टियाँ काम कर रही हैं। प्राकृतिक सौन्दर्य और स्नेह-भावना से लेकर तो सभ्यता-समीक्षा तक, जो-जो भाव-श्रेणियाँ सम्भव हो सकती हैं, वे सब उसमें हैं। गीत और छन्दोबद्ध कविता से लेकर पद्याभास गद्य तक उसमें सम्मिलित हैं। दुर्भाग्य की बात केवल यह है कि उनके जो विरोधी समीक्षक हैं, [वे] उसकी सारी कृतियों, सारी शैलियों और भाव-धाराओं को सामने रखकर, उनका अध्ययन करके, उसका विरोध नहीं करते। केवल विरोधात्मक प्रचार को ही वे समीक्षा समझते हैं। किन्तु ऐसी समीक्षा का कोई मूल्य नहीं है, इतिहास ने यह स्पष्ट कर दिया है।

छत्तीसगढ़ नई कविता के क्षेत्र में भी उर्वर रहा है। हमारे छत्तीसगढ़ में स्व. सतीश चौबे की केवल कुछ कविताओं ने ही हिन्दी संसार का ध्यान अपनी ओर आकर्षित किया। आज इसी छत्तीसगढ़ के श्रीकान्त वर्मा नई कविता के क्षेत्र में नवीन उपलब्धियाँ प्रस्तुत कर रहे हैं। हिन्दी काव्यजगत् उनसे पूर्णतः परिचित है। नाम गिनाना ख़तरे से ख़ाली नहीं है, क्योंकि बहुत-से नाम छूट भी सकते हैं। किन्तु श्रीहरि ठाकुर का नाम भुलाना नहीं चाहूँगा, जिनके अथक प्रयत्नों के फलस्वरूप नये स्वर नामक दो काव्य-संग्रह प्रकाशित हुए, जिनमें नई काव्य-प्रवृत्ति को विशेष स्थान दिया गया।

आज श्रीनारायण लाल परमार, श्री विश्वेन्द्रनाथ ठाकुर तथा मेरे अन्य मित्र इसी क्षेत्र में काम करते जा रहे हैं। यह इस बात का सूचक है कि छत्तीसगढ़ का यह क्षेत्र नई काव्य-धारा से पूर्णतः परिचित है।

नई कविता की आत्मा है आधुनिक भाव-बोध। आज का सुशिक्षित मनुष्य अपने परिवेश-परिस्थितियों से जो संवेदनात्मक प्रतिक्रियाएँ करता है, वे संवेदनात्मक प्रतिक्रियाएँ या उनका सामान्यीकरण नई कविता में प्रकट होता है। ऐसे सुशिक्षित मनुष्य का दृष्टिकोण मध्ययुगीन धार्मिक दृष्टि से अनुप्राणित अथवा छायावादी भावुकता से परिपूर्ण कल्पना-प्रधान (मैं दृष्टिकोण की बात कर रहा हूँ) नहीं होता। विज्ञान के इस युग में, उसकी दृष्टि यथार्थोन्मुख तथा संवेदनशील होती है। वह यथार्थ सम्बन्धों को ग्रहण कर यथार्थ-बोध द्वारा संवेदनात्मक प्रतिक्रियाएँ करता है।

आधुनिक साहित्य-बोध को भी परिभाषित करने का प्रयत्न किया गया है। ये परिभाषाएँ भिन्न-भिन्न प्रकार की हैं। महत्त्व की बात केवल इतनी है कि आधुनिक संवेदना एक विशेष परिभाषा की सीमा के अन्तर्गत नहीं लाई जा सकती। किन्तु यह बात सही है कि पूर्वतर युगों की भाव-दृष्टियों से वह सर्वथा भिन्न है। वह कहाँ किस प्रकार भिन्न है, यह पहले बताया जा चुका है। किन्तु खेद की बात यह है कि आधुनिकता के आदर्शभूत देश यूरोप-अमरीका माने गए हैं। फलतः बहुत-से कवि यूरोपीय-अमरीकी भाव-तत्त्वों को भारतीय वेश में उपस्थित करते-से दिखाई देते हैं। अगर यूरोप-अमरीका का कवि उदास है, और उसका जी काट खाने को होता है, तो हमारे यहाँ के कवि भी उदासी को फ़ैशनेबल समझकर कविता में उदासी का चित्रण करते हैं। यह ग़लत है।

किन्तु, यहीं समीक्षकों के सामने एक समस्या उठ खड़ी होती है। आज सुशिक्षित मध्यवर्ग के लिए भारतीय परिस्थिति अनुकूल नहीं है। भ्रष्टाचार, अनाचार, तंगी, कलह, राग-द्वेष, दाँव-पेंच के दृश्य हमें सर्वत्र दिखाई देते हैं। पैसे की क़ीमत बढ़ गई है, आदमी की क़ीमत गिर गई है। ऐसी स्थिति में भारतीय कवि की कविता में उदासी और विफलता, ग्लानि और क्षोभ का चित्रण होना स्वाभाविक है। अतएव उसे यूरोप-अमरीका से उधार ली हुई भावना कहना असंगत प्रतीत होता है। होता यह है कि कवि अपनी स्वयं की मनःस्थिति और अपने स्वयं के रुझान और मनोदशाओं के अनुसार बाहर के प्रभाव ग्रहण करता है।

आज यूरोप-अमरीका में एक विशेष प्रकार की समाज-समीक्षा, सामाजिक आलोचन, सभ्यता-समीक्षा प्रचलित है। कई ऐसे लेखक-कवि हैं जो भारतीय अनुभव को ध्यान में न रखकर, विदेशों में प्रचलित जो सभ्यता-समीक्षा है उसको अपनाकर, काव्य में अपनी भावनाएँ प्रकट करते हैं। पश्चिमी जगत् में प्रचलित सभ्यता-समीक्षा

की एक विशेषता यह है कि उसमें मानव की उन्नतिपरक शक्तियों में आस्था का अभाव है। कहा गया है कि मानव स्वभावत: क्षुद्र है, तुच्छ है, वह स्वभावत: स्वार्थ-प्रेरित है। उसका मूल लक्ष्य स्वार्थ-पूर्ति है। हाँ, यह सही है कि कभी-कभी, किन्हीं अवसरों पर, वह महापुरुषों और वीरपुरुषों के रूप में भी सामने आता है; किन्तु यह भी एक धोखा है। मनुष्य विचित्र मनोवैज्ञानिक स्वार्थों से प्रेरित होकर महान बनता है। आत्म-प्रदर्शन-प्रवृत्ति, निम्नता-भाव के विपर्यय से उत्पन्न उच्चता-भाव, अधिकार-प्राप्ति की भावना, इत्यादि-इत्यादि, न मालूम कितनी ही सूक्ष्म किन्तु निम्न प्रवृत्तियों से परिचालित होकर मनुष्य वीर पुरुष और महापुरुष बनने का प्रयत्न करता है। सहकारिता, सद्भावना, और सदाचार—ये सब ऊपरी-ऊपरी व्यावहारिक बातें हैं, व्यावहारिक सुविधा से उत्पन्न हैं। संक्षेप में, मनुष्य मूलत: क्षुद्र है। अतएव दु:ख सनातन है। दु:ख से उबरने का कोई उपाय नहीं।

इसी प्रकार, यह कहा गया है कि वर्तमान सभ्यता औद्योगिक सभ्यता है। औद्योगिक सभ्यता यांत्रिक सभ्यता है, जिसमें मनुष्य सिर्फ़ एक पुर्जा है, इससे ज़्यादा कुछ नहीं। यह सभ्यता मानव-व्यक्तिगत का हनन करती है, उसका नाश करती है। मानव-आत्मा का और मानव-व्यक्तित्व का उद्भास और विकास उसमें नहीं होता। समाजवादी और पूँजीवादी दुनिया में अन्तर केवल यह है कि पूँजीवादी दुनिया में व्यक्ति को चीख़ने-चिल्लाने का अधिकार है। किन्तु परिस्थितियाँ ऐसी हैं कि वह अपना विकास नहीं कर सकता, यद्यपि साम्यवादी दुनिया में तानाशाही के कारण, वहाँ व्यक्ति-स्वातंत्र्य के अभाव में, व्यक्ति-विकास का प्रश्न ही नहीं उठता। यानी कि इस सवाल पर चौतरफ़ा नज़र डालने पर, यही साबित होता है कि व्यक्ति की आत्म-स्थिति, अर्थात् व्यक्ति के स्वभाव, की भाँति ही उसकी बाह्य स्थिति और परिवेश निराशाप्रद है। और, आत्मिक तथा बाह्य-गत दोनों दृष्टियों और क्षेत्रों में, यह जो दु:ख और निराशा है, वह मूलभूत, अनिवार्य और अटल है। मनुष्य की इससे उबरने की कोशिश केवल एक मानसिक बहलावा है, इससे अधिक कुछ नहीं।

बहुत-से व्यक्ति समाज में लीन होकर राजनीतिक और सामाजिक कार्यों में अपनी मुक्ति की खोज करते हैं, जनता के उद्धार में अपना उद्धार देखते हैं। किन्तु, जनता क्या है ? उसका अपना कोई मन नहीं होता, जिधर हाँको, उधर हँकती है। जनता ढोर है। जनता क्या है, एक भीड़ है। भीड़ की अपनी कोई आत्मा नहीं होती। भीड़ सामूहिक उत्तेजना में—अनजानी उत्तेजनाओं में कार्य करती है। सन्तुलित बुद्धि से ख़ूब सोच-विचार करके, एकान्त चिन्तन के द्वारा वह किसी निर्णय पर नहीं पहुँचती। उसमें आत्मा नहीं होती। ये जुलूस, ये नारे, ये सामूहिक प्रदर्शन, ये सामूहिक कार्य, व्यक्ति के अपने आत्मतंत्र के लोप के प्रमाण हैं। व्यक्ति मूलत: आत्मतंत्री होता है,

व्यक्ति मूलतः अद्वितीय होता है। अपनी अद्वितीयता की रक्षा के द्वारा ही मनुष्य सृजनशील हो सकता है, वस्तुतः आत्मतंत्री हो सकता है। दूसरे शब्दों में, जो व्यक्ति अपनी अद्वितीयता की रक्षा चाहता है, सृजनशील होना चाहता है, वह समाज में अपने को खो न दे, भीड़ का अंग न बने, जनता में विलीन न हो जाए। दूसरे शब्दों में, व्यक्ति, अद्वितीय व्यक्ति, सृजनशील व्यक्ति, समाज और जनता से अलग रहकर मौलिक साहित्य दे सकने की स्थिति में हो सकता है। नहीं तो नहीं। और इस प्रकार सृजन-कार्य ही में मानव की सच्ची मुक्ति है, या उसकी आत्मपूर्ति है।

अब यह समझ में आ गया होगा कि नई कविता में प्रचलित बहुतेरा निराशावाद और जनता और समाज से अलग रहकर जीने की यह प्रवृत्ति—अर्थात् व्यक्तिवाद—दोनों एक दार्शनिक भूमिका में, दार्शनिक विचारधारा का रूप धारण कर, हिन्दी साहित्य में—नई कविता के क्षेत्र में—ख़ूब प्रचलित है। भारतीय मध्यवर्गीय जीवन में आज जो खेदपूर्ण अवसन्न दुःखमय स्थिति है, उसकी प्रधान मनोदशाओं को आज यूरोप-अमरीका का यह वैचारिक प्रवाह प्राप्त हो जाता है। और इस प्रकार नये काव्य में स्वप्न-भंग, खेद, ग्लानि और निराशा के भावों को एक वैचारिक भूमिका और दर्शन मिल जाता है, जिसमें व्यक्ति-समीक्षा, सभ्यता-समीक्षा और मानव-भाग्य-समीक्षा भी है।

मैं इस वैचारिक प्रवृत्ति का विरोध करता हूँ। बहुतेरे लोग इसका विरोध करते हैं। किन्तु यह प्रवृत्ति प्रबल है।

ध्यान में रखने की बात है कि नई कविता के पूरे क्षेत्र को इस वैचारिक प्रवृत्ति ने—इस निराशा-दर्शन ने, इस व्यक्तिवाद ने—नहीं घेरा है। उसका कुछ अंश ही इस प्रवृत्ति का शिकार है। किन्तु नई कविता के क्षेत्र का यह अंश संगठित है और संगठित रूप से इसका प्रचार होता है। इन लोगों के बीच लोकप्रिय विदेशी पत्रों में इसी तरह के लेख प्रकाशित होते रहते हैं।

किन्तु नई कविता के क्षेत्र में कुछ आवाज़ें ऐसी हैं जो भारतीय व्यक्तित्व की, भारतीयता की, रक्षा चाहती है। वे भारतीय व्यक्तित्व को पश्चिमी जगत् से नहीं, वरन् एशिया, अफ्रीका, दक्षिण अमरीका से जोड़ना चाहती हैं। इन देशों में समाज-परिवर्तन, संघर्ष और निर्माण की प्रक्रिया जारी है। इसमें जनता और उसका नेतृत्व दोनों ख़ूब भाग लेते हैं। वहाँ भी साहित्य विकासमान हो रहा है। अलजीरिया और इजिप्ट, काँगो और क्यूबा, सीलोन और जापान, इंडोनेशिया, अर्जेन्टीना जैसे देशों में ज़िन्दगी नये उभार पर है, और वह विभिन्न कलात्मक माध्यमों से प्रकट हो रही है। नई कविता का एक क्षेत्र, या यों कहिए कि नई पीढ़ियों का एक हिस्सा, मानसिक रूप से अपने को इन उठते हुए देशों के निकट पाता है।

हम पहले ही कह चुके हैं कि नई कविता का मूल प्राण है आधुनिक भाव-बोध।

यह आधुनिक भाव-बोध पश्चिमी जगत् के व्यक्तिवादी-निराशावादी दर्शन से अनुप्राणित हो अथवा भारत के अपने भविष्य-स्वप्न से। भारत के अपने भविष्य-स्वप्न से जो प्रेरित हैं, वे तथाकथित पिछड़े देशों के संघर्षों और निर्माणों को प्रस्तुत करनेवाली प्रेरणाओं के अधिक निकट पाते हैं स्वयं को । भविष्य भी इन्हीं के साथ है, क्योंकि वे मानव की उन्नति-परक शक्तियों में, मानव की उद्धार-क्षमता में, समाजवाद और जनतंत्र में, भारतीय संस्कृति की विकास-शक्तियों में, प्रगाढ़ विश्वास रखते हैं।

दुनिया छोटी होती जा रही है। राष्ट्रीयता के भाव अन्तर्राष्ट्रीयता से अलग नहीं किये जा सकते। नई कला, नई कविता, स्वयं एक अन्तर्राष्ट्रीय वस्तु हो गई है। किन्तु अपनी भूमि और अपने देश की मिट्टी में रँगकर ही विश्वात्मक हुआ जा सकता है, नहीं तो नहीं।

इस व्यापक भावभूमि से यदि हम चलें, तो हम पाएँगे कि नई काव्य-प्रवृत्ति, जो केवल क्षण-चित्रों को प्रस्तुत करती है, इस दायित्व को निभा नहीं पाती। क्षण-चित्र अपने-आपमें अपूर्ण हैं। जीवन समग्र है, किन्तु वह अपनी समष्टि में उलझा हुआ है। अतएव कोई भी क्षण-चित्र उस समग्र को, उसकी सारी पेचीदगियों में, प्रतिबिम्बित नहीं कर पाता। यही दुर्भाग्य है। लेखक की मूल प्रवृत्ति यह हो गई है कि किसी भी जीवन-खंड में प्रकट एक स्थिति, एक प्रसंग के अन्तर्गत एक विशेष भाव को पकड़ ले और उसे शब्द-बद्ध कर दे। वह उस भाव से सम्बद्ध अन्य सूत्रों को पकड़कर उन्हें प्रस्तुत नहीं कर पाता। इससे यही सूचित होता है कि वास्तविक जीवन-विश्लेषण की क्षमता उसमें नहीं है। वह बाह्य के प्रति केवल संवेदनाघात करके, संवेदनात्मक प्रतिक्रिया करके, उसे शब्दों में बाँध देता है। मेरे कथन का यह अर्थ नहीं है कि जीवन-विश्लेषण के विस्तृत चित्रों का नितान्त अभाव है। नई कविता के क्षेत्र में ऐसी बहुतेरी कृतियाँ मौजूद हैं, जिनमें जीवन के विस्तृत चित्र, जीवन की विभिन्न परस्पर-संलग्न समस्याएँ तथा दिक्संकेत, प्राप्त होते हैं। किन्तु प्रधानता उनकी नहीं है। ऐसा क्यों? यह इसलिए है कि कवि-कलाकार यथार्थ-बोध के प्रथम स्तर पर, संवेदनात्मक आकलन और संवेदनात्मक प्रतिक्रिया के स्तर पर, ही रहना चाहते हैं। वे वास्तविक जीवन-विश्लेषण को उसकी पूरी गहराई [में] आत्मसात् करना नहीं चाहते, ऐसा प्रतीत होता है। यही कारण है कि जीवन के विस्तार-चित्र में नई कविता में कम दिखाई देते हैं, क्योंकि उसमें केवल विशिष्ट का चित्रण ही नहीं, वरन् परस्पर-सम्बन्धित विशिष्टों का चित्रण और उनका सामान्यीकरण—विश्लेषण और समन्वय—इन दोनों की आवश्यकता है। गहराई से जीवन में पैठने के अतिरिक्त जीवन के वैविध्य के अनुभव, जीवन-चिन्तन औन कलात्मक उपलब्धि के लिए आवश्यक अभिव्यक्ति क्षमता—यह सब चाहिए। तभी हम एक विशेष दृष्टि से अनुभवों का संकलन करके उन्हें क्रम-

बद्ध रूप में, एक मनोहर काव्यात्मक प्रकाश-वातावरण के भीतर, स्थापित कर सकेंगे। किन्तु यह नहीं होता है, क्योंकि क्षण-चित्र उपस्थित करने में जो सुकरता और सुविधा होती है, वह इसमें नहीं है। ध्यान में रखिए कि नई कविता की भी एक रूढ़ि बन गई है (किसी भी काव्य-रूढ़ि को बनने के लिए बीस-पच्चीस साल बहुत होते हैं), और, इस रूढ़ि के अनुरोधों के कारण, अगला विकास भविष्य पर छोड़ दिया गया है।

सच बात तो यह है कि जीवन-विश्लेषणपरक विस्तृत चित्रण करने के लिए जिस बौद्धिकता, और संकलित अनुभव-चित्रों के गठन के लिए जिस बुद्धि-शक्ति, की आवश्यकता होती है, वह इस क्षेत्र में बहुत कम दिखाई देती है। वस्तुत: नई कवितावाले ठीक ही करते हैं, जब वे यह कहते हैं कि हमारी कविता बौद्धिक नहीं है। नई कविता को बौद्धिक कहनेवाले वे लोग हैं जो छायावादी कल्पना-प्रधान भावुकतावाद की दृष्टि से, उसके पैमाने को ध्यान में रखते हुए, नई कविता को देखते हैं। नई कविता की गद्यात्मक आभा को देखकर वे उसे बौद्धिक कहते हैं। किन्तु नई कविता में किसी बौद्धिक प्रक्रिया का उत्कर्ष नहीं दिखाई [देता]। उसमें तो संवेदनाघातों या उनके सामान्यीकरणों अर्थात् सामान्यीकृत भावों की ही प्रधानता है। इसके अतिरिक्त कुछ नहीं।

किन्तु यदि हमें सच्चे आधुनिक भाव-बोध को चित्रित करना है, तो हमें तीव्रतम संवेदना-शक्ति के अतिरिक्त सूक्ष्म का अवगाहन करनेवाली बुद्धि और उसकी विश्लेषण-क्षमता चाहिए ही। और उसके अतिरिक्त हमें विरोध-दृष्टि से अनुभव-संकलन और उनके क्रमबद्ध चित्रण-गठन की भी आवश्यकता होती है।

इसी को मैं दूसरे शब्दों में यों कहूँगा कि हमें कोई प्रयोगवाद और नई कविता के नपे-तुले, जाने-माने दायरे से निकलकर नव-क्लासिकवाद की तरफ़ मुड़ना होगा। तभी हम यथार्थ के परस्पर-अन्त:सम्बन्धों को गहराई से समझकर, जीवन के वैविध्य को इस प्रकार रख सकेंगे कि जिसमें कोई निष्कर्ष निकल सके। दूसरे शब्दों में, हम अनुभव संकलित करके उनके क्रम-चित्रों का एक ऐसा संगठन उपस्थित कर सकेंगे, जो यथार्थ को प्रस्तुत करेगा, जो उस यथार्थ की सारभूत विशेषताओं के चित्रण द्वारा किन्हीं जीवन-निष्कर्षों को अंकित और संकेतित कर सकेगा।

जिस प्रकार आज जीवन छिन्न-विच्छिन्न है, उसी प्रकार, सम्भवत: उन्हीं छिन्न-विच्छिन्नताओं के परिणामस्वरूप, नये काव्य में सब ओर क्षण-चित्र ही क्षण-चित्र हैं। किन्तु यह स्थिति, स्थिति होने मात्र से, अपने औचित्य को सिद्ध नहीं कर सकती। अतएव आवश्यकता इस बात की है कि एक ओर, भारतीय भूमि और आकाश में नई कविता अधिक-से-अधिक रमें, तो दूसरी ओर यह भी आवश्यक है कि हम, नव-क्लासिकवाद की तरफ़ मुड़ते हुए, वैविध्यपूर्ण जीवन के सारभूत निष्कर्षों और दिक्-

संकेतों को, अनुभूत यथार्थ के परस्पर अन्तः-सम्बन्धों को, अनुभव-चित्रों के संगठन के द्वारा प्रकट कर सकें। तभी हम आधुनिक युग के बहिरन्तर सत्य की गहनता और वैविध्य को, उसके सारे महत्त्व के साथ कलात्मक अभिव्यक्ति दे सकेंगे।

[नये स्वर : अप्रैल, 1956 में प्रकाशित]

छायावाद और नयी कविता

कोई भी नया साहित्यिक आन्दोलन उन विशेष देश-कालगत परिस्थितियों से पैदा होता है जिन्हें हम सामाजिक विकास की एक महत्त्वपूर्ण शृंखला कह सकते हैं। याद कीजिए वह ज़माना, जब गांधीवादी राजनीति को सप्रश्न दृष्टि से देखा जा रहा था और कांग्रेस सोशलिस्ट पार्टी बनी थी। वामपक्षी विचारधारा हंस के ज़रिये हिन्दी साहित्य-क्षेत्र में फैल रही थी और साहित्यिक मूल्यों के पुनर्निर्धारण के प्रश्न कुछ साहित्यिकों के मन में घुमड़ रहे थे। इन वामपक्षी विचार-आवर्तों ने दो प्रकार के लेखक पैदा किये—एक तो वे, जो सीधे-सीधे राजनीतिक विचार-प्रवाह के साहित्यिक रूपान्तर थे, और दूसरे वे थे, जिन्होंने छायावादी साहित्यिक आदर्शों और मनोदशाओं के विरुद्ध तीव्र प्रतिक्रियाएँ की थीं। ये दूसरे प्रकार के लेखक सन् 1939 से ही छायावादी-आदर्शवादी भूमि को वैचारिक दृष्टि से त्याग रहे थे। उनका सबसे महत्त्वपूर्ण विरोध सिर्फ़ एक बात को लेकर था और वह यह कि छायावाद ने अर्थ-भूमि को संकुचित कर दिया है। सौन्दर्य, दु:ख, कष्ट, लक्ष्य, आदर्श, क्रोध, क्षोभ का चित्रण जो छायावाद में हुआ, वह वास्तविक मनोदशाओं का नहीं, वरन् कल्पित दु:ख, कष्ट, क्रोध, क्षोभ आदि का है। छायावादी मनोदशा वास्तविक जीवन का प्रतिनिधित्व नहीं करती—वह जीवन जो जिया जाता है—उसकी करुणा वास्तविक करुणा नहीं। छायावादी मनोभावों में रंगीनी इसलिए है कि उसमें ज़िन्दगी, जैसी कि वह जी जाती है, की असलियत लापता है। यही है कि वह मूल प्रतिक्रिया जो नई कविता ने उन दिनों छायावाद के विरुद्ध की थी।

किन्तु इस प्रतिक्रिया की पार्श्वभूमि सामाजिक न थी। आग्रह इस बात का था कि छायावाद में वर्णित करुणा व्यक्ति की वास्तविक करुणा नहीं, ज़िन्दगी के भीतर करुणास्पद परिस्थितियों से उत्पन्न मनोभावों का चित्रण नहीं। वह कुछ और ही है, जिसमें करुणा का विलास है, उसकी तकलीफ़ नहीं। लेकिन नई कविता का कवि इस तकलीफ़ को आत्मकेन्द्री अर्थों में ही देख रहा था। वह इस करुणा की सामाजिक व्याख्या न कर पाता था। अतएव नई कविता का जन्म छायावादी व्यक्तिवाद के विरुद्ध यथार्थोन्मुख व्यक्तिवाद की ही बग़ावत थी। यह बग़ावत इसीलिए सम्भव थी कि देश

की बिगड़ी हुई दशा में मध्यम-वर्ग के साधारण व्यक्ति का जीवन असह्य हो उठा था। ऐसा व्यक्ति यह सोचता था कि तत्कालीन रोमैंटिक कविता कम-से-कम उसके कष्टग्रस्त जीवन के मनोभावों के यथार्थ को तो उभारे।

नई कविता की दूसरी बद्धमूल धारणा यह थी कि छायावाद जीवन के प्रश्नों को भावुकता-प्रधान, कल्पना-मूलक, आदर्शवादी दृष्टि से देखता है। उसकी यह दृष्टि जीवन के यथार्थ के बिलकुल विपरीत है, जैसे—स्त्री-पुरुष-सम्बन्धों का आदर्शीकरण, नारी का आदर्शीकरण, किसान-मज़दूर-जीवन का रोमैंटिक वायवीय चित्रण (जैसे पन्त की ग्राम्या में), दु:ख और करुणा का आदर्शीकरण—गोया हर चीज़ का कल्पना-प्रवण आदर्शीकरण और उदात्तीकरण। निश्चय ही छायावाद की फ़िलॉसफ़ी और कार्य-पद्धति ही गड़बड़ है। इस प्रतिक्रिया का फल यह हुआ कि नई कविता जीवन की समस्याओं को बौद्धिक दृष्टि से देखने और मिटाने के लिए छटपटाने लगी और उसकी चित्रण-पद्धति बौद्धिक हो उठी। यह बौद्धिकता उसके दृष्टिकोण तक ही सीमित न रही, वरन् काव्य-रचना का एक प्रमुख सर्जनात्मक तत्त्व बनकर सामने आई। और साथ ही उसकी शैली को भी प्रभावित किया।

चूँकि नई कविता कल्पना-प्रवण, भावुकतापूर्ण, वायवीय आदर्शवादी व्यक्तिवाद के विरुद्ध यथार्थवादी व्यक्तिवाद की बग़ावत थी, इसलिए उसमें (1) बौद्धिकता के कारण यथार्थवादी आत्म-चेतना, और (2) व्यक्तिवाद का आत्मकेन्द्री स्वरूप, अर्थात् वास्तविक सुख-दु:ख की सामाजिक पार्श्वभूमि और ऐतिहासिक शक्तियों के प्रति सघन रागात्मक सम्बन्ध की क्षीणता, पाई जाती हैं। ध्यान रहे कि इन्हीं दो मूलभूत बातों से शेष सब बातें या विशेषताएँ प्रादुर्भूत होती हैं। चूँकि नई कविता की यथार्थोन्मुख बौद्धिकता व्यक्ति और समाज के सम्पूर्ण प्रश्नों का उत्तर नहीं दे सकती थी, इसीलिए धीरे-धीरे उसमें साम्यवाद आना निश्चित ही था। तार सप्तक के प्रकाशन (सन् 1943) तक उसके चार कवि प्रगतिवादी (थे) और दो कवि प्रगतिवाद से प्रभावित हुए। केवल एक श्री अज्ञेय प्रगतिवादी न हो सके। यहाँ यह बात ध्यान में रखने की है कि कांग्रेस सोशलिस्ट पार्टी बनने के अनन्तर सन् '42 तक वामपक्षी विचारधाराएँ युवकों में फैल चुकी थीं। यह भी ध्यान देने की बात है कि साधारण रूप से तार सप्तक में संगृहीत कविताएँ सन् '42 के उत्तरार्ध के पूर्व की ही कविताएँ हैं। इसलिए उन कविताओं में पूँजीवादी के विरुद्ध क्षोभ के बावजूद व्यक्ति-चेतना का ही प्राधान्य है।

दूसरा सप्तक निकलने तक परिस्थिति बदल चुकी थी। नई कविता का टेक्निक प्रचार पा चुका था। जिन व्यक्तिगत और सामाजिक-राजनीतिक स्थिति-परिस्थितियों से तारसप्तक वालों को जूझना पड़ा, वे परिस्थितियाँ दूसरा सप्तक वालों के पास न

थीं। जिन प्रश्नों को तारसप्तक में उठाया (गया), उनका विकास भी दूसरा सप्तक में न हो पाया। तारसप्तक के कवियों में, वर्तमान दुःस्थिति के भाव से ग्रस्त रहने की मनोदशा के कारण उत्पन्न नकारवादी नैराश्यमूलक निवेदन, राजनीतिक विरोध, सामाजिक व्यंग्य, व्यक्ति के भीतर के वास्तविक अन्तर्विरोध (जिनके स्पष्टीकरण का बहुत बड़ा सामाजिक महत्त्व है), व्यक्ति-चेतना का आभ्यन्तर विकेन्द्रीकरण (जो समाज में स्पष्ट लक्षित होता है), सामाजिक क्रान्ति के प्रति निष्ठा, मनुष्य की उन्नयनशीलता के प्रति विश्वास और आस्था दृष्टिगोचर होती हैं। दूसरा सप्तक में न इतना सामाजिक व्यंग्य है और न राजनीतिक विरोध और न इतनी निबिड़ आत्म-चेतना। इसके विपरीत, उसमें मनोहर प्राकृतिक दृश्यांकन, निसर्ग सौन्दर्य का अनेक रूपकों में चित्रण, वातावरण के सुघर रेखाचित्र और काव्य-शिल्प की रमणीयता के दर्शन होते हैं। दूसरा सप्तक वालों का टेक्निक सधा हुआ है, और उनके काव्य-विषय भी अपेक्षाकृत सरल हैं। सामाजिक व्यंग्य, प्रगतिशील प्रवृत्ति और राजनीतिक स्वर क्षीण है, और वह भी सिर्फ़ गूँज भर है। तारसप्तक वालों ने जितने मनोभावों को और मनुष्य दशाओं को मथा है, उतना दूसरा सप्तक वालों ने नहीं। ऊपर लिखित कथन सिर्फ़ भेद दरशाने के लिए है, न किसी की श्रेष्ठतरता स्थापित करने के लिए।

स्वर्गीय पंडित रामचन्द्र शुक्ल ने अपने हिन्दी साहित्य के इतिहास में छायावाद के प्रति जो क्षोभ प्रकट किया, वह एकदम निःसार और अनर्गल है, यह नहीं कहा जा सकता। उन्होंने बार-बार यह शिकायत की है कि छायावाद में अर्थ-भूमि का संकोच हो गया है, मानव-मन के बहुत ही अल्प और अ-महत्त्वपूर्ण विषयों की ओर ध्यान दिया गया है। छायावाद के सार्वभौम एकच्छत्रता के वातावरण में, नये कवियों ने केवल नम्रता प्रदर्शित करने के लिए अपनी कविताओं को प्रयोग कहा। वस्तुतः, वे कविताएँ प्रयोग न होकर साक्षात् कविताएँ थीं। नई कविता के विरोधियों ने निन्दा के तुच्छ भाव से प्रयोगवाद शब्द चला दिया। अतः हमारे पाठक यह जान लें कि नई कविता, कविता है, प्रयोग नहीं। अगर उनमें आज अधकचरापन दिखाई देता है, तो यह तो नई कविता की प्रारम्भिक अवस्था ही का लक्षण है, जैसा कि यह छायावाद में भी था, या कि अन्य साहित्यिक प्रणालियों की प्रारम्भिक अवस्था में हो सकता है। तो आइए, अब नई कविता के स्वरूप पर थोड़ा विचार करें और उसकी सफलताओं पर भी दृष्टि डालें।

हम यह पहले ही कह चुके हैं कि नई कविता का कवि जगत् और जीवन से, सामाजिक तथा राजनीतिक स्थिति-परिस्थिति से, जागरूक रहा। किन्तु उसकी उनके प्रति मानसिक प्रतिक्रियाएँ अन्तर्मुखी, भावप्रवण और निबिड़ आत्ममूलक रहीं। इस आत्म-केन्द्रिता से उसकी बौद्धिकता अलग नहीं की जा सकती। उदाहरणतः, कवि

जो भाव अपने हृदय में अनुभव करता है—चाहे वह राजनीतिक हो या व्यक्तिगत—उस भाव को ठीक वैसे ही लिखना चाहेगा जैसा वह वस्तुत: उसके हृदय में है। उसके सारे रूप-रंग, स्थिति-प्रलय का सच्चा चित्र उपस्थित करना चाहेगा, जैसे घनघोर उदासी को इस प्रकार प्रकट करेगा :

आज उचटा-सा हृदय;
साइरन बज जाए उसके बाद
निर्जन शून्य सड़कों-सा निभृत नि:संग ख़ाली
व्यर्थता की स्याह-सी बेमाप
चादर से
अभी ज्यों ढँक गया हो शून्य जी का प्रान्त। (नेमिचन्द्र)

अगर कोई छायावादी कवि होता तो घनघोर उदासी के बेमनपन को वायवीय प्रकार से रखता। ध्यान रहे कि कलकत्ते में बमबारी की आशंका से मारवाड़ियों और बनियों की बेतहाशा भीड़ स्टेशन पर जमी रहती थी। कलकत्ते में साइरन की आवाज़ एक भयानक सूचना थी, जिससे सारी सड़कें सूनी पड़ जाती थीं। अपने मन के वास्तविक भाव-सत्य को उसने यथार्थ-प्रेरित उपमाओं और प्रतीकों से बाँधा, जैसे—'लहू की बूँदों से जलते हैं सड़कों पर बिजली के बल्ब लाल-लाल' (रामविलास शर्मा)। शर्माजी युद्धांतक के वातावरण का चित्रण कर रहे हैं। यह कभी आवश्यक नहीं है कि उपमाएँ और चित्र बाहरी सामाजिक यथार्थ से ही उद्भूत हुए हों; किन्तु यह आवश्यक है कि प्रस्तुत उपमा या चित्र ठीक उसी मात्रा में और ठीक उसी रूप में उपस्थित किये जाएँ, कि जिस मात्रा में और जिस रूप में कवि के भाव हैं। प्रभाव और भाव की अन्विति नई कविता के टेक्निक की पहली शर्त है। सारांश यह कि कल्पना तथा शैली के सम्बन्ध में नई कविता में वैज्ञानिकता बरती जाती है, और भाव-तत्त्व के यथार्थ स्वरूप-चित्रण को अत्यधिक महत्त्व दिया जाता है। इसका प्रधान कारण है नई कविता का कवि जगत् और जीवन से वस्तुवादी यथार्थोन्मुख दृष्टि लेकर जन्मा है, चाहे वह अपने मन के निगूढ़तम भावों की सूक्ष्म-से-सूक्ष्म छटाओं को प्रकृतिरूपात्मक उपादानों के द्वारा चित्रित करता हो, अथवा अपने मन की भाव-स्थिति को आधुनिक सभ्यता के उपकरणों के प्रतीकों द्वारा व्यक्त करता हो। उसकी कविता में सामाजिक यथार्थ, प्राकृतिक सौन्दर्य और भव्यता से लेकर निगूढ़ भाव-स्थितियों के विश्लेषण और चित्रण व्यंग्य और विद्रोह सभी सम्मिलित हैं। उसकी वास्तविकता-ग्राहक दृष्टि जब मन की स्थितियों पर मुड़ती है, तो कल्पना-शक्ति के माध्यम से वह आत्माभिव्यक्ति का साधन बनती है, जैसे—अज्ञेय की यह कविता :

हम रहे, झर चलीं बूँदें काल निर्झर की

उदधि की झंझा-प्रताड़ित द्रुत लहर हमने नहीं माँगी,
वासना से, याचना से हम परे थे—
सहज अनुरागी।

× × ×

वक्ष थे संलग्न, पर अस्तित्व के उस इन्द्रधनु के छोर,
नहीं करना चाहते थे,
निरे मानव-जीव की शत-फण बुभुक्षा के
कुलाहल का आस्फालन;

× × ×

आत्मलय के रुद्र-ताण्डव का प्रमाथी
तत्त्व आवाहन;
क्योंकि दोनों चल रहे थे एक ही समताल की गति पर।

अथवा धर्मवीर भारती की यह बात देखिए :

लेकिन फिर भी मजबूरी है
तुम दूर कहीं, ख़ाली-ख़ाली भारी मन से,
धुप-धुप करती-सी ढिबरी के नीचे बैठी
कुछ घर का काम-काज धन्धा करती होगी,
यह शाम मुझे इस तरह निग़लती जाती है!
कोहरे की पाँखें फैलाती, नरभक्षिणी
यम की चिड़िया-सी
यह जाड़े की मनहूस शाम मँडराती है!

जहाँ तक राजनीतिक-सामाजिक चित्रणों का प्रश्न है, श्री हरिनारायण व्यास, रामविलास शर्मा, प्रभाकर माचवे हमारे सामने प्रमुख रूप से आते हैं। राजनीतिक-सामाजिक आस्थाओं का भाव-प्रधान स्वरूप हमें श्री हरिनारायण व्यास में ही मिलता है। यही कारण है कि वे 'शरणार्थी' में इस प्रकार की पक्तियाँ लिख सके :

हम पड़े हैं तम्बुओं में
गिन रहे हैं कल्पना के फूल की पँखुरी।
ख़ून में भीगे हुए परिधान अपने
खा रहे हैं धूप उस मैदान में।

हंस के शान्ति अंक में प्रकाशित शमशेरबहादुर सिंह की 'शान्ति' पर कविता हिन्दी प्रगतिशील साहित्य में एकदम बेजोड़ है। सामाजिक परिवर्तन के लिए उत्सुक भावनाओं की गहरी मानवता उसमें लक्षित होती है। 'नई कविता' में अब तक व्यंग्य और

राजनीतिक विरोध का स्वर भी तीव्र तो था, पर उसमें मानवीय गहराई का अभाव था। सो शमशेर ने पूरा किया। समय के विशाल कैनवास पर देश-देशान्तरों के मानव-चित्रों का विहंगावलोकन करने का श्रेय श्रीनरेश मेहता को प्राप्त है। उन्होंने प्रकृति-सौन्दर्य को वैदिक संस्कृति की आँखों से देखा और उसके भव्य उदात्त चित्र खड़े किये गए। 'उषस' पर उनकी कविता की कुछ पंक्तियाँ ये हैं :

किरणमयी, तुम स्वर्ण वेश में!
स्वर्ण देश में!
सिंचित है केसर के जल से
इन्द्रलोक की सीमा,
आने दो सैन्धव घोड़ों का
रथ कुछ हलके धीमा।

अथवा 'किरन-धेनुएँ' में :

बरस राह आलोक दूध है,
खेतों खलिहानों में,
जीवन की नव-किरण फूटती
मकई के दानों में,
सरिताओं में सोम दुह रहा वह अहीर मतवाला!

किन्तु चित्रकला की प्रधानता और उसके सम्पूर्ण आकार की व्यंजना श्री गिरिजाकुमार माथुर में ही है। डॉ. रामविलास शर्मा की यह 'प्रत्यूष के पूर्व' की झाँकी देखिए :

सीत्-सीत् करती बयार है बह रही,
पौ फटने में अभी पहर-भर देर है।
बरगद से कुछ दूरी पर जो दीखता
ऊँचा-सा टीला, उस पर एकत्र हो,
ऊँचा मुँह कर देख डूबता चन्द्रमा
हुआ-हुआ करते सियार हैं बोलते।

सारांश यह कि नई कविता में कोई भी विषय नहीं छूटता। ध्यान में रखने की बात सिर्फ़ इतनी है कि नई कविता भाव या अनुभूति को, स्थिति या दृश्य को, उसके मूर्त स्वरूप और सत्ता में पकड़ती है। कल्पना उसके लिए सिर्फ़ एक वैज्ञानिक अस्त्र हैं, जिसके ज़रिये अंकन किया जाता है।

[सम्भावित रचनाकाल : 1955-56। नये साहित्य का सौन्दर्यशास्त्र में संकलित]

हिन्दी-काव्य की नई धारा

सन् 1940-43 के आस-पास हिन्दी के कुछ नये लेखक यह अनुभव कर रहे थे कि छायावादी काव्य और साहित्य के मनोवैज्ञानिक-दार्शनिक भाववादी आदर्श ज़िन्दगी के तकाजों को पूरा नहीं कर पाते, वास्तविक संवेदनात्मक प्रश्नों का उत्तर नहीं दे पाते। इन लेखकों को महादेवी की 'पीड़ा' वास्तविक पीड़ा की श्रेणी में बैठती दिखाई न दी। उनका ख़याल था कि असल ज़िन्दगी—जिसे जिया जाता है—वह बहुत ही उलझनभरी, अपने-आपमें सम्पन्न, साथ ही, बड़ी कठोर भी है। उनका यह ज्ञान अनुभवजन्य था। ये लोग अपने अनुभव की संवेदनात्मक प्रक्रियाओं और रूपों को प्रकट करने लगे। यथार्थ के अनुभवों से ग्रस्त होकर, आत्म-प्रकटीकरण की दिशा में उन्होंने अपने प्रयास आरम्भ किये।

राष्ट्र में कांग्रेस के भीतर वामपक्षी विचारधाराओं के उदय तथा विकास का वह काल था। व्यक्तिगत, सामाजिक, राष्ट्रीय और अन्तर्राष्ट्रीय समस्याओं से सचेत रहते हुए, उनका वैज्ञानिक समाधान पाने और उसको व्यावहारिक रूप देने की तलाश हुई। एक वैज्ञानिक विश्व-दृष्टि की खोज आरम्भ हुई—ऐसी दृष्टि जो व्यक्तिगत-सामाजिक समस्याओं से लगाकर तो अन्तर्राष्ट्रीय समस्याओं तक का वैज्ञानिक उत्तर दे सके। वामपक्षी भाव-विचारधाराओं ने इस आवश्यकता की पूर्ति की। यह स्वाभाविक ही था कि ऐसे लोगों के लिए हृदय की दृष्टि बौद्धिक होती। जीवन की छोटी-से-छोटी मनोवैज्ञानिक बात क्यों न हो, उसके प्रति दृष्टि बहुत महत्त्वपूर्ण हुई। किन्तु, वस्तुतः, इन लोगों का साहित्य वामपक्षी साहित्य न हो पाया। यह सकारण था।

ये लोग समस्याओं को संवेदनात्मक रूप से अनुभव करते थे, उनके निराकरणों और समाधानों को नहीं। समाज और व्यक्ति की भीतरी आत्म-संगति में बहुविध दरारों और दोषों के तीव्र संवेदनात्मक बोध को लेकर चलनेवाला व्यक्ति यदि वैज्ञानिक रूप से सिद्ध समाधानों को संवेदनात्मक स्तर पर धारण कर न चले तो अन्ततः उसे मात्र काल्पनिक आत्म-संगति या विश्व-संगति को लेकर ही तो आना होगा। नया वैज्ञानिक बोध इतना गहरा न हो पाया कि वह हार्दिक और आत्मिक आस्था और विश्वास का रूप ले सके।

संगति का प्रश्न मामूली प्रश्न नहीं है। लेखक के जीवन की अपने साहित्य से संगति, उद्घोषित आदर्शों की समाज से संगति, व्यक्ति से समाज का सामंजस्य, व्यक्ति की भीतरी आत्म संगति—[इन सब] की दृष्टि से जब उसने अपनी तरफ़ और सब तरफ़ देखना आरम्भ किया, तो उसे घृणा, जुगुप्सा, निराशा के वास्तविक अनुभवों से गुज़रना पड़ा। उसने इस सम्बन्ध में अपने-आपको भी क्षमा नहीं किया। वह बहुत बार आत्म-घृणा से भर उठा। इस दृष्टि का एक महत्त्वपूर्ण परिणाम यह हुआ कि उसका 'समाज' से जो सामंजस्य चाहिए, वह बिगड़ गया। अपने व्यक्तिगत जीवन में उसने न केवल समाज के प्रति अश्रद्धा, अनास्था की संवेदनात्मक प्रतिक्रियाएँ कीं, वरन् उससे समझौते के अभाव में वह उससे अलग, अकेला, अपने-आपमें ढका-मुँदा रहने लगा। यहीं से उसकी आत्मग्रस्तता शुरू होती है।

उधर उसे जीवन में संघर्ष करना पड़ रहा था। जीवन-स्तर लगातार गिरता जा रहा था। समाज से उसके सन्तुलन तथा समझौते के अभाव में, उसे अपने व्यक्तिगत व्यावहारिक जीवन में असफलता मिलनी ही थी। इसके फलस्वरूप वह अधिक आत्मग्रस्त, अधिक अहंग्रस्त हो उठा। अपनी अहं-चेतना को पुष्ट करके ही वह जी सकता था।

इस भाव-भूमि को लेकर सन् 1940-43 के काल की उन कविताओं का आविर्भाव हुआ, जिनमें से कुछ तारसप्तक में संगृहीत हैं। इन कविताओं की विशेषता यह थी कि इन्होंने छायावादी मानदंड स्वीकार नहीं किये। नये यथार्थ ने नये प्रतीक और नई उपमाएँ प्रदान कीं। अब चन्द्र 'तप-क्षीण कापालिक' हो गया। आत्मा, जिसको हंस की उपमा दी जाती रही, अब चिमगादड़ हो गई। यद्यपि घृणा, निराशा और जुगुप्सा का स्वर उभरा, किन्तु वह इतना और ऐसा नहीं था कि यह बतलाया जा सके कि उसमें आशा और विश्वास है ही नहीं, वैज्ञानिक बुद्धि, यथार्थवादी दृष्टि के फलस्वरूप जो निराशा उत्पन्न हो, वह स्वयं आशा को फलदायी करती है। वह न वायवीय निराशा है, न वायवीय आशा। काव्यानुभूति की कसौटी यथार्थ के संवेदनात्मक अनुभव बने। काव्य-परीक्षा यथार्थवादी अनुभूति हुई।

तारसप्तक के प्रकाशक की ओर तीन-चार बड़े आदमियों को छोड़कर भद्र साहित्य में किसी का ध्यान आकर्षित नहीं हुआ। किन्तु पंडित हज़ारी प्रसाद द्विवेदी, इलाचन्द्र जोशी और रामचन्द्र टंडन ने विशेष लेख लिखे और उसका ख़ूब स्वागत किया। किन्तु वह काल 'बच्चन', 'अंचल', 'नरेन्द्र' और बाद में, शिवमंगलसिंह 'सुमन' का काल था। फिर भी तारसप्तक नये लेखकों में प्रचलित हुआ। नये ढंग की कविताएँ की जाने लगीं। जगह-जगह नये-नये लेखक पैदा हुए। उनके लिए तारसप्तक ने पार्श्वभूमि पैदा कर दी थी। उधर तारसप्तक के लेखक स्वयं अपना विकास कर रहे थे, यद्यपि मासिक-

पत्रों ने भी प्रकाशन का दरवाज़ा उनके लिए बन्द कर रखा था।

ज़माना आया जब दूसरा सप्तक का भी प्रकाशन हुआ। फिर तो लेखकों की बाढ़ आ गई। समालोचकों का ध्यान नये लेखकों की तरफ़ गया। और अब तो विश्वविद्यालयों की एम.ए. परीक्षाओं में प्रयोगवाद के प्रश्न पूछे जाते हैं। कविवर 'दिनकर', नन्ददुलारे वाजपेयी और डॉक्टर रामविलास शर्मा ने काव्य की इस प्रवृत्ति का डटकर विरोध किया। किन्तु उसका फैलना रुका नहीं। आज वह पहले से ही बंगला, उर्दू और मराठी में पर्याप्त रूप से पुष्ट हो गई है।

दूसरा सप्तक का स्वर तारसप्तक से निराला है। एक तो यह कि तारसप्तक के लेखकों की जवानी साहित्यिक-रोमैंटिक छायावाद में निकल गई थी। उनके सम्मुख जीवन के प्रश्न, समस्याएँ, प्रमुख थीं। दूसरा सप्तक वालों की सौन्दर्य-प्रेम-भावनाएँ नये ढंग से सम्मुख आईं। नये ढंग की कविता को उनकी यह सबसे बड़ी देन है। नौजवानी में ही उनको पके-पकाये रूप में प्रगतिवादी अथवा कोई अन्य वैज्ञानिक दृष्टिकोण मिल गया था। छन्द, भाव, भाषा, शैली—सभी उन्हें तैयार मिले। इसके लिए उनको कोई संघर्ष नहीं करना पड़ा—न बौद्धिक, न हार्दिक। इसलिए उनकी कला अधिक सुखात्मक और सौन्दर्यमयी हुई। किन्तु उन्होंने जीवन के सम्बन्ध में वे प्रश्न नहीं उठाए, जो तारसप्तक वालों ने खड़े किये थे। तारसप्तक वाले मंज़िल-पर-मंज़िल इतने आगे बढ़ गए कि उसमें संगृहीत कविताओं से उनकी आज की काव्य-स्थिति का कोई अनुमान नहीं लगाया जा सकता।

ये कवि विचारधारा की दृष्टि से दो ख़ेमों में बँटे हुए हैं। एक ख़ेमा है सक्रिय प्रगतिशीलता-विरोधी, जिसमें सर्वप्रमुख हैं श्री वात्स्यायन और धर्मवीर भारती, आदि। दूसरे लोग प्रगतिवाद के पक्ष में हैं, जिनमें प्रमुख हैं—गिरिजाकुमार माथुर, नेमिचन्द्र जैन, श्रीनरेश मेहता, भारतभूषण अग्रवाल, आदि। बहुत थोड़े ऐसे हैं जो इन दोनों की कुछ-कुछ बातें मानते हुए भी दोनों से थोड़े-थोड़े दूर हैं। उनमें से प्रमुख हैं श्री प्रभाकर माचवे, पंडित भवानीप्रसाद मिश्र, आदि।

काव्य-प्रवृत्तियों की दृष्टि से, यह कहा जाना चाहिए कि इनके फिर दो विभाग हो जाते हैं। एक में प्रमुखतः सौन्दर्यवादी ही आते हैं, जैसे—गिरिजाकुमार माथुर, श्रीनरेश मेहता, और, कुछ अंशों में, हरिनारायण व्यास तथा सच्चिदानन्द वात्स्यायन। दूसरे पक्ष में आभ्यन्तर प्रतीकात्मक चित्रण ही अधिक होता है, जिनमें प्रमुख हैं—वात्स्यायन, गजानन माधव मुक्तिबोध, धर्मवीर भारती, आदि। मज़ेदार बात यह है कि भवानीप्रसाद मिश्र की शैली ऐसी है कि वह आभ्यन्तर को बाह्य बनाकर चलती है। ऐसे लोगों में स्वयं मिश्रजी और माचवे हैं।

हिन्दी साहित्य में नई कविता का प्रसार होता जा रहा है। उसे कोई रोक नहीं

सकात। आज के प्रगतिवाद में बाह्य पक्ष का ही चित्रण किया जाता है। व्यक्तिगत यथार्थ, आन्तरिक अनुभूति, को तो वे लोग जैसे छूते ही नहीं। यहीं उनका मामला गड़बड़ है। जब तक सम्पूर्ण मनुष्य को लेकर हम न चलेंगे, तब तक उसके किसी एक ही अंश को सर्वप्रधान बनाकर हम सम्पूर्ण को खंडित कर देंगे। जब तक हम आज के युग के पीड़ित मनुष्य की सम्पूर्ण आत्मसत्ता का चित्रण नहीं करते, उसके वास्तविक सुख-दुख, उसके संघर्षों और आदर्शों का अंकन नहीं करते, उसके अनिवार्य भवितव्य और कर्तव्य का मार्ग प्रशस्त नहीं करते, तब तक नई कविता का कार्य अधूरा है। हम नहीं करेंगे तो कोई और आकर करेगा। ऐतिहासिक अनिवार्यताएँ किसी के लिए रुकतीं नहीं।

[सम्भावित रचनाकाल : 1955-57। किसी पत्रिका में प्रकाशित]

नई कविता की प्रकृति

नई कविता की प्रकृति और रूप की चर्चा करना यहाँ व्यर्थ है। इतना कहना काफ़ी है कि वह व्यक्ति-मन की प्रतिक्रिया है। प्रथम उन्मेष-काल में उसके पास आदर्शवाद था, सामाजिक विषमताओं को दूर करने के कार्य में लगने के अतिरिक्त, विषमताहीन समाज-व्यवस्था का स्वप्न और व्यक्ति-विकास की अनन्त सम्भावनाओं का स्वप्न भी उसके पास था। फलतः, यदि उसके काव्य में समाज के (वर्तमान पूँजीवादी समाज के) प्रति क्षोभ और कष्ट-भावना थी, तो दूसरी ओर वैफल्य का भान भी था। किन्तु यह वैफल्य उसका व्यक्तिगत था। एक विशेष समाज, वर्ग और परिवार में पाए जानेवाले व्यक्ति के मानस का चित्रण उसमें है, उसमें एक मनोवृत्तान्त है। यदि कवि अपनी आत्मपरक कविता में अपनी व्यथा प्रकट नहीं करेगा तो फिर काहे में करेगा? उसकी उदासी और विफलता रोमैंटिक नहीं है, वरन् इसके विपरीत वह वास्तविक जीवन-समस्याओं से उत्पन्न है। उसके पास आदर्शवाद और आशावाद भी है। अतएव वह अपने व्यक्तिगत सुखःदुःख के परे जाकर, ख़तरा मोल लेते हुए, राजनीतिक सामाजिक विषय की कविता लिखने के पहले उस क्षेत्र में स्वतः कार्य करता है, और उसके साथ राजनीतिक-सामाजिक काव्य-विषय भी चुनता है। संक्षेप में, काव्य-रचना उसके जीवन से सम्बद्ध है—ऐसे जीवन से जो उसके काव्य की मूल भूमि है। ध्यान में रखने की बात है कि आगे चलकर, नई कविता के डिफ़ेन्स में जब प्रगतिवादी दृष्टि का विरोध किया गया, तब सबसे पहले जीवन और काव्यानुभूति की समानान्तरता का, पैरेलेलिज़्म का, सिद्धान्त स्थापित किया गया। कहा गया कि जीवन में प्राप्त होनेवाली अनुभूतियाँ और सौन्दर्यानुभूति—ये दो चीज़ें अलग-अलग हैं। बाह्यतः स्पष्ट-सी दीखनेवाली इस बात के पीछे एक स्पष्टःअस्पष्ट राजनीतिक उद्देश्य था। वह यह कि कवि का काव्य-जीवन और वास्तविक जीवन, इन दो में अविच्छिन्नता और मौलिक एकता को कुहरिल कर दिया जाए। यह सिद्धान्त एक बहुत ही ख़तरनाक मान्यता है। नई कविता के बुर्ज़ से शीत-युद्ध चलानेवाले नीति-नियामकों का वह एक सोद्देश्य मानसिक विक्षेप है। इसकी चर्चा आगे होगी।*...

[कला-सम्बन्धी धारणाओं को मूल जीवन-दृष्टि से सुविधा के लिए भले ही

अलग रखा जाए, वे इससे सर्वथा विच्छिन्न नहीं होतीं। ध्यान में रखने की बात है कि भारतीय-साहित्य-चिन्तन में काव्य-सौन्दर्य के सम्बन्ध में विस्तृत और वैविध्यपूर्ण चर्चा है। किन्तु नई कविता ने पैतृक सम्पत्ति भी नहीं ली है।]...

नई कविता की अपनी विशेष कोई दार्शनिक धारा या विचारधारा नहीं रही। वह तरह-तरह के झुकावों, दृष्टियों और विचारों का एक ढेर बन गई।

संक्षेप में, नई कविता के पास अपनी कोई विशिष्ट दार्शनिक धारा या विचारधारा नहीं है। लगभग सभी कवियों में विकसित विश्व-दृष्टि का अभाव है, सांगोपांग विचारधारा का अभाव है। अगर किसी में कोई विश्व-दृष्टि है भी, तो वह ऐसी स्थिति में है कि वह उसकी भाव-दृष्टि का अनुशासन, प्रायः नहीं कर सकती।

काव्य के लिए विचारधारा का महत्त्व

क्या यह वांछनीय है ? इस प्रश्न का उत्तर, अपने-अपने झुकावों के अनुसार, अलग-अलग तरह से दिया जाएगा। मेरे अपने मतानुसार, यह अच्छा नहीं हुआ। अच्छा नहीं है, हानि-प्रद है, साहित्य के लिए, देश के लिए, स्वयं कवियों के अपने अन्तर्जीवन के लिए भी। आज बहुत-से कवियों के अन्तःकरण में जो बेचैनी, जो ग्लानि, जो अवसाद, जो विरक्ति है, उसका एक कारण (अन्य कई कारण हैं) ऐसी विश्व-दृष्टि का अभाव है जो उन्हें आभ्यन्तर आत्मिक शक्ति और मनोबल प्रदान कर सके तथा उसकी पीड़ाग्रस्त अगतिकता को दूर कर सके।

कहा जाएगा कि नई कविता, वस्तुतः, एक नई तर्ज़ है, नया काव्य-प्रकार है; और उसमें विभिन्न विश्व-दृष्टियों या विचारधाराओं को स्थान प्राप्त है। और, यह कि यदि वैसी विचारधाराएँ उसमें नहीं आ पातीं, तो इसका कारण यह है कि समाज ने, उन विचार-धाराओं के लिए, फ़िलहाल, कोई उपजाऊ ज़मीन तैयार नहीं की है।

इस सम्बन्ध में मेरा यह निवेदन है कि नई कविता के क्षेत्र में कार्य करनेवाले कवियों द्वारा किसी ऐसी विश्व-दृष्टि के विकास के प्रयत्न नहीं देखे गए (या वे प्रयत्न इतने प्रधान नहीं हुए कि सबका ध्यान अपनी ओर खींच सकें), जो उनकी भाव-दृष्टि का अनुशासन कर सकें, और उस भाव-दृष्टि में किसी-न-किसी प्रकार से उनकी विश्व-दृष्टि प्रतिच्छवित हो सके।

यह भी कहा जा सकता है कि लेखक-कलाकार के लिए यह आवश्यक नहीं है कि वह समग्रतापूर्ण किसी विश्व-दृष्टि का विकास करे। यह काम दार्शनिकों, चिन्तकों तथा अन्य विचारकों का हो सकता है, लेखक-कलाकार का नहीं। इसी सिलसिले में ऐसे साहित्य-युगों की ओर संकेत किया जा सकता है जबकि किसी

दार्शनिक धारा को लेखक-कलाकार ने अपनी कला का आधार नहीं बनाया, नहीं ही बनाया, जैसे—हिन्दी का रीतिकालीन साहित्य, अथवा कहिए, वीरगाथा काल। अन्य देशों के साहित्य-युगों के भी उदाहरण दिये जा सकते हैं। संक्षेप में, कलाकार के लिए यह आवश्यक नहीं है कि वह कोई दार्शनिक आधार ग्रहण करे। और सचमुच यदि हम 'दार्शनिक' आधार का बहुत संकुचित अर्थ स्वीकार करें, तो कलाकार के लिए यह ज़रूरी नहीं है कि वह किसी बँधे-बँधाये वैचारिक ढाँचे को अपनी कला की श्रेष्ठता उपस्थित करने के लिए यांत्रिक रूप से स्वीकार करे। यह सब सही है।

फिर भी ऐसे लेखक कलाकार होते आए हैं जिन्होंने व्यक्तिगत, सामाजिक, राष्ट्रीय-अन्तर्राष्ट्रीय समस्याओं के सम्बन्ध में, एक कलाकार की हैसियत से, सोचा-विचारा है। चेतना की समृद्धि और विस्तार श्रेष्ठ कला का एक लक्षण है। और जब तक मानव-समस्याएँ हल नहीं होतीं, चाहे वे किसी भी क्षेत्र और स्तर की क्यों न हों, तब तक मानव-संवेदनापूर्ण कलात्मक चेतना का यह धर्म है कि वह उन पर सोचे-विचारे और अपनी दृष्टि को कलात्मक रूप में प्रस्तुत करे।

एक बात और भी है। किसी भी कलाकृति में लेखक की जीवन-दृष्टि अवश्य प्रकट होती है। भले ही लेखक जाने या न जाने, उसी जीवन-दृष्टि के भीतर और उसके आसपास जीवन-जगत् सम्बन्धी तरह-तरह की धारणाएँ और विचार होते हैं। यह भी एक तरह की विचारधारा ही है, जिसे हम पूर्णतः सुसम्बद्ध सुसंगत वैचारिक व्यवस्था भले ही न कहें।

कलाकार और मानव-समस्या

उस युग में, उस काल-विशेष में, जबकि मानव-समस्याएँ अधिकाधिक एकत्रित और विकसित होती जाती हैं, यह स्वाभाविक ही है कि लेखक-कलाकार उनसे प्रभावित हो और उन्हें अपनी कलात्मक चेतना के विषय बनाये। अगर वह किसी कारण से—जैसे राजनीतिक कारणों से—उन समस्याओं के स्वाभाविक तर्कसंगत समाधानों को स्पष्टतः और पूर्णतः प्रकट नहीं कर पाता, अथवा उन समस्याओं की वास्तविक रूपाकृतियों को स्पष्टतः और पूर्णतः प्रकट करना अपने लिए ख़तरनाक समझता है, तो वैसी स्थिति में वह उन्हीं समस्याओं के प्रतिबिम्बन को बदलकर, सिर्फ़ इशारेबाज़ी से उन्हें बताता-समझाता हुआ, आगे बढ़ जाता है। दूसरे शब्दों में, किसी-न-किसी प्रकार से वह उन्हें, प्रत्यक्षतः या परोक्षतः, सूचित अवश्य कर देता है, और उनके आधार पर एक मानव-कथा या सांकेतिक मनोवृत्तान्त उपस्थित कर देता है। किन्तु भारत में ऐसी कोई स्थिति नहीं है कि हमारे कवि-कलाकार उन मानव-समस्याओं से जी चुराएँ। और, उनकी इस प्रकार उपेक्षा करें मानो वे हैं ही नहीं, और यदि हैं भी तो केवल

कलाकार की अपनी निजी किसी मनोग्रन्थि या व्यक्तिगत समस्या के रूप में। कम-से-कम, प्रस्तुत समय में, भारत में ऐसी कोई भयानक बाधा नहीं है जो लेखक को अपने पूर्ण और मूर्त आत्म-प्रकटीकरण अथवा जीवन-चित्रण से रोके।

तो फिर वह कौन-सी चीज़ है जो कवि-कलाकार को, अपने ही क्यों न सही, मूर्त और साक्षात् जीवन के चित्रण और पूर्ण आत्म-प्रकटीकरण से रोकती है ? क्या मैं यह कहूँ कि उनमें प्रतिभा का अभाव है ? मैं जानता हूँ कि वैसी चीज़ नहीं है, हरगिज़ नहीं है। फिर क्या बात है ?

निज स्थिति का काव्य

मेरे मत से, उसका उत्तर उन विचार-सरणियों में मिलेगा जो नई कविता के आस-पास फैली हुई हैं, और उसको घेरे हुए हैं। फिर भी मुझसे यह प्रश्न पूछा जा सकता है कि आख़िर आज यह सवाल उठाने की ज़रूरत ही क्या पड़ गई !

तो इसका उत्तर यह है कि नई कविता उस प्रकार की आइवरी टॉवर की, रोमैंटिक स्वप्नशीलता की, एकान्त-प्रिय आत्म-रतिमय आध्यात्मिकता की, कविता नहीं है, जैसी कि पुराने रोमैंटिक युग की हुआ करती थी। वह, मूलत: एक परिस्थिति के भीतर पलते हुए मानव-हृदय की पर्सनल सिचुएशन की, कविता है। इसीलिए उसमें कहीं आत्मालोचन है, तो कहीं बाह्य स्थिति-परिस्थिति और समाज पर व्यंग्य है, तो कहीं आर्थिक विवशताओं से उत्पन्न करुणा-भाव है, तो कहीं ग्लानि है, कहीं वैफल्यजनित विक्षोभ है, तो कहीं जीवन-आलोचना है। यहाँ तक कि उसमें जहाँ रोमैंटिक रंग हैं, वहाँ भी एक व्यक्ति-स्थिति-परिस्थिति का दबाव है या उभार है। यह पर्सनल सिचुएशन यहाँ तक बढ़ गई है कि बहुतेरे कवियों ने उसे व्यक्त करने के लिए अपनी एक निजी अभिव्यक्ति-शैली और प्रतीक-सम्पदा भी बढ़ा ली है। यहाँ तक कि कई बार एक कवि को दूसरे कवि की कविता ही समझ में नहीं आती। अजी, यह पर्सनल सिचुएशन यहाँ तक बढ़ चुकी है कि कइयों के अपने एस्थेटिक पैटर्न्स बनकर वे इतनी जड़ीभूत हो गए हैं, कि कविगण एक-दूसरे की गहराइयों को सचमुच समझ नहीं पाते। हिन्दी कविता के क्षेत्र में मुझे जो अनुभव हुए हैं, उसके आधार पर मैं यह बात कह रहा हूँ।

निज समस्या की मानव-समस्या में परिणति आवश्यक

अपने इन घरौंदों, इन काराओं के पार जाकर, उन पर्सनल सिचुएशन, वैयक्तिक स्थिति-परिस्थितियों का सामान्यीकरण करते हुए, आत्म-स्थिति और व्यक्ति-स्थिति से हटकर मानव-समस्या के रूप में उन्हें देखना क्या कलात्मक चेतना का धर्म नहीं होना चाहिए ?

आज जो प्राप्त मानव-सम्बन्धों का ताना-बाना है, उसका अवलोकन-निरीक्षण-अध्ययन तथा उससे उचित निष्कर्षों की प्राप्ति के प्रयत्न, कलात्मक चेतना के बाहर की कोई चीज़ होनी चाहिए? क्या कलात्मक चेतना का विस्तार वहाँ तक नहीं हो सकता? कलात्मक चेतना के विस्तार के प्रति यह अरुचि क्यों?

इसका उत्तर यह कहकर दिया जा सकता है कि जहाँ तक जीवन को तद्गत (वस्तुपरक) दृष्टि से देखकर उसके अध्ययन का प्रश्न है, वह काम शास्त्रों का है, न कि कलाकार का। अतएव कलाकार से वैसी बातें कहना उसके व्यक्ति-स्वातंत्र्य में बाधा डालना है। कलाकार का काम तो केवल आत्माभिव्यक्ति करना है।

किन्तु प्रश्न यह है कि इत्तर जनों को यह अधिकार क्यों न हो कि वे यह जानें कि कलाकार की वह आत्मा, जिसकी वह अभिव्यक्ति कर रहा है, कैसी है? हीन और क्षुद्र है या श्रेष्ठ और उदात्त? ज्ञान-दीप्त है या अज्ञानग्रस्त? वस्तुतः, वह कवि जीवन-संवेदनाशील है, या जीवन के स्थान पर उसने किसी झूठी स्वप्न-प्रतिमा को खड़ा करके काम से छुट्टी पाई है? आदि-आदि प्रश्न उठते हैं। क्या ऐसे सवाल उठाना स्वाभाविक नहीं?

यदि कवि-कलाकार किसी शास्त्रीय पुस्तक के पास न भी पहुँचे, तब भी, मनुष्य होने के नाते, वह समस्याओं के प्रति संवेदनशील अवश्य होता है। यह सही है कि कोई लेखक-कलाकार अधिक संवेदनशील तो कोई कम संवेदनशील होता है, अथवा किसी की संवेदना का विस्तार संक्षिप्त तो किसी का व्यापक होता है। फिर भी यह कहना कि वह मानव-समस्या के प्रति संवेदनशील नहीं है, मुझे अत्युक्तिपूर्ण प्रतीत होता है। बातचीत के दौरान में प्रकट किये गये इस ख़याल से तो मैं सहमत हूँ कि हिन्दी का कवि, साधारणतः, एक पिछड़ा हुआ प्राणी है। किन्तु क्या वह इतना पिछड़ा हुआ है कि उसे साहित्य का आदिवासी कहा जाए? मेरे ख़याल से ऐसा कहना कवियों का अपमान है। किन्तु, यदि वह उन समस्याओं के प्रति संवेदनशील है, तो वह उनका चित्रण इस प्रकार क्यों नहीं कर पाता कि जिससे वह एक मानव-समस्या के रूप में हमारे सामने प्रस्तुत हो? मानव-समस्या जब भी हमारे हृदय को स्पर्श करती है, तब हमें लगता है कि वह अपने पूरे तानेबाने के साथ उपस्थित हो रही है। तो, वह समस्या, उसके ताने-बाने, उसकी पीड़ा—इन तीनों का समग्र एकीभूत संवेदनात्मक अंकन क्यों नहीं हो पाता? यह ठीक है कि एक ही मानव-समस्या को भिन्न कलाकार भिन्न रूप से ग्रहण करेंगे या समझेंगे, अथवा उनके सम्बन्ध में हमारा संवेदनात्मक ज्ञान तीव्र होते हुए भी उथला हो सकता है। किन्तु, प्रश्न यह है कि हमारी व्यक्ति-समस्या, मन की निबिड़ पीड़ा, एक मानव-समस्या के रूप में गृहीत और चित्रित क्यों नहीं हो पाती?

मेरे ख़याल से यह प्रश्न महत्त्वपूर्ण है। व्यापक मानव-जीवन तक पहुँचने के लिए यह सिर्फ़ पहला क़दम, पहली सीढ़ी है।

व्यक्ति-समस्या को मानव-समस्या बनाकर तभी प्रस्तुत किया जा सकता है जब हम उस समस्या से पूर्ण तटस्थ हों, और फिर उसमें भीगें-रमें, और इस प्रकार उस सारे ताने-बाने को देखें जिससे मानव-जीवन बना हुआ है, अपनी स्थिति में और विकास में। संक्षेप में, हमें केवल तथाकथित सौन्दर्यानुभूति के क्षणों के बाहर जाना होगा, और भाव का आधार बननेवाले ज्ञान का विस्तार करना होगा। केवल एक क्षण के उत्कर्ष का चित्रण करने के बजाय हमें लम्बी नज़र फेंकनी होगी, और वह सारा तानाबाना अंकित करना होगा जिससे वह समस्या, एक विशेष काल और परिस्थिति में, विशेष रंग और रूप में, विकसित और ग्रन्थिल हुई है। यह सब कार्य तथाकथित सौन्दर्यानुभूति के बाहर का कार्य है। और, चूँकि वह कार्य सौन्दर्यानुभूति के बाहर का कार्य है, इसलिए यह समझा जाता है कि वह सौन्दर्यानुभूति के क्षणों के लिए, या कलात्मक चेतना की परिवृद्धि और विकास के लिए, महत्त्वपूर्ण नहीं है। और यदि है भी तो उससे कला का कुछ बनता-बिगड़ता नहीं है। वह जैसी है, वैसी ही रहेगी।

आन्तरिक निषेध और पिछले पाप

सच बात तो यह है कि इस प्रकार के झुकावों और दृष्टियों के पीछे, कला-सम्बन्धी कुछ धारणाएँ और विचार-सरणियाँ काम कर रही हैं। ये धारणाएँ और विचार-सरणियाँ उस काल में अधिक प्रचलित और प्रसारित हुईं जिसे हम हिन्दी-क्षेत्र में शीत-युद्ध का काल कह सकते हैं।

आपको याद होगा, सन् 1951-52 के अनन्तर, साहित्य-क्षेत्र से, विशेषकर काव्य-क्षेत्र से प्रगतिवादी विचार-धारा को खदेड़कर बाहर करने के लिए नई कविता के बुर्ज़ से शीत-युद्ध की गोलन्दाजी की गई थी। यह शीत-युद्ध, मेरे लेखे, विश्व में चल रहे राजनीतिक शीत-युद्ध की साहित्यिक शाखा के रूप में था। इस शीत-युद्ध के दौरान तरह-तरह के प्रश्न उठाए गए, जो सचमुच कला-चिन्तन के लिए अत्यन्त महत्त्वपूर्ण थे। कला का स्वरूप क्या है ? काव्य-सौन्दर्य के तत्त्व क्या हैं ? साहित्यिक उत्तरदायित्व का क्या अर्थ है ? आदि-आदि के सम्बन्ध में ज़ोरदार चर्चाएँ हुईं। एक नया साहित्यिक वातावरण उत्पन्न हुआ। नई कविता को प्रबल समर्थक शक्ति मिली। (किन्तु ऐसा नहीं था कि मूल प्रगतिवादी विचारधारा उन प्रश्नों का उत्तर नहीं दे सकती थी)। यह वातावरण एक विशेष समूह द्वारा, लगभग संगठित रूप से, तैयार किया गया था। उसने कविता को नई व्यक्तिवादी पश्चिमी भूमिका प्रदान की। पश्चिमी साहित्य की परम्परा अत्यन्त उच्च, श्रेष्ठ और भव्य है। अमरीकी साहित्य एक श्रेष्ठ

साहित्य है, तथा वह ब्रिटिश तथा फ्रांसीसी साहित्य से बहुत कुछ भिन्न है। अमरीकी साहित्य की अधिकांश प्रेरणाएँ प्रगतिशील हैं, यथार्थवादी हैं। ऐसी ही श्रेष्ठ परम्पराएँ पश्चिमी यूरोप में भी हैं। किन्तु, शीत-युद्ध के नीति-नियामकों ने उनसे अपनी प्रेरणा ग्रहण नहीं की वरन्, साम्यवाद-विरोध को अपना प्रधान धर्म मानते हुए, (उन दिनों डलेस का ज़ोर था। भारत में भी डलेसवादियों की आज भी कमी नहीं है), वे नीति-नियामक ऐसे सिद्धान्तों का प्रचार कर रहे थे, जो घोषित रूप से थे तो साहित्य-सौन्दर्य, कला-के सम्बन्ध में, किन्तु उनका उद्देश्य अधिक व्यापक था। चूँकि प्रगतिवाद, अपने अन्तर्बाह्य कारणों से, विशृंखल हो गया था, साथ ही वह जिस रूप में हिन्दी-क्षेत्र में था, वह अपरिपक्व ही कहा जा सकता है इसलिए उनका प्रभाव क्षीणतर हो गया। उस पुराने अपरिपक्व प्रगतिवाद ने अपने हठ के कारण नई कविता का सब तरह से विरोध किया, इसलिए उसे मार खानी पड़ी। इस शीत-युद्ध के समय प्रचलित सिद्धान्तों की छाप अभी भी नई कविता पर है, यह भूलना नहीं चाहिए।

ध्यान में रखने की बात है कि एक कला-सिद्धान्त के पीछे एक विशेष जीवन-दृष्टि होती है, उस जीवन-दृष्टि के पीछे एक जीवन-दर्शन होता है, और उस जीवन-दर्शन के पीछे, आजकल के ज़माने में एक राजनीतिक दृष्टि भी लगी रहती है। निःसन्देह, नई कविता की एक फ़िलॉसफ़ी के रूप में कला-सिद्धान्त लाया गया। कला-सिद्धान्त के पीछे सामाजिक-साहित्य मनोवृत्तियों का विश्लेषण करनेवाला 'आधुनिक भाव-बोध' का सिद्धान्त आया और 'व्यक्ति-स्वातंत्र्य' के नाम पर एक सामाजिक-राजनीतिक दर्शन भी प्रस्तुत हुआ। और ये सब नई कविता के समर्थन और विस्तार में ही आए। यह एक ऐतिहासिक तथ्य है।

यूरोप में काव्य-सौन्दर्य का ऊहापोह करनेवाले सिद्धान्तों का एक जंगल का जंगल खड़ा हुआ है। ध्यान में रखने की मुख्य बात यह है कि न केवल ये सिद्धान्त परस्पर-भिन्न होते हैं, वे सिद्धान्त रूप में भी अस्थायी होते हैं। साहित्य-सिद्धान्त के क्षेत्र में सौन्दर्य-तत्त्व का विश्लेषण करनेवाली थियॅरीज़ के मृतावशेष इधर-उधर फैले पड़े हैं। मुख्य बात यह है कि वे सौन्दर्य-सिद्धान्त किसी विशेष कलाप्रवृत्ति की औचित्य स्थापना के लिए, किसी जीवन-दृष्टि के (जो कला में प्रकट होती है) समर्थन के लिए, लाए जाते हैं। और वह काव्य-प्रवृत्ति नष्ट होते ही, या उसमें नये तत्त्वों का समावेश होते ही, उन कला-सिद्धान्तों में भी धीरे-धीरे परिवर्तन होने लगता है। प्रगतिवादियों के विषय एक थे, दृष्टि एक थी, वैसे ही उनका पैटर्न भी था। नया विषय, नई दृष्टि और नये पैटर्न के लिए नया कला-सिद्धान्त लाया गया। किन्तु चूँकि उस कला-सिद्धान्त के पीछे पश्चिम का उज्ज्वल मानवतावाद न होकर उसी पश्चिम का अत्यन्त संकुचित व्यक्तिवाद था, इसलिए इस नये कला-सिद्धान्त में भी वह

संकुचित जीवन-दृष्टि प्रकट हुई। और इस संकुचित व्यक्तिवाद में शीत-युद्ध के उद्देश्य छिपे हुए थे।

यह नया कला-सिद्धान्त, मुख्यत:, जीवनानुभव और सौन्दर्यानुभूति की समानान्तरता मानता है। सौन्दर्यानुभूति के क्षणों में ही कला का प्रसव होता है। किन्हीं अन्तर्बाह्य आवेगों से मन का द्रवण होकर जब वह उत्कर्ष प्राप्त करता है, तब यह कहा जाएगा कि वह सौन्दर्यानुभव का क्षण है। इसलिए कलाकार से यह अनुरोध नहीं किया जा सकता कि तू ऐसा लिख, वैसा लिख; तेरी कला ऐसी हो, वैसी हो। सौन्दर्यानुभव के क्षणों में जिस प्रकार उसका मन द्रवित होकर आत्म-प्रकटीकरण करना चाहेगा, करेगा। उसका काम तो सिर्फ़ आत्मप्रकटीकरण और सुन्दर आकृतियों का निर्माण करना है। ध्यान रहे कि प्रगतिवादी सज्जन कलाकारों से इस प्रकार के अनुरोध करते थे। यह उनकी तानाशाही मनोवृत्ति थी। इस प्रकार वे रेज़िमेंटेशन करना चाहते थे। कलाकार को पूरी स्वतंत्रता होनी चाहिए कि वह मनचाही चीज़ लिखे। यदि पाठकों को अच्छी लगे तो ठीक, न अच्छी लगे तो ठीक। यदि इस प्रकार के क्षणों में कोई मूल्यवान अनुभव ग्रथित हुआ, और उसकी अभिव्यक्ति सुन्दर हुई, तो नि:सन्देह, वह मानवतावाद की स्थायी निधि में स्थान पाएगा। यदि आज नई कविता लोकप्रिय नहीं है तो जनता में उसकी अभिरुचि बढ़ाई जा सकती है—प्रचार और प्रशिक्षण द्वारा।

संक्षेप में, तरह-तरह के विचार प्रकट किये गए। उनमें मुख्य बात बताई गई कि जीवनानुभवों का स्तर और सौन्दर्यानुभवों का स्तर परस्पर भिन्न है। सौन्दर्यानुभवों की स्वतंत्र क्रियमाणता, स्वतंत्र गति है। इसलिए उस पर किसी भी प्रकार के बाह्यानुरोध नहीं लादे जा सकते। कलाकार का काम, कलाकार की हैसियत से सिर्फ़ सौन्दर्यानुभवों के क्षण की परिसीमा के भीतर रहकर उसका चित्रण करना है, अर्थात् कलाकार की हैसियत कलात्मक क्षण के अनुभव और चित्रण तक ही मर्यादित है। शेष कार्य वह एक नागरिक की हैसियत से, या ज्ञान-पिपासु बुद्धिवादी की हैसियत से, चाहे तो, कर सकता है। यह उन नीति-नियामकों की भूमिका थी।

इस भूमिका के विशेष सामाजिक-राजनीतिक उद्देश्य थे। पहला तो यह था कि लेखक-कलाकार को वास्तविक जीवन के स्पर्श से बचाया जाए, जिससे कि वह वास्तविक जीवन को अपनी कलात्मक चेतना के अन्तर्भूत न कर सके। क्योंकि यदि उसने वैसा, वस्तुत:, किया, तो नि:सन्देह होगा यह कि वास्तविक जीवन की तरह-तरह की विषमताएँ सामने आएँगी, और उनका चित्रण करते हुए यह वामपन्थी मनोवृत्तियों का भी चित्रण कर सकता है। उन नीति-नियामकों का मुख्य उद्देश्य तो उन नामपन्थी मनोवृतियों से युद्ध करना था। यही कारण है कि उन्हीं के काव्य-क्षेत्र के अन्तर्गत बहुत-से रचनाकारों ने जब अपनी किन्हीं कृतियों में वामपन्थी मनोवृत्तियाँ

प्रकट कीं, तो उनकी वे कृतियाँ, उन नीति–नियामकों और उनके अनुसरण–कर्ताओं के लेखे, असुन्दर हो गईं।

किन्तु इसके विपरीत, यह स्पष्ट है कि कलाकार को जीवन के स्पर्श से बचाया नहीं जा सकता। इसलिए यह आवश्यक है कि कलाकार को ऐसी भूमिका प्रदान की जाए जिससे वह उन मनोवृत्तियों के पंजे में न आए। 'आधुनिक भाव–बोध' तथा 'लघु–मानव' आदि सिद्धान्त इसी आवश्यकता से उत्पन्न हैं। यह तो स्पष्ट है कि इस 'आधुनिक भाव–बोध' में उन उत्पीड़नकारी शक्तियों का बोध शामिल नहीं है जिन्हें हम शोषण कहते हैं, पूँजीवाद कहते हैं, साम्राज्यवाद कहते हैं; तथा उन संघर्षकारी शक्तियों का बोध भी शामिल नहीं है, जिन्हें हम जनता कहते हैं, शोषित वर्ग कहते हैं। यहाँ तक कि इस आधुनिक भाव–बोध में उस देश–निर्माण का स्वप्न भी नहीं है, जिसके अन्तर्गत हमारे यहाँ औद्योगीकरण हो रहा है, न उस देश–निर्माण का जबकि ग़रीब–अमीर रहेंगे ही नहीं।

संक्षेप में, भारत की शिक्षित मध्यवर्गीय जनता में जो भाव–संवेदनाएँ प्रगतिशील राजनीतिक अर्थ रखती हैं, कोई क्रान्तिकारी अर्थ रखती हैं, उनका 'आधुनिक भाव–बोध' में कोई स्थान नहीं है। हम तो केवल 'लघु–मानव' हैं, साधारण जनता नहीं। साधारण जनता में विश्व–परिवर्तन की अदम्य क्रान्तिकारी शक्ति होती है। लेकिन उन नीति–नियामकों के लेखे, वह भीड़ की अन्धी ताक़त है। वास्तविक चेतना तो व्यक्ति के अपने अभ्यन्तर की समृद्धि है। तो इसलिए व्यक्तित्व की इकाई महत्त्वपूर्ण है। यह इकाई 'लघु–मानव' है, क्योंकि अब यह इकाई महान आदर्शों के उच्चतर स्तर की प्राप्ति के पीड़ाजनक भीषण प्रयत्नों में संलग्न नहीं है, न हो सकती है। महान आत्माओं, महान प्रतिभाशालियों, महामानवों का युग गया। अब हम जनसाधारण भी नहीं, केवल लघु–मानव हैं। क्योंकि हम जनसाधारण हो जाएँ तो वामपन्थी मनोवृत्तियों के शिकार होकर, भीड़ की अन्धी ताक़त बनते हुए, अपनी व्यक्तिगत इयत्ता को खो देंगे। इसलिए हमें जनसाधारण से लघु–मानव बन जाना चाहिए।

हमें पूर्ण स्वतंत्रता प्राप्त है। व्यक्ति–स्वातंत्र्य एक पुनीत सिद्धान्त है (चाहे उसमें लूट–खसोट, अनाचार, भ्रष्टाचार, स्वार्थ, चरित्रहीनता, धन का प्रभुत्व, शोषण, क्यों न चलता हो!)। यदि समाज में बुराइयाँ हैं तो धीरे–धीरे ही दूर होंगी। लोग हैं कि जो अपने लघुत्व के कारण इस स्वातंत्र्य से डरते हैं। वे कलाकार हीन हैं जो बाह्यानुरोध स्वीकार करते हैं। मनुष्य की परम–चेतन अन्तरात्मा पर ज़ोर डालनेवाली, और उसे ग़ुलाम बनानेवाली, यह साम्यवादी पार्टी रेज़िमेंटेशन करती है। वह साहित्य का भी रेज़िमेंटेशन करना चाहती है। वह व्यक्ति–स्वातंत्र्य के विरुद्ध अधिनायकत्व के सिद्धान्त में विश्वास रखती है। साम्यवाद का विरोध एक पवित्र धर्म है। ये कुछ

बुद्धिजीवी और वह कुछ जनता इतनी बेवकूफ़ है कि उनके बहकावे में आ जाती है। वह विदेशी प्रभाव भारत में लाती है, लोगों के दिमाग़ों को ग़ुलाम बना लेती है (पश्चिमी प्रभाव भारतीय प्रभाव है, अमरीकी नीति-नियमन वस्तुतः भारतीय है। अन्तर्राष्ट्रीय साम्यवाद भारत का शत्रु है, अन्तर्राष्ट्रीय पूँजीवाद और साम्राज्यवाद भारत का अपना सगा भाई है!)।

यह एक स्पष्ट तथ्य है कि हमारे अधिकांश कवि इस राजनीति के चक्कर में नहीं हैं। मेरा उद्देश्य तो केवल यही दरशाना था कि किस प्रकार एक कला-सिद्धान्त के साथ एक समाजनीति और राजनीति लगी हुई है। किन्तु, आज की दृष्टि से सर्वाधिक महत्त्वपूर्ण तथ्य यह है कि, यद्यपि इस राजनीतिक विचारधारा का कोई विशेष प्रभाव हम पर नहीं है, फिर भी काव्य-सौन्दर्य-सम्बन्धी बहुत-सी धारणाओं का हम पर अवश्य प्रभाव है। इसलिए यह आवश्यक है कि हम उसकी जाँच करें।

[रचनाकाल अनिश्चित। सम्भवतः 1955 के बाद। नये साहित्य का सौन्दर्यशास्त्र में संकलित]

नई कविता का आत्मसंघर्ष

जब कभी कोई नई काव्य-प्रवृत्ति अथवा साहित्य-प्रवृत्ति अवतरित होती है, कला के मूल तत्त्वों के सम्बन्ध में, सिद्धान्तों के बारे में, बहस शुरू हो जाती है। यदि इस विचार-विनिमय को वास्तववादी होना है, तो उसे एक साथ दो काम करने होंगे—एक तो अपने युग-विशेष की प्रवृत्तियों को समझना होगा; दूसरे, नई काव्य-प्रवृत्ति के स्वरूप को हृदयंगम करना होगा। नई काव्य-प्रवृत्ति अभी तक पंडितों; आचार्य प्रवरों और आलोचक-वरेण्यों द्वारा हृदयंगम नहीं हो सकी है। किन्तु यह चिन्ता की बात नहीं है। चिन्ता की बात यह है कि नई काव्य-प्रवृत्ति के क्षेत्र के भीतर से ऐसी कोई आलोचना अभी नहीं उठी है जो उस प्रवृत्ति की सीमाएँ बताए और उसकी विस्तृत समीक्षा करे।

कला की वस्तु और रूप का प्रश्न आज ही क्यों उठ खड़ा हुआ? वह भी इतने ज़ोर से क्यों? संवेदनशील कवि-हृदय को उसके आस-पास की वास्तविकता के मार्मिक पक्ष गहरी चुनौती देते हैं। यह चुनौती दो प्रकार की होती है—एक, तत्त्व-सम्बन्धी; दूसरी, रूप-सम्बन्धी। आज के कवि के हृदय में तनाव भी है, घिराव भी। किन्तु कवि-हृदय फैलना चाहता है, आत्म-विस्तार करना चाहता है। फैलने की इस मनोवृत्ति के सक्रिय होते ही, उसे मानव-वास्तविकता के मूल मार्मिक पक्ष दिखाई देने लगते हैं। किन्तु कहना चाहिए कि इन मार्मिक पक्षों का संवेदनात्मक आकलन करने की सारी तत्परता होते हुए भी, अभिव्यक्ति लँगड़ा जाती है। आज की काव्य-प्रवृत्ति की मनोवैज्ञानिक धारा यदि विशुद्ध आत्मपरक भाव-धारा होती, अर्थात् अनायास प्रवाहित होनेवाले स्वच्छन्द भावों का वह प्रवाह होता, तो दिक़्क़त का सामना न करना पड़ता। किन्तु वह कविता संवेदनात्मक ज्ञान और ज्ञानात्मक संवेदनों के तीव्र मानसिक प्रतिक्रियाघातों को प्रकट करना चाहती है (वह सर्वत्र कहाँ तक सफल है, यह एक अलग प्रश्न है)। ऐसी स्थिति में, उसे न केवल अनुभूति-पक्ष के वरन् वस्तु-पक्ष के, और उससे सम्बन्धित परिज्ञान-पक्ष के, विकास की अपेक्षा है। यह सवाल, या इससे सम्बन्धित प्रश्न, कविजनों के मन में उठते रहते हैं।

किन्तु ज्ञान-पक्ष संवेदना से हटकर काव्योपयोगी नहीं रहेगा। यह तथ्य स्वीकृत करने की भी, इस बात से मुँह नहीं मोड़ा जा सकता कि आज की नई कविता के

प्रगल्भ विकास के लिए कवि की मूलभूत संवेदन-शक्ति में विलक्षण विश्लेषण-प्रवृत्ति चाहिए।

ऐसा क्यों ? इसलिए कि कविता पुराने काव्य-युगों से कहीं अधिक, बहुत अधिक, अपने परिवेश के साथ द्वन्द्व स्थिति में प्रस्तुत है। इसलिए उसके भीतर तनाव का वातावरण है। परिस्थिति की पेचीदगी से बाहर न निकल सकने की हालत में, मन जिस प्रकार अन्तर्मुख होकर निपीड़ित हो उठता है, उसे देखते हुए यह कहा जा सकता है कि आज की कविता में घिराव का वातावरण भी है।

अतएव आज की कविता, किसी-न-किसी प्रकार से, अपने परिवेश के साथ द्वन्द्व-स्थिति में उपस्थित होती है, जिसके फलस्वरूप, यह आग्रह दुर्निवार हो उठता है कि कवि-हृदय द्वन्द्वों का भी अध्ययन करे, अर्थात् वास्तविकता में बौद्धिक दृष्टि द्वारा भी अन्त:प्रवेश करे, और ऐसी विश्व-दृष्टि का विकास करे, जिससे व्यापक जीवन-जगत् की व्याख्या हो सके, तथा अन्तर्जीवन के भीतर के आन्दोलन, आर-पार फैली हुई वास्तविकता के सन्दर्भ से, व्याख्यात, विश्लेषित और मूल्यांकित हों।

तभी हम आस-पास फैली हुई मानव-वास्तविकता के मार्मिक पक्षों का उद्‌घाटन-चित्रण कर सकेंगे। माना कि यह उद्‌घाटन-चित्रण मात्र विवेचनात्मक बौद्धिक दृष्टि से ही नहीं होगा। किन्तु उस बौद्धिक प्रतिभा के फलस्वरूप संवेदनात्मक ज्ञान और ज्ञानात्मक संवेदन अधिक पुष्ट होंगे। अनुभूति को ज्ञान-प्रेरित जीवनानुभव प्राप्त होने की सम्भावना बढ़ जाएगी। इस प्रकार व्यक्तित्व अधिक सक्षम हो सकेगा।

किन्तु केवल इतना ही काफ़ी नहीं है। वैविध्यपूर्ण, स्पन्दनशील, आस-पास फैले हुए मानव-जगत् के मार्मिक पक्षों के वेदनात्मक चित्रण के लिए अभिव्यक्ति-सम्पदा भी चाहिए। केवल आत्यन्तिक तीव्र संवेदनाघातपूर्ण मानसिक प्रतिक्रिया करनेवाली काव्य-शैली को अधिक लचीली, अधिक सक्षम और सम्पन्न बनाना होगा, जिससे कि वह एक ओर कवि-हृदय की अत्यन्त सूक्ष्म संवेदनाएँ मूर्तिमान कर सके, तो दूसरी ओर, वास्तव जीवन-जगत् की लहर-लहर को हृदयंगम कर उसे समुचित वाणी दे सके। पुरानी शास्त्रीय शब्दावली में कहा जाए तो, उसे भाव-पक्ष के साथ विभाव-पक्ष का चित्रण करना होगा।

सच बात तो यह है कि आज के कवि को एक साथ तीन क्षेत्रों में संघर्ष करना है। उसके संघर्ष का त्रिविध स्वरूप यह है या होना चाहिए : (1) तत्त्व के लिए संघर्ष; (2)अभिव्यक्ति को सक्षम बनाने के लिए संघर्ष; (3) दृष्टि-विकास का संघर्ष। प्रथम का सम्बन्ध मानव-वास्तविकता के अधिकाधिक सक्षम उद्‌घाटन-अवलोकन से है। दूसरे का सम्बन्ध चित्रण-सामर्थ्य से है। और तीसरे का सम्बन्ध थियॅरी से है, विश्व-दृष्टि के विकास से है, वास्तविकताओं की व्याख्या से है। यह त्रिविध संघर्ष है।

कला-तत्त्व

कला वस्तु-तत्त्व-अन्तर्तत्त्व-व्यवस्था का ही एक भाग है। वे ऐसे अन्तर्तत्त्व हैं जो बाहर के धक्के से या उन धक्कों के संचय से उद्वेलित अर्थात् (1) तरंगायित, (2) मानसिक दृष्टि के सम्मुख उद्घाटित, (3) जीवन-मूल्यों तथा पूर्वतर अनुभवों से आलोकित, तथा (4) अभिव्यक्ति के लिए आतुर हो उठते हैं।

तरंगायित होकर जब अन्तर्तत्त्व मानसिक दृष्टि के सम्मुख उपस्थित हो उठते हैं, तभी उनमें रूप आ जाता है, अर्थात् कल्पना-बिम्ब या स्वर या प्रवाह से वे संवृत्त हो उठते हैं। कल्पना का कार्य यहीं से शुरू हो जाता है। बोध-पक्ष अर्थात् ज्ञान-वृत्ति भी यहाँ सक्रिय हो उठती है। यह उद्घाटन-क्षण है—यह कला का प्रथम क्षण है। इसके अनन्तर मानसिक दृष्टि, जो इस तत्त्व-रूप को देख रही थी, उसके रस में निमग्न सी होने लगती है। साथ ही बोध-पक्ष यानी ज्ञान-वृत्ति की सक्रियता के फलस्वरूप वह तटस्थ भी हो जाती है। वह अन्तःप्रवेश करने लगती है, साथ ही वह बाहर से पर्यवलोकन भी करती है। फलतः, एक ओर, रस का प्रवाह या भाव-प्रवाह अन्य समस्वभावी और समरूप अनुभवों को उस तत्त्व में मिला देता है, तो दूसरी ओर, हृदय में संचित जीवन-मूल्यों की, अर्थात् हमारे अन्तःकरण में स्थित आदर्शात्मक सत्ता की, भी एक धारा इस तत्त्व में मिलने लगती है। कल्पना उद्दीप्त होकर, संवेदना से आप्लुत उस मूल तत्त्व को, समरूप अनुभवों और जीवन-मूल्यों से संश्लेषित करती हुई, एक संश्लिष्ट जीवन-चित्रशाला उपस्थित कर देती है। यह कला का दूसरा क्षण है कि जिसमें हमारे वेदनात्मक हेतु और संवेदनात्मक अभिप्राय किसी व्यापक मार्मिक जीवन-महत्त्व से न्यस्त हो जाते हैं, और हमारे लिए वह आत्म-तत्त्व इतना अधिक महत्त्वमय मालूम होता है कि हम उसकी अभिव्यक्ति के लिए छटपटाते हैं। इस छटपटाहट को जब हम शब्द, रंग तथा स्वर में अभिव्यक्त करने लगते हैं, तब कला का तीसरा क्षण शुरू हो जाता है। अभिव्यक्ति के साधन, अर्थात्, भाषा, हमारे लिए सामाजिक है। इससे उसके शब्द-संयोग, भाव-परम्परा और ज्ञान-परम्परा से पूर्ण हैं। अतएव हमें अपने हृद्गत तत्त्वों को उनके मौलिक रूप-रंग और भार में स्थापित और प्रगट करने के लिए नये शब्द-संयोग बनाने या लाने पड़ते हैं। शास्त्रीय शब्दावली में कहें तो, हमें नवीन वक्रोक्तियों और भंगिमाओं का सहारा लेना पड़ता है। साथ ही, कल्पना-शक्ति भी नव-नवीन रूप-बिम्बों का विधान करती है, जिससे मनस्तत्त्व अपने मौलिक रूप-रंग में प्रकट हो सकें।

अभिव्यक्ति का संघर्ष दीर्घ होता है। कला का यह तीसरा क्षण दीर्घ होता है। उस संघर्ष में, अभिव्यक्ति के स्तर तक आते-आते, हमारे मनोमय तत्त्व-रूप बदलने लगते हैं। होता यह है कि उस संघर्ष के दौरान में भाषा के भीतर अवस्थित ज्ञान-परम्परा

और भाव-परम्परा के कारण, जो पहले से ही शब्द-संयोग बने हुए हैं, उन शब्द-संयोगों के साथ अनिवार्य रूप से जुड़े हुए जो अर्थानुषंग हैं, उन अर्थानुषंगों के प्रभाव में आकर, समशील-समरूप अर्थानुषंगों को आत्मसात् कर, मनोमय रूप-तत्त्व अपने को पुष्ट करते हैं। फलतः, वे इस हद तक बदल भी जाते हैं। जब वे अपने ख़ास साइज़ और अपनी ख़ास काट की अभिव्यक्ति पा लेते हैं, तब उनके तत्त्व और रूप पहले से बहुत कुछ बदले हुए होते हैं। सामाजिक सम्पदा होने के कारण भाषा मनोमय रूप-तत्त्वों को उनके प्रकट होने के दौरान में घटा-बढ़ा देती है, और अनजाने ढंग से उनमें नये रूप-तत्त्व ला देती है। साथ ही यह अभिव्यक्ति-संघर्ष भाषा को कुछ बदल देता है, उसे नवीन शब्द-संयोग, नवीन अर्थवत्ता और नई भंगिमाएँ और व्यंजनाएँ देता है। इस प्रकार, कलाकार भाषा का भी निर्माण करता है। अभिव्यक्ति समाप्त होते ही, उसके संघर्ष का अन्त होते ही, कला का तीसरा क्षण भी समाप्त होता है। अब कलाकृति सामने आ जाती है। अब उसमें केवल इधर-उधर कुछ शब्दों या स्वरों के फेरफार के सिवाय कुछ बाक़ी नहीं रह जाता।

यदि उपर्युक्त स्थापनाएँ सही हैं, तो उससे कई निष्कर्ष निकलते हैं। सृजन-प्रक्रिया के दौरान में काव्य के मनोमय तत्त्व और रूप स्थिर नहीं होते। वे मनोमय तत्त्व-रूप तब तक अपने को विकसित और संशोधित करते जाते हैं, अपने को पुष्ट और प्रकाशान्वित करते जाते हैं, जब तक कि अभिव्यक्ति में सम्पूर्णता आकर कला का तीसरा क्षण समाप्त न हो जाए। इसका अर्थ यह है कि जो महानुभाव आत्मोद्घाटन को ही काव्य का उद्देश्य समझते हैं, आत्म-प्रकटीकरण प्रधान मानते हैं, वे सज्जन आत्म-प्रकटीकरण की प्रक्रिया हृदयंगम नहीं कर सके हैं। कवि अपने अन्तर में व्याप्त जीवन-जगत् को प्रकट करता है। वह किसी भावोद्देश्य को प्रकट करता है, किन्तु यह भावोद्देश्य निरा व्यक्तिगत नहीं होता। सच तो यह है कि मनुष्य जब काव्य में अपने-आपको प्रकट करता है, तब वह केवल आत्म-प्रस्थापना ही नहीं करता, वरन् वह आत्म-औचित्य प्रस्थापना करता है। आत्म-औचित्य की स्थापना के द्वारा ही वह आत्म-प्रस्थापना करता है। फलतः, इस औचित्य-स्थापना की भावना से प्रेरित होकर, वह अपने भीतर जो कुछ उसका अपना विशिष्ट है, उसे सामान्य में—उस सामान्य में जिसे वह सामान्य समझता है—इतना अधिक मिला देता है, कि उस सामान्य के प्रवाह में बहकर उसका विशिष्ट आमूलाग्र बदल जाता है। और जब वह विशिष्ट सामान्य में घुल-मिलकर रूपान्तरित हो जाता है, तब कवि आह्लाद और प्रकाश का अनुभव करता है। और उसे लगता है कि उसका विशिष्ट—जो अब विशिष्ट रहा ही नहीं—बहुत ही मार्मिक महत्त्व-प्रकाश, मार्मिक महत्त्व-किरणें, विकसित कर रहा है। यह सामान्य क्या है ? वे जीवन-मूल्य हैं, वे जीवन दृष्टियाँ हैं, जो कवि ने अपने

बाह्य विस्तृत जीवन में पाई हैं। दूसरे शब्दों में, उसके अन्तर में व्याप्त ये जीवन-मूल्य और यह जीवन-दृष्टि बाह्य जीवन-जगत् का ही मनोवैज्ञानिक रूप हैं।

सृजन-प्रक्रिया के दौरान में एक विलक्षण बात घटित होती है। एक तो यह कि विशिष्ट जब सामान्य में घुलता है, तब उस विशिष्ट के कारण कवि की आत्मलीन दशा का जो संवेदनात्मक पुंज है, वह तो स्थायी रहता है, किन्तु उस बद्धता के घेरे की दीवारें टूट जाती हैं। इस प्रकार कवि-मन, संवेदनात्मक पुंज धारण करते हुए भी, जो पुंज उसकी आत्मलीन स्थिति में उद्‌बुद्ध हुए थे—सामान्य भूमि पर आकर जीवन-मूल्य और जीवन-दृष्टियों से समन्वित होने से—अपने को उन संवेदना-पुंजों से ऊपर उठा हुआ अर्थात् तटस्थ महसूस करता है, तथा वे संवेदना-पुंज जीवन-मूल्यों और जीवन-दृष्टियों से तथा पूर्वगत अनुभवों से मिलकर अपने को व्यापक महत्त्व और प्रकाश से युक्त कर लेते हैं। अतएव उन संवेदना-पुंजों में दर्शक-मन को एक अद्वितीय आनन्द प्राप्त होता है। इस प्रकार दर्शक-मन अपने को एकदम तटस्थ, तो दूसरी ओर, एकदम रसमग्न अनुभव करता है। विशिष्ट को सामान्य बनाने के हेतु, कवि-मन वेदनात्मक उद्देश्य से प्रेरित होकर निरन्तर भाव-संशोधन और भाव-सम्पादन करता जाता है। यह कवि की आन्तरिक प्रक्रिया का अंग है। सच तो यह है कि कविता एक सांस्कृतिक प्रक्रिया है।

अभिव्यक्ति प्राप्त होने पर, भाव-पक्ष का सामान्यीकरण हो जाता है। सृजन-प्रक्रिया के अन्तर्गत विशिष्ट को सामान्य बनाने की यह क्रिया तभी से शुरू हो जाती है, जब कवि कला के प्रथम क्षण में अन्तर-नेत्रों से उस तत्त्व को देखने लगता है, कि जो तत्त्व उन अन्तर-नेत्रों के सामने तरंगायित और उद्‌घाटित हो उठता है। आगे चलकर, समरूप अनुभवों से मिलते हुए, वह मनोमय तत्त्व जब जीवन-मूल्यों और जीवन दृष्टियों से अपना संगम करता है, तब वह और भी सामान्य हो उठता है। प्रश्न यह है कि वे जीवन-मूल्य और जीवन दृष्टियाँ किसकी हैं? (केवल व्यक्ति की तो वे हो ही नहीं सकतीं)। वह सामान्य भूमि किसकी है? यह प्रश्न स्वाभाविक है। यह प्रश्न हमें समाजशास्त्रीय आलोचना की ओर ले जाता है। आगे चलकर जबकि कवि अपने मनोमय तत्त्व-रूप को बाह्य अभिव्यक्ति के साँचे में ढालने लगता है, या जब वह बाह्य अभिव्यक्ति को अन्तर-अभिव्यक्ति (मनोमयतत्त्वात्मक रूप) से साइज़ की, काट की, रंग की, बनाने लगता है, तब उसकी आँखों के सामने जो सौन्दर्य-प्रतिमान होता है, वह सौन्दर्य-प्रतिमान किस सौन्दर्याभिरुचि ने, किस वर्ग की सौन्दर्याभिरुचि ने, उत्पन्न किया है, यह प्रश्न स्वाभाविक हो उठता है। सौन्दर्याभिरुचि यदि मात्र व्यक्तिजन्य होती तो बात अलग थी। किन्तु सौन्दर्याभिरुचि का वह फ्रेम, मात्र व्यक्तिजन्य नहीं है। अतएव यह प्रश्न बिलकुल स्वाभाविक है कि उस वर्ग ने सौन्दर्याभिरुचि के उस फ्रेम का विकास

किया तो क्यों किया, उसका औचित्य क्या है, सीमाएँ क्या हैं, आदि-आदि।

ध्यान रहे कि सौन्दर्याभिरुचि अपनी रक्षा के लिए सेंसरों का भी विकास करती है। प्रश्न यह है कि सेंसर किन मनस्तत्त्वों के विरुद्ध हैं, क्यों हैं, क्या इसका विश्लेषण आवश्यक नहीं है ? उदाहरण के लिए, आज की नई कविता में कर्कश विद्रोह-स्वर, अथवा गली-कूचों की धूल और मिट्टी की व्यंग्य-तस्वीर, अथवा क्रान्तिकारी चंडता सौन्दर्यजनक नहीं समझी जाती। भद्रवर्ग की बैठक में सुनाई गई ऐसे भावोंवाली कविताओं के प्रति प्रतिष्ठित महारथियों ने अविश्वास-अरुचि और वैराग्य ही प्रकट किया। उन्होंने बार-बार यह कहा कि उन्हें प्रतीत नहीं होता कि वह स्वर वस्तुतः आत्मानुभूति है; अर्थात्, उन्होंने उस पर अविश्वास किया। दूसरे शब्दों में, नई कविता ख़ास काट की, ख़ास शैली की होने के अलावा कुछ विशेष विषयों और मनस्तत्त्वों तक ही सीमित रहनी चाहिए। स्पष्ट है कि उनकी सौन्दर्याभिरुचि एक विशेष वर्ग की है, जिस विशेष वर्ग ने विशेष वर्गस्थिति में ही उस विशेष सौन्दर्याभिरुचि का अंगीकार किया है। और उस अभिरुचि के अन्तर्गत सेंसर काफ़ी सक्रिय है। उच्च-मध्यवर्गीय सौन्दर्याभिरुचि के अधीन हो निम्न-मध्यवर्गीय कविजन, जाने-अनजाने, उस फ़्रेम के कारण सेंसर लगाते रहते हैं, और इस प्रकार अपने मानव-स्पन्दन और मर्मानुभव काटते रहते हैं। निस्सन्देह, सौन्दर्याभिरुचि और उसके अधीनस्थ सेंसर के विशेषण के सिलसिले में हमें उस सौन्दर्याभिरुचि और सेंसर की सामान्य भूमि, अर्थात् वर्गीय भूमि, तक पहुँचना ही पड़ता है।

सच तो यह है कि काव्य की विशिष्ट और सामान्य भूमियों को पूर्णतः समझने का अभी प्रयास नहीं किया गया है, अथवा उन उपायों में सर्वांगीण पूर्णता नहीं आ पाई है। जो हो, यह सही है कि कविता में कवि का आत्मोद्‌घाटन उतना विश्वसनीय नहीं है, जितनी कि उसकी सामान्य भूमि।

सृजन-प्रक्रिया के उपर्युक्त विश्लेषण से जो दूसरा महत्त्वपूर्ण निष्कर्ष निकलता है, वह यह है कि यदि कलाकार के तीनों क्षण पूर्ण न हुए, या उनमें शिथिलता आई, तो कविता सुन्दर नहीं होगी। उसके तत्त्वों में निखार नहीं आएगा। जो कविताएँ दुर्बोध हो जाती हैं, उन कविताओं में मन रस-मग्नता के साथ-ही-साथ पर्यालोचनपूर्ण तटस्थता का निर्वाह नहीं कर पाता। तटस्थता के पूर्ण निर्वाह के अभाव का प्रमुख कारण यह है कि वह अपनी वेदनाओं को जीवन-मूल्यों और जीवन-दृष्टियों के प्रकाश में नहीं देख रहा है, कि वह अभी भी व्यक्तिबद्ध है, आत्मग्रस्त है। वे दृष्टियाँ और वे मूल्य उसके सम्बन्धित तत्त्वों का अंग नहीं बनी हैं, उनका सामाजीकरण नहीं हुआ है। मैं कला के दूसरे क्षण की बात कर रहा हूँ। फलतः, कवि अपने आत्मलीन भाव को तो देख पाता है, किन्तु उनको पूर्वगत अनुभवों से प्रकाशित और जीवन-

मूल्यों से समन्वित करनेवाली जीवन-दृष्टि से एकात्म नहीं कर पा रहा है। इस सामान्य भूमि पर खड़े होकर वह तटस्थ हो सकता है। जब तक उसकी वेदना व्यापक मार्मिक अर्थ नहीं देती, तब तक कला का दूसरा क्षण सिद्ध-सम्पन्न ही नहीं हो सकता। संक्षेप में, वह उस सामान्य भूमि और अपनी विशिष्ट अनुभूति को समन्वित और एकात्म नहीं कर पाता। फलत:, वह मात्र आत्मग्रस्त होकर रह जाता है। इसके विपरीत, जिन कवियों के पास अपने संवेदन शिथिल हैं, वे शीघ्र ही तटस्थ हो जाते हैं, अपने से वे जल्दी मुक्ति प्राप्त कर लेते हैं, किन्तु मनोमय तत्त्व में संवेदनात्मक आनन्द प्राप्त होने की दशा क्षीण होने के कारण, वे उस मनोमय तत्त्व के संवेदन-पुंजों को ही ग्रहण नहीं कर पाते। फलत: उनकी कविता रिक्त रह जाती है, शुष्क हो जाती है। मनोमय तत्त्व के संवेदन-पुंजों को प्राप्त करना कवि का आद्य-प्राथमिक कर्तव्य है। वे उसे ही भूल जाते हैं। सच तो यह है कि कवि सृजन-प्रक्रिया के दौरान में निराला जीवन जीता है। उस जीवन को उसे ईमानदारी से आग्रहपूर्वक ध्यानशील होकर जीना चाहिए। नहीं तो बीच-बीच में साँस उखड़ जाएगी और उसके फलस्वरूप काव्य में खोट पैदा होगी।

सृजन-प्रक्रिया के उपर्युक्त विश्लेषण से एक तीसरा निष्कर्ष निकलता है। वह यह है कि कवि की संवेदन-क्षमता, कल्पना की संश्लेषण-शक्ति और बुद्धि की विश्लेषण-शक्ति, इन तीनों में से कोई भी बात कमज़ोर हुई, तो मनोमय तत्त्व-रूप अपनी-अपनी सही-सही ऊँचाई को नहीं प्राप्त कर सकेगा। इसके साथ अभिव्यक्ति सामर्थ्य को भी जोड़िए। अभिव्यक्ति-सम्पदा की प्राप्ति के लिए निरन्तर संघर्ष आवश्यक है। यह प्रयत्नसाध्य है और अभ्यासवश है।

हमारे जन्मकाल से ही शुरू होनेवाला हमारा जो जीवन है, वह बाह्य जीवन-जगत् के आभ्यन्तरीकरण द्वारा ही सम्पन्न और विकसित होता है। यदि वह आभ्यन्तरीकरण न हो तो हम कृमि—पानी का जीव हायड्रा—बन जाएँगे। हमारी भाव-सम्पदा, ज्ञान-सम्पदा, अनुभव-समृद्धि उस अन्तर्तत्त्व-व्यवस्था ही का अभिन्न अंग है, कि जो अन्तर्तत्त्व-व्यवस्था हमने बाह्य जीवन-जगत् के आभ्यन्तरीकरण से प्राप्त की है। हम मरते दम तक जीवन-जगत् का आभ्यन्तरीकरण करते जाते हैं। किन्तु साथ ही, बातचीत, बहस, लेखन, भाषण, साहित्य और काव्य द्वारा हम निरन्तर स्वयं का बाह्यीकरण करते जाते हैं। बाह्य का आभ्यन्तरीकरण और आभ्यन्तर का बाह्यीकरण एक निरन्तर चक्र है। यह आभ्यन्तरीकरण तथा बाह्यीकरण मात्र मननजन्य नहीं वरन् कर्मजन्य भी है। जो हो, कला आभ्यन्तर के बाह्यीकरण का एक रूप है।

बातचीत, बहस, भाषण, लेखन, चित्रकला, काव्य-साहित्य, आदि द्वारा हम बाह्य जीवन-जगत् के साथ या तो सामंजस्य उत्पन्न करते हैं (या उस सामंजस्य के

अनुकूल प्रस्तुत होते हैं), अथवा उसके साथ हम द्वन्द्व में उपस्थित होते हैं। काव्य भी या तो बाह्य जीवन-जगत् के साथ सामंजस्य में या उसके अनुकूल उपस्थित होता है, अथवा उसके साथ द्वन्द्व रूप में प्रस्तुत होता है, अथवा काव्य-प्रवृत्ति (बातचीत, भाषण, लेखन, के समान ही) एक स्तर या क्षेत्र में सामंजस्य, और दूसरे स्तर या क्षेत्र में द्वन्द्व, को लेकर प्रस्तुत होती है। संक्षेप में, आभ्यन्तर या बाह्यीकरण, विश्वव्यापी सामंजस्य या द्वन्द्व अथवा दोनों के भिन्न रूप में उपसिथत होता है। कला इस नियम का अपवाद नहीं है।

आज की कविता में उक्त सामंजस्य से अधिक द्वन्द्व ही है। इसलिए उसके भीतर तनाव या घिराव का वातावरण है। आज का पद्याभास गद्य, मुख्यत:, यह बात व्यक्त करता है कि इसमें सुमधुर लयात्मक किन्तु गणितंत्रीय छन्दों का स्थान नहीं। संक्षेप में, इस पार्श्वभूमि को देखकर ही वर्तमान कविता की विवेचना होनी चाहिए।

किन्तु, आवश्यकता इस बात की है कि हम इस द्वन्द्व को पूर्णत: समझें और तदनुसार अनुभव-समृद्धि बढ़ाएँ। मेरा अपना मत है कि हमारे साहित्य-चिन्तन या कलात्मक दृष्टि का विकास तभी होगा, जब हम वास्तविक जीवन में व्यापक तथा विविध जीवनानुभवों से सम्पन्न होंगे, तथा हम विक्षुब्ध उत्पीड़ित मानवता के (वायवीय नहीं, पूर्ण) आदर्शों से एकात्म होंगे। इसके बिना तत्त्व-समृद्धि और तत्त्व-परिष्कार की समस्या अधूरी ही रह जाएगी। लेकिन पता नहीं क्यों, मुझे यह विश्वास है कि नई काव्य-प्रवृत्तियाँ चाहे वे गीत-रूप में ही क्यों न आएँ—उक्त कार्य कर सकेंगी।

वास्तविक जीवन-जगत् के मार्मिक पक्षों को प्रकट करने के लिए, दूसरे शब्दों में, हमारे आभ्यन्तर में व्याप्त वास्तविक जीवन-जगत् के मार्मिक पक्षों की अभिव्यक्ति के लिए, हमें कुछ ख़तरों से सावधान रहना होगा।

कुछ ख़तरे

एक ख़तरा है जड़ीभूत सौन्दर्याभिरुचि का। नई काव्य-प्रवृत्ति के क्षेत्र के कुछ महान व्यक्ति, अपनी वर्गीय अभिरुचि के फलस्वरूप, सौन्दर्य का जो प्रतिमान हमारे सामने रखते हैं, उसमें जब तक व्यापक संशोधन नहीं होगा, तब तक हम अपने ही जीवन-अनुभवों का पूर्ण और प्रभावशाली चित्र उपस्थित नहीं कर सकते। जो काव्यात्मक व्यक्तित्व एक बन्द सन्दूक (क्लोज़्ड सिस्टम) बनाता है ('तुम नहीं व्याप सकते, तुममें जो व्यापा है, उसी को निबाहो'), वह जड़ीभूत सौन्दर्याभिरुचि ही प्रस्तुत कर रहा है। इस तरह की जड़ीभूत सौन्दर्याभिरुचि के फलस्वरूप ही, कुछ साहित्यिक समाजशास्त्री अपने ढर्रे के बाहर के क्षेत्र में प्रचलित नई काव्य-समृद्धि में विद्रूपता के अतिरिक्त कुछ नहीं देखते। यदि हमें वैविध्यपूर्ण, परस्पर द्वन्द्वमय, मानव-जीवन

के (अपने अन्तर में व्यापित) मार्मिक पक्षों का वास्तविक प्रभावशाली चित्रण करना है, तो हमें जड़ीभूत सौन्दर्याभिरुचि और उसके सेंसर त्यागने होंगे, तथा अनवरत रूप से अपने ढाँचों और फ़्रेमों में संशोधन करते रहना होगा। मनुष्य-जीवन का कोई अंग ऐसा नहीं है जो साहित्याभिव्यक्ति के अनुपयुक्त हो। जड़ीभूत सौन्दर्याभिरुचि एक विशेष शैली को दूसरी विशेष शैली के विरुद्ध स्थापित करती है। गीतों का नई कविता से कोई विरोध नहीं है, न नई कविता को उसके विरुद्ध अपने को प्रतिष्ठापित करना चाहिए। आवश्यकता इस बात की है कि जीवन में नये तत्त्व आएँ, न कि [किसी] काव्य-शैली की धारा की समाप्ति हो। किन्तु जड़ीभूत सौन्दर्याभिरुचि ज़बर्दस्ती का विरोध पैदा करा देगी। वह स्वयं अपनी धारा का विकास भी कुंठित करेगी, साथ ही पूरे साहित्य का।

नई कविता के विभिन्न कवियों की अपनी-अपनी विशेष शैलियाँ हैं। इन शैलियों का विकास अनवरत है। आगे चलकर जब वे प्रौढ़तर होंगी, नई कविता विशेष रूप से ज्योतिर्मान होकर सामने आएगी। साथ ही, नई कविता में स्वयं कई भाव-धाराएँ हैं, एक भाव-धारा नहीं। इनमें से एक भाव-धारा में प्रगतिशील तत्त्व पर्याप्त हैं। उनकी समीक्षा होना बहुत आवश्यक है। मेरा अपना मत है, आगे चलकर नई कविता में प्रगतिशील तत्त्व और भी बढ़ते जाएँगे और वह मानवता के अधिकाधिक समीप आएगी।

[कृति : फरवरी, 1960 में प्रकाशित। नई कविता का आत्मसंघर्ष में संकलित]

नई कविता की अन्तःप्रकृति : वर्तमान और भविष्य

नई काव्य-धारा के सम्बन्ध में न मालूम कितनी ही बार विस्तारपूर्वक चर्चा हो चुकी है। पत्र-पत्रिकाओं में लेख इत्यादि के प्रकाशनों के साथ-ही-साथ अब तो पुस्तकें भी निकल आई हैं। अनेक लेखकों ने अपनी बातें समझ-समझाकर पाठकों के सामने उपस्थित की हैं। नई काव्य-धारा अब हिन्दी साहित्य-क्षेत्र में प्रधान धारा बन उपस्थित हुई है। यही नहीं, अब वह कहानी-साहित्य को भी प्रभावित कर रही है। नई कहानी नामक जो एक नये ढंग की कहानी हिन्दी साहित्य-क्षेत्र में आ रही है, वह एक तरह से, कहा जाए तो, नई कविता की देखा-देखी, या उससे किसी-न-किसी प्रकार से प्रेरित, नई कहानी है।

लेकिन, बावजूद इसके, नई कविता का विरोध अभी भी होता रहता है। यह विरोध कभी दबे और कभी खुले स्वर से, कभी आदर्श के नाम से तो कभी काव्य-भाषा के नाम से, होता ही आया है। अभी भी वह जारी है।

इसके पहले कि हम इस विरोध के रुख़ को जानें, यह आवश्यक है कि हम सरसरी तौर पर नई काव्य-प्रवृत्ति के अन्तःस्वरूप को पहचानने की कोशिश करें।

सबसे पहली बात जो जानने की है, वह यह कि आज की सभ्यतावस्था में, आज की समाजावस्था में, जो जीवन-प्रसंग उपस्थित होते हैं, जो वास्तविक अनुभूतियाँ हमें होती हैं, जो वास्तविक अनुभव हमें होते हैं, वे बार-बार उत्पन्न ऐसी संवेदनात्मक प्रतिक्रियाएँ हैं जो हम अपनी परिस्थिति और परिवेश के साथ किया करते हैं। ये संवेदनात्मक प्रतिक्रियाएँ वास्तविक जीवन-प्रसंगों में होने के कारण मूर्त होती हैं। और उनके सन्दर्भ का एक सूत्र परिस्थिति और परिवेश में होता है, तो उसी सूत्र का दूसरा छोर मानव-अन्तःकरण में होता है। इस तथ्य को हमें भूलना नहीं है कि ये प्रतिक्रियाएँ वास्तविक जीवन-प्रसंगों में वास्तविक परिवेश के प्रति वास्तविक मानव-अन्तःकरण में उत्पन्न होती हैं।

लेखक या तो इन मूर्त संवेदनात्मक प्रतिक्रियाओं को वयक्त करता है, अथवा हृदय में संचित इन संवेदनात्मक प्रतिक्रिायाओं के पुंजों को, उनके सामान्यीकरणों को, इन संवेदनात्मक प्रतिक्रियाओं से उत्तेजित स्वप्नों को, अथवा इन संवेदनात्मक

प्रतिक्रियाओं द्वारा प्रेरित अन्य भावों या विचारों को, काव्य में व्यक्त करता है। चाहे वह विचार व्यक्त करे, चाहे भाव, अथवा कोई कल्पना-चित्र या स्वप्न ही उपस्थित क्यों न करे, उसका मूल आधार, उसका प्रेरणात्मक तत्त्व, और उसका रूप और आकार, उसके ताने-बाने, उसके अन्तःसूत्र, उन संवेदनात्मक प्रतिक्रयाओं से बने होते हैं, जो संवेदनात्मक प्रतिक्रियाएँ मनुष्य आज की समाजावस्था के अन्तर्गत जीवन-प्रसंगों और जीवन-स्थितियों में प्राप्त वास्तविक परिवेश और वास्तविक परिस्थितियों के प्रति किया करता है। दूसरे शब्दों में, नई काव्यधारा का प्राण है वास्तविक संवेदनात्मक और बौद्धिक समसामयिकता।

आज के कवि के अन्तःकरण में जो कड़ुआहट, दुःखानुभव, आत्मग्लानि, सौन्दर्यासक्ति, आलोचनशील आदि-आदि भाव हैं, वे सब आधुनिक समाजावस्था के अन्तर्गत उपस्थित जीवन-प्रसंगों में, अर्थात् वास्तविक और परिस्थिति के प्रति, संवेदनात्मक प्रतिक्रियाओं के पुंज हैं, अथवा उनके आधार पर किये गए समान्यीकरण हैं। उनमें जो भाव-दृष्टि प्रकट होती है, वह भाव-दृष्टि उस संवेदनात्मक स्थिति में पड़े हुए मनुष्य की भाव-दृष्टि है। इसी को बहुत-से लोग आधुनिक भाव-बोध भी कहते हैं।

किन्तु, आधुनिक भाव-बोध की जिस ढंग से परिभाषा की गई है, उससे सबका सहमत होना कठिन हो जाता है। यह क्यों है, किस प्रकार है, यह आगे बताया जाएगा।

नई काव्य-प्रवृत्ति की दूसरी विशेषता है पुरानी काव्य-भाषा का त्याग, और ऐसी सामान्य भाषा का प्रयोग जिसका उपयोग बातचीत में किया जाता है। छायावादी काव्य-भाषा लाक्षणिक और अलंकरण-प्रधान थी। उसका प्रयोग शिक्षित समुदायों के वार्तालाप में नहीं होता था। न इस समय होता है। सामान्य बातचीत में साधारण रूप से जिन शब्दों का प्रयोग होता है, वे सब नई कविता में ग्राह्य हो सकते हैं, बशर्ते कि काव्यात्मक अर्थद्योतन की क्षमता रखते हों। ऐसा क्यों ? सामान्य वार्तालाप या चर्चा या बातचीत की भाषा का ही प्रयोग क्यों ?

इसका कारण यह है कि संवेदनात्मक प्रतिक्रियाएँ जो मन में उठती हैं, वे किसी काव्य-भाषा के वस्त्र पहनकर नहीं आतीं। काव्य-भाषा का आदर्श तो यह होना चाहिए कि वह उत्तेजित शारीरिक चेष्टा के रूप-जैसी ही प्रत्यक्ष प्रतीत हो। चूँकि यह सब विषयों में सर्वत्र सिद्ध नहीं हो सकता, इसलिए स्वर को साधा जाना चाहिए। स्वर को साधा भी जाता है। स्वर का अर्थ है लहजा। नई काव्य-प्रवृत्ति की काव्य-भाषा यद्यपि बातचीत के बहुत निकट आ गई है, किन्तु यह नैकट्य काव्यात्मकता के त्याग अथवा भावना की शिथिलता के कारण यदि उत्पन्न है तो वह निःसन्देह निरर्थक है। ऐसी कविता में संवेदनाघात नहीं होगा। ध्यान में रखने की बात है कि

नई काव्य-भाषा में सामान्य वार्तालाप की भाषा के प्रयोग का अर्थ यह नहीं होता कि उसमें संस्कृत शब्दों का त्याग हो, न वैसा माना ही जाता है।

नई कविता की काव्य-भाषा भी अभी भी विकासावस्था में है। इसीलिए अनेक प्रकार के भाषा-रूप हमें उसमें दिखाई देते हैं। महत्त्व की बात केवल इतनी ही है कि पुरानी भावुकता-प्रधान अलंकृति-मूलक काव्य-भाषा का प्रयोग खप नहीं सकता। उसका सबसे बड़ा कारण यह है कि पुराने काव्य में हमें भावना की अतिशयोक्ति और भावों की अतिरंजना दिखाई देती है। इसके विपरीत, संवेदनात्मक प्रतिक्रियाएँ विशेष मात्रा और विशेष अनुपात में होती हैं। उसी मात्रा और अनुपात के शब्दाघात करना आवश्यक है। मात्रा और अनुपात का सही-सहीपन अत्यन्त महत्त्व की बात है।

अब आप छन्दों पर आइए। नई कविता का प्रयोगवादी कविता में नियम-बद्ध छन्दों का प्रयोग कम होता है। इसका अर्थ यह नहीं कि इस काव्य-प्रवृत्ति में छन्दों का निषेध है। इस धारा के अन्तर्गत अनेक कविताएँ छन्दोबद्ध हैं। ध्यान में रखने की बात है कि उसमें गीत भी लिखे गए हैं। गीत-काव्य का निषेध उसमें नहीं है। अनेक नये कवियों में गीतात्मकता है। मुक्त छन्द प्रसाद और निराला ने भी ख़ूब लिखे। यहाँ तक कि पद्याभास गद्य भी हमें निराला में मिलता है।

तारसप्तक वालों ने छायावादियों के इस नये छन्द-प्रयोगों की स्वाधीनता का पूरा लाभ उठाया। आगे चलकर मुक्त छन्द को ही नये कवियों ने पद्याभास गद्य का रूप दिया। पद्याभास गद्य का प्रचार इतना क्योंकर हुआ?

सबसे पहले तो यह बात दूँ कि पद्याभास गद्य में बाह्य-परिवेश से की जानेवाली संवेदनात्मक प्रतिक्रियाओं और भाव-प्रतिक्रियाओं को उनके सहज प्रवाही और पूर्ण रूप में उपस्थित किया जा सकता है। पद्याभास गद्य में, काव्य उसी प्रकार पढ़ा जाना चाहिए जिस प्रकार गद्य। हमारे यहाँ छन्द की भाषा गद्य की भाषा-जैसी नहीं पढ़ी जा सकती। अगर आप दोनों की तुलना कर देखें तो आपको स्पष्ट भेद मालूम होगा। धारणा यह है कि गद्य की भाषा अधिक स्वाभाविक है, उसमें भाषा का स्वाभाविक स्वर, उसका लहज़ा, उच्चारण-विधि, इन सबकी समुचित रक्षा होती है।

ये सब बातें मैंने आपके सामने परिचयात्मक रूप से ही रखी हैं। मैं आपके सामने जो बातें विशेष रूप से रखना चाहता हूँ, वे आगे आएँगी। यह सबको मालूम है कि बाह्य परिस्थिति या परिवेश से की गई संवेदनात्मक प्रतिक्रियाएँ और उनका सामान्यीकरण नव-काव्य में व्यक्त होता है। इसीलिए उसमें एक गहरी सम-सामयिकता है।

इस बात को मैं अब दूसरे ढंग से कहना चाहता हूँ। संसार को, जीवन-जगत् को देखने की छायावादी दृष्टि में हमें अतिशय भावुकता और आध्यात्मिकता के

दर्शन होते हैं। छायावादी काव्य-दृष्टि भावुकता-प्रधान है, अत्यधिक भावुकता-प्रधान। इसके विपरीत, नई काव्य-दृष्टि में हमें तथाकथित बौद्धिक दृष्टि दिखाई देती है। यहाँ 'बौद्धिक' शब्द भ्रामक है। वस्तुतः, नई काव्य-दृष्टि में हमें व्याख्यात्मक, विवेचनात्मक, विश्लेषणात्मक तत्त्व बहुत कम दिखाई देते हैं। इसलिए, मेरा अपना यह ख़याल है कि नई काव्य-दृष्टि को हम बौद्धिक नहीं कह सकते। यह सोचना ग़लत है कि जहाँ भावुकता का अर्थात् भावात्मक व्याकुलता का अभाव है, वहाँ बौद्धिकता है। बौद्धिकता, वस्तुतः, ज्ञान-दृष्टि है। ज्ञान में तथ्य-बोध, विवेचन, विश्लेषण और मूल्यांकन होता है।

[अपूर्ण। रचनाकाल अनिश्चित। सम्भवतः 1959 के बाद]

नई कविता : निस्सहाय नकारात्मकता

नई कविता के वर्तमान स्वरूप के प्रति कइयों में असन्तोष है—स्वयं उन बहुत-से कवियों में भी, जो इस धारा के अंग हैं। ऐसी स्थिति में यह स्वाभाविक ही है कि इस धारा का विश्लेषण-विवेचन ख़ास वे लोग करें, जो एक ओर तो इस धारा के अंग हैं तो दूसरी ओर उससे असन्तुष्ट भी हैं। असन्तोष प्रगति का लक्षण माना जाता है, किन्त वह उसका वास्तविक लक्षण तो तब सिद्ध होगा, जब प्रगति वस्तुतः हो, होकर रहे।

काव्य का उन्नयन और विकास, निःसन्देह, एक जटिल प्रक्रिया है। केवल कवि-प्रतिभा पर ही काव्य की उन्नति निर्भर नहीं है। हाँ, उसकी उन्नति के लिए जो तत्त्व आवश्यक होते हैं, उनमें कवि की क्षमता भी एक तत्त्व है, किन्तु केवल वही पर्याप्त नहीं होता। उदाहरणार्थ, पश्चिमी जगत् की द्वितीय युद्धोत्तर कविता में यद्यपि नया मोड़ आया है, फिर भी द्वितीय युद्ध के पूर्व उसकी जो उठान थी, उसकी ऊँचाई तक वर्तमान काव्य नहीं पहुँचा है—यह विज्ञों की राय है। सम्भव है, अनेक अन्य 'विज्ञ' इस बात को काटने के लिए कुछ युक्तियाँ और प्रमाण प्रस्तुत करें। किन्तु यह निश्चित तथ्य है कि काव्य-साहित्य की उन्नति उत्तरोत्तर और अनवरत होती जाए, यह अनिवार्य नियम नहीं है।

हिन्दी के वर्तमान काव्य-साहित्य के प्रति कुछ लोगों में जो असन्तोष है, उसे देखकर यह कहना पड़ता है कि यह असन्तोष इसलिए है कि काव्य में जो कुछ वे कहना या देखना चाहते हैं, वह प्रकट नहीं होता है या नहीं हो पाता। कोई चीज़ कहीं खो गई है, गुम गई है। जो बुनियादी है, बुनियादी होकर सताती है, वह नहीं मिल पाती। उच्छ्वास की कमी नहीं, वातावरण-चित्रण, प्रतीकात्मक भाव-व्यंजना, अनूठी शैली—जी हाँ, सब कुछ है, किन्तु जीवन का जो मूल सत्य है, वह तिरोहित है। शायद, सत्य है भी कि नहीं, इसमें सन्देह है; किन्तु असत्य भी जीवन का सत्य है, वह पूर्णतः चित्रित हो। सो, वह भी नहीं। एक निःसहाय नकारात्मकता, अथवा, अधिक-से-अधिक, जीवन के छिटपुट चित्र, जिससे कभी आलोचनात्मकता है तो कभी औदासीन्य का कलुष। इस स्थिति के विरुद्ध, काव्य-स्थिति के विरुद्ध, स्वयं कवि ही विद्रोह कर

उठता है (भले वह उसे कहे या न कहे)। हाँ, यह सही है कि जीवन के इन छिटपुट चित्रों में भी काव्य-गम्भीरता है तथा सचाई होती है (नहीं भी होती है)। फिर भी उससे सन्तोष नहीं हो पाता। कुछ और चाहिए, और, और!—वह चाहिए जो जीवन को उसकी समग्रता में, उसकी सारी विशेषताओं सहित, प्रकट करे। केवल छिटपुट प्रयत्नों में (और उसकी वाहवाही में) अब मज़ा नहीं आता।

इसलिए कुछ लोग 'खोज' पर विश्वास करते हैं। सतत अन्वेषण, सतत अनुसन्धान के पथ का नाम लेनेवाले लोग कम नहीं। किन्तु अनुसन्धान और अन्वेषण का थियॅराइज़ेशन (केवल विचारणा, केवल सिद्धान्त-स्थापना) ही किया जाता है। अधिक-से-अधिक, वह आत्मान्वेषण और आत्मानुसन्धान बनकर रह जाता है, जिसके आवेग में दो-चार, पाँच-दस, दस-बीस कविताएँ बनाकर मामला ठप्प हो जाता है। और ऐसी कविताओं में आवृत्ति, पुनरावृत्ति, आवृत्ति-पुनरावृत्ति। फिर वही दुश्चक्र चालू। संक्षेप में, एक घेरा बन गया है, उसमें से निकलना मुश्किल है।

इस प्रकार के या ऐसे ही किसी अन्य प्रकार के विचार सुनने का अवसर मिला करता है। बहुत-से लोग पश्चिमी काव्याभ्यासी होकर अनुवाद-कार्य में इसलिए तल्लीन हैं कि उस अभ्यास के द्वारा उन्हें नई अभिव्यक्ति प्राप्त हो सकेगी। ऐसे कवियों के मन में यह भाव प्रधान हो उठा है कि अभिव्यक्ति-शैली प्राप्त करने से हमारी कुछ कमियाँ दूर हो सकेंगी। अतएव, अनुवाद-कार्य काव्याभ्यास का आवश्यक अंग माना जा रहा है।

इस सम्बन्ध में भी कुछ विचार हो जाए। पहली बात तो यह है कि मनुष्य का कोई सच्चा श्रम अकारथ नहीं जाता। इसलिए काव्यानुवाद का भी नि.सन्देह, अपना एक महत्त्व है। सन्त रामदास ने कवि को शब्दों का ईश्वर कहा था। किन्तु हमारे प्राचीन सिद्धान्त-शास्त्री प्रतिभा के अतिरिक्त निपुणता और अभ्यास को महत्त्व देते आए हैं। आज के युग में, जबकि परिवर्तन की गति द्रुततर है, जबकि जगत् अधिकाधिक परस्पर-सम्बद्ध और संक्षिप्त होता जा रहा है, जबकि घटनाओं का वेग तीव्र होकर सामाजिक जीवन में तरह-तरह की ध्वनि-प्रतिध्वनियाँ उत्पन्न कर रहा है, जबकि मन में तरह-तरह के घात-प्रतिघात हो रहे हैं, जबकि व्यक्ति-जीवन में भाँति-भाँति के उत्तरदायित्व प्रधान हो रहे हैं, सामाजिक जीवन जटिल होकर कर्तव्य-भावना ग्रन्थिल हो गई है— तो ऐसी स्थिति में मन के भीतर जो उद्वेग है, जो एकालाप है, जो सुर है, उसकी प्रभावमय अभिव्यक्ति के लिए नि:सन्देह शब्द-सम्पदा चाहिए, अभिव्यक्ति का अभ्यास चाहिए। यदि विदेशी स्रोतों से सहायता मिल सकती हो तो उसे लेने में मुझे कोई हर्ज़ नहीं दीखता।

किन्तु (और यह बहुत बड़ा किन्तु है), यह विदेशी सहायता भारतीय जीवन का, हमारे अन्तर्जीवन का, कवि-जीवन का, स्थान ग्रहण नहीं कर सकती, हमारे मूल उद्वेगों

का स्थान नहीं ले सकती, हमारी जीवन-दिशा का स्थान नहीं ले सकती। वह तभी स्वीकरणीय या अस्वीकरणीय है जबकि हम अपने वस्तु-तत्त्व से पूर्णतः सचेत हों। अपनी भाषा, अपना इतिहास, अपनी संस्कृति और साहित्य के तीव्र रासायनिक द्रव में गलकर ही, उससे एकीभूत होकर ही और विश्व-जीवन की विकिरणशील किरणों से शोधित होकर ही, हमारे वस्तु-तत्त्व जब निखर उठें, तब उस वस्तु-तत्त्व के आग्रहों और अनुरोधों को पूरा करने के लिए ही वह सहायता आवश्यक है। वह ज़रूर ली जानी चाहिए। यदि हमारी ऐसी स्थिति नहीं है, तो निःसन्देह वह सहायता प्रतिकूल है। निष्कर्ष यह है कि मुख्य प्रश्न जीवन-चेतना का प्रश्न है, न कि अभिव्यक्ति-सम्पदा के अन्वेषण का।

यह बिलकुल सही है कि कवि को पंडित, आचार्य या सम्पादक होने की आवश्यकता नहीं है, उसके काव्य का सौन्दर्य, उसके पांडित्य और आचार्यत्व पर निर्भर न होकर, उसकी भाव-समृद्धि और अभिव्यक्ति-क्षमता पर निर्भर है। किन्तु मुख्य बात यह है कि भाव-समृद्धि और अभिव्यक्ति-क्षमता, दोनों एकीभूत संघनित स्थिति में बहुत कम पाई जाती है। अगर सचमुच वैसा होता तो क्या बात थी! शायद इसीलिए सतत अभ्यास की आवश्यकता है। किन्तु इसके तथा अन्य बातों के अतिरिक्त, काव्य-सौन्दर्य के लिए एक और चीज़ की ज़रूरत है। वह है सौन्दर्य की थियॅरी।

आप मानिये न मानिए, मेरा तजुर्बा यह है कि रचनाकार के मन में सौन्दर्य का कोई नमूना, कोई डिज़ाइन, कोई पैटर्न होता ज़रूर है। लेखक यह कोशिश करता है कि उसकी कृति नमूने के समीपतर हो। इसी बात को मैं दूसरे शब्दों में कहता हूँ। सौन्दर्य-सम्बन्धी कोई कल्पना-कृति है जिसे हम यदि वैचारिक शब्दावली में कहें तो थियॅरी कह सकते हैं। यह सच है कि कवि रचना करते समय उससे इस प्रकार सचेत नहीं रहता, मानो वह कोई बाह्य चित्र हो या बाह्य सिद्धान्त हो। किन्तु सौन्दर्य-सम्बन्धी वह कल्पना-कृति, थियॅरी के तत्त्व या सिद्धान्त के तत्त्व अवश्य रखती है। सौन्दर्य-सम्बन्धी लेखक की वह मान्यता, जिसके अनुसार वह रचना करता है, रचना-प्रक्रिया में महत्त्वपूर्ण स्थान रखती है। होता यह है कि सौन्दर्य-सम्बन्धी वे कल्पना-कृतियाँ, या वे धारणाएँ, कभी-कभी अपने ही वस्तु-तत्त्वों के अभिव्यक्ति-रूपों के विरुद्ध पूर्वग्रह भी बन जाती हैं। इन पूर्वग्रहों के कारण वे अभिव्यक्ति-रूप काव्य में स्थान नहीं ले पाते। दूसरे शब्दों में, या तो वस्तु-तत्त्व ही काटकर फेंक दिये जाते हैं, या उन्हें ऐसी अभिव्यक्ति दी जाती है जो उनकी मूल अभिव्यक्ति स्वभावतः नहीं है। इस प्रकार पुराना घेरा ज्यों-का-त्यों बना रहता है।

इस सम्बन्ध में एक बात और निवेदनीय है। वह यह कि बहुतेरे कविजन यह सोचते, या यह सोचने के लिए मजबूर हो जाते हैं, कि चूँकि प्रत्येक कवि की अपनी

विशेष अभिव्यक्ति-शैली हुआ करती है, इसलिए उस विशेष अभिव्यक्ति-शैली के विकसित होने पर कवि ने एक मंज़िल तय कर ली। महत्त्व की बात यह है कि अभिव्यक्ति-प्रयास के दीर्घ काल में जो शैली विकसित हो जाती है, वह आगे चलकर उसी कवि का एक बहुत बड़ा बन्धन भी हो जाती है। सभी तरह के अनुभूत वस्तु-तत्त्व एक ही प्रकार की अभिव्यक्ति-शैली में नहीं बाँधे जा सकते। यह तो कहने की बात है कि तत्त्व स्वयं ही अपना रूप ग्रहण करता है। सच बात तो यह है कि पूर्ण अभिव्यक्ति प्राप्त करने की प्रक्रिया में तत्त्व स्वयं बदलने लगते हैं। यहाँ तक कि, प्रारम्भतः, जिस उद्वेगपूर्ण भाव को लेकर कवि लिख रहा था, कृति उस मूल भाव से दूर चली जाती है, उससे भिन्न हो जाती है। इसीलिए मेरा यह मत रहा है कि कला में वस्तुतः आत्माभिव्यक्ति नहीं हुआ करती। अभिव्यक्ति होती है, किन्तु जीने और भोगनेवाले अपने मन की, अपनी आत्मा की, वह सच्ची अभिव्यक्ति है, यह कहने का साहस नहीं हो पाता। वस्तुतः, यह आत्माभिव्यक्ति नहीं है। सौन्दर्य-सम्बन्धी अपनी-अपनी धारणाओं के अनुसार, जो लोग अत्यधिक विशिष्ट बनने का प्रयत्न करते हैं और उसमें उलझकर रह जाते हैं, वे न आत्माभिव्यक्ति करते हैं, न सामान्याभिव्यक्ति। सच बात तो यह कि आत्मपरक रूप से विश्वपरक, जगत्परक होने की लम्बी प्रक्रिया की अभिव्यक्ति ही कला है—अभिव्यक्ति-कौशल के क्षेत्र में और अनुभूति अर्थात् अनुभूत वस्तु-तत्त्व के क्षेत्र में।

दूसरे शब्दों में, सतत अन्वेषण और सतत अनुसन्धान का बाजा बजानेवाले लोग, वस्तुतः, प्रयोग नहीं कर रहे हैं, वे प्रयोगवादी नहीं हैं, वे घेरे में फँसे हुए लोग हैं। बहुत-से उसी में ख़ुश हैं, कई अपनी इस स्थिति से असन्तुष्ट भी हैं। किन्तु यह घेरा तब तक नहीं टूट सकता, जब तक कि वस्तु-तत्त्व भिन्न-भिन्न होकर, व्यापक होकर, विभिन्न काव्य-रूप ग्रहण नहीं करते; अथवा इसी बात को मैं इस तरह कहूँगा कि काव्य-रूप में बँधनेवाले तत्त्व, और वस्तुतः अनुभूत होनेवाले तत्त्व, इन दो की यदि हम तुलना करें तो पाएँगे कि बहुत कम अनुभूति वस्तु तत्त्व काव्य-रूप ग्रहण करते हैं। शेष वस्तु-तत्त्वों को काव्य-रूप देने का प्रयत्न नहीं किया जाता। और यदि किया भी जाता है तो सौन्दर्य-सम्बन्धी धारणाओं की तृप्ति न होने की स्थिति में उनको काटकर फेंक दिया जाता है। फलतः, कवि-व्यक्तित्व और वास्तविक व्यक्तित्व में ज़मीन-आसमान का फ़र्क़ दिखाई देता है। कविता में केवल एक ही स्थायी भाव बार-बार प्रकट होकर समाप्त हो जाते हैं, यद्यपि संवेदनशील मन जीवन-जगत् को आत्मसात् करता हुआ, और उसके विरुद्ध-अनुकूल क्रिया-प्रतिक्रिया करता हुआ, अपना सचेत जीवन जिया करता है। फलतः, कभी-कभी तो यह होता है कि कवि-व्यक्तित्व वास्तविक व्यक्तित्व का प्रतिनिधित्व नहीं कर पाता।

भाव अथवा जीवन के जो छिटपुट चित्र कवि उपस्थित करता है, उनमें मात्र विशिष्ट क्षण का चित्र बहुत कम होता है। सच बात तो यह है कि उसमें एक दिशा में जानेवाले, अथवा एक ही प्रकार के, विभिन्न भावों का सामान्यीकरण (जेनेरेलाइज़ेशन) होता है। किन्तु जीवन के जो अन्य अनुभूत वस्तु-तत्त्व हैं, उनसे इन सामान्यीकरणों का मानो कोई सम्बन्ध न हो, ऐसा दिखाई देता है। जीवन विभिन्न अनुभूत क्षेत्रों के विभिन्न अनुभूत वस्तु-तत्त्वों का उनसे सायुज्य-स्थापन नहीं है, ऐसा प्रतीत होता है। इसीलिए लगता है, रचनाकार के व्यक्तित्व में अन्तर्विभाजन है—काव्य-रूप ग्रहण करनेवाले वस्तु तत्त्व अलग और विशिष्ट, जीवन में अनुभूत होनेवाले वास्तविक क्षण पृथक् और विशिष्ट। इन सबका विशाल सामान्यीकरणों के अन्तर्गत संयोजन न होने से बड़ी गड़बड़ है।

संक्षेप में, काव्य में जीवन के व्यापक चित्र चाहिए, न कि छिटपुट। व्यापक चित्रों में जीवन के विविध क्षेत्रों और अनुभवों का सामान्यीकरण, निष्कर्ष आवश्यक है। यह न होने से तृप्ति नहीं होती, मार्गदर्शन नहीं होता। ज़िन्दगी को जीने और उसे ले चलने का उत्साह और उसकी दीप्ति हमें काव्य से मिलनी चाहिए। जीवन के विविध अनुभवों के सामान्यीकरणों से उत्पन्न निष्कर्ष-रूप दीप्ति वही दे सकता है। कविता जीवन-वहन की लालटेन हो सके, इसका हमें प्रयत्न करना होगा।

भारतीय मन की कुछ अपनी विशेषताएँ हैं। वह साहित्य को अपने आत्मीय परमप्रिय मित्र की भाँति देखना चाहता है, जो रास्ते चलते उससे बात कर सके, सलाह दे सके, काट-छाँट कर सके, प्रेरित कर सके, पीठ सहला सके, और मार्गदर्शन कर सके। भारतीय साहित्य में उन लोगों की वाणी को ही प्रधानता मिली है, जिन्होंने आध्यात्मिक असन्तोषों और अतृप्तियों को दूर करने की दिशा में विवेक-वेदना-स्थिति से ग्रस्त होकर काम किया है। आशा है कि हम लोग वैसा ही करेंगे।

[रचनाकाल : 1959 के बाद, क्षत्रज्ञ में प्रकाशित। नये साहित्य का सौन्दर्यशास्त्र में संकलित]

रचनाकार का मानवतावाद

नई कविता पर विचार करते-करते मैं यह सोचने लगता हूँ कि उसमें प्रेरणामय मानवतावादी दृष्टि होनी चाहिए। किन्तु इस प्रकार कुछ कह देने से नई कविता में, या किसी भी कविता में वे गुण उत्पन्न नहीं हो सकते कि जिनका आग्रह मैं कर रहा हूँ या दूसरे कर रहे हैं। प्रेरणामय मानवतावादी भाव-धारा उसमें तब तक उत्पन्न नहीं हो सकती जब तक कि समाज में या जीवन-जगत् में मानवतावादी भावधारा का उत्कट और व्यापक प्रभाव न हो, अथवा रचनाकार का ऐसा प्रचंड व्यक्तित्व न हो कि जैसा, मान लीजिए, वॉल्ट ह्विटमैन का था। यदि कुछेक समीक्षाकारों और विचारकों के अनुरोधों और आग्रहों से कविता का रूप-रंग बदल पाता, तो न मालूम कितने ही समीक्षकों और विचारकों के भिन्न-भिन्न आग्रहों और अनुरोधों के अनुसार, कविता के भिन्न-भिन्न रूप-रंग हो जाते। लेकिन ऐसा नहीं हो पाता, न ऐसा होना चाहिए। क्यों, ऐसा क्यों नहीं होना चाहिए?

यह इसलिए नहीं होना चाहिए कि काव्य में—साहित्य में—चूँकि आभ्यन्तरीकृत जीवन और जीवन-दृष्टि प्रकट होती है, इसलिए जब तक कि रचनाकार बाह्य अनुरोधों और आग्रहों को स्वीकार करके उनके प्राप्त सत्यों के अनुसार जीवन का आभ्यन्तरीकरण नहीं करता, तब तक वह नवीन दृष्टि से, अर्थात् उन अनुरोधों और आग्रहों को, अन्तर में स्थान देकर उनकी क्रियाशील शक्ति से, आभ्यन्तरित जीवन को काव्य में कलात्मक रूप से प्रकट नहीं कर सकता। और, यदि वह इस प्रकार के आभ्यन्तरीकरण के बिना रचना उपस्थित करता है, तो निस्सन्देह उसकी उस रचना में कलात्मक गुण उत्पन्न नहीं होंगे—ऐसे गुण जो प्रभावकारी हों। दूसरे शब्दों में, उसमें वह सौन्दर्य उत्पन्न नहीं होगा कि जो कलाकृति के लिए आवश्यक होता है।

तो मुख्य प्रश्न बाह्य अनुरोधों और आग्रहों की दृष्टि से जीवन के आभ्यन्तरीकरण का है, अर्थात् अपने व्यक्तित्व के—अपने कलाकार-व्यक्तित्व के—संशोधन तथा पुनःसंशोधन का है, न कि केवल नवीन दृष्टि की अभिव्यक्ति का। दूसरे शब्दों में, मुख्य प्रश्न कलाकार की जीवन्त संवेदनशील मानसिकता का है, उसके वास्तविक संवेदनशील मन का है, जो अन्तर्बाह्य तत्त्वों का आकलन-ग्रहण तथा सम्पादन-संशोधन किया करता है।

अपने से बाह्य प्रतीत होनेवाले वे आग्रह और अनुरोध जब कलाकार के अन्त:करण में स्थान ग्रहण कर लेते हैं, और अपनी क्रियाशील शक्ति के द्वारा संवेदनात्मक अनुभवों की गहन अन्तर-दृष्टि सम्पन्न व्यवस्था में (और उस अन्तर-दृष्टि में) आवश्यक परिवर्तन उत्पन्न करने लगते हैं, तब यह कहा जा सकता है कि वास्तविक जीवन-जगत् का एक विशेष और विशिष्ट प्रकार से आभ्यन्तरीकरण हो रहा है। संवेदनात्मक अनुभवों की यह गहन अन्तर्दृष्टि-सम्पन्न व्यवस्था क्या है ? संवेदनात्मक अनुभवों में गहन जीवन-आलोचना के जो सूत्र होते हैं, वे सूत्र ही संवेदनात्मक अनुभवों से उत्पन्न या उनसे संयुक्त अन्तर्दृष्टि हैं। यह जीवन-आलोचन इतना निजगत, निजबद्ध और संवेदनायित होता है कि उसको संवेदनात्मक अनुभवों से विच्छिन्न करके पृथक् रूप से स्थापित करना कदाचित् सम्भव नहीं है। वह हमारे सवेदनात्मक जीवन ही के इतिहास का एक अंश है।

तात्पर्य यह कि बाह्य आग्रहों और अनुरोधों के आभ्यन्तरीकरण की क्रिया सम्भव तो है। किन्तु, अन्त:करण में स्थित होकर उन अनुरोधों की क्रियाशील शक्ति जब तक इतनी सक्षम और समर्थ नहीं हो जाती, कि वे अनुरोध गहन संवेदनात्मक अनुभवों की अन्तर्दृष्टि-सम्पन्न व्यवस्था का सम्पादन-संशोधन और पुनर्गठन कर सकें—जब तक वह इतनी सक्षम और समर्थ नहीं हो जाती कि लेखक की अपनी मूलभूत प्रेरणा बन सके, और लेखक की अपनी मूलभूत प्रेरणा बनकर उसके अन्तर्तत्त्वों की व्यवस्था को पुन:रूपायित और पुन:निरूपित कर सके, तब तक लेखक के द्वारा स्वीकृत वे बाह्य अनुरोध और आग्रह केवल सतही ढंग से उसके मन में रह रहे हैं, यही तो कहा जाएगा।

लेखक के अन्तर्जीवन—संवेदनशील अन्तर्जीवन—के संशोधन-परिष्करण का कार्य इतना सरल भी नहीं है, भले ही लेखक स्वयं उसे करे। वह एक क्रमश: विकसित विवेक की क्रियाशीलता के बिना अधूरा ही है। किन्तु, केवल विवेक भी अपने-आपमें कुछ नहीं कर सकता, जब तक संवेदनात्मक अनुभवों का वह स्वयं अंग नहीं बन जाता, आन्तरिक-मानसिक-संवेदनात्मक प्रवाह का जब तक वह, बेमालूम ढंग से, अंग नहीं बन जाता। दूसरे शब्दों में, संवेदनात्मक ज्ञान और ज्ञानात्मक संवेदनों की एकमेक स्थिति जब तक उपस्थित नहीं हो जाती, तब तक वह विवेक अन्तर में भी संवेदनात्मक जीवन का अंग न होगा।

आन्तरिक जीवन के अपने भीतरी विरोध होते हैं, अपना तनाव होता है। उसमें पनपने और तड़पने वाले अनेकानेक मूल्यवान अनुभव और महत्त्वपूर्ण सत्य, अभिव्यक्ति—कलात्मक अभिव्यक्ति—प्राप्त नहीं कर पाते। क्यों प्राप्त नहीं कर पाते ?

केवल वे ही संवेदनात्मक अनुभव, केवल वे ही अनुभवात्मक सत्य, कलात्मक अभिव्यक्ति पा लेते हैं, जो लेखक के संवेदनात्मक उद्देश्यों के—रचना उपस्थित

करनेवाले संवेदनात्मक उद्देश्यों के—अनुसार होते हैं। रचना उपस्थित करनेवाले संवेदनात्मक उद्देश्य किस प्रकार के होते हैं?

क्या यह सत्य नहीं है कि अपने जीवन में प्राप्त विशेष अनुभवों और विशेष भाव-प्रेरणाओं को ही लेखक प्रकट करता है, तथा इतर अनुभवों और भाव-प्रेरणाओं को वह व्यक्त नहीं करना चाहता या उन्हें व्यक्त करने की व्याकुलता उसमें उत्पन्न नहीं हो पाती? रचना प्रसूत करनेवाले उसके संवेदनात्मक उद्देश्य, उन विशेष व्याकुलताओं की ही एक शाखा हैं, कि जो व्याकुलताएँ अनुभूत जीवन के किसी विशेष अंग या क्षेत्र ही से सम्बद्ध होती हैं, और उन्हीं से उत्पन्न या निष्पन्न होती हैं। शेष अनुभवात्मक जीवन उनसे अलग रह जाता है, अर्थात् कलात्मक अभिव्यक्ति प्रस्तुत करने के लिए आतुर नहीं होता। क्या यह सत्य नहीं है?

कलात्मक रचना का मनोविज्ञान निःसन्देह एक महत्त्वपूर्ण विषय है। कलाकार बाह्य अनुरोधों और आग्रहों को स्वीकार करके भी, और तदनुसार अपने अन्तर्तत्त्वों की व्यवस्था का संस्कार करते हुए भी, उन अनुरोधों और आग्रहों को कलाकृति में अवतरित करे ही, यह आवश्यक नहीं होता—अर्थात् वह वैसा करेगा ही, यह अनिवार्य नियम नहीं है। इसके विपरीत, बहुधा यह देखा गया है कि लेखक चुप हो जाता है (सम्भवतः इसके कारण तरह-तरह के होंगे), अथवा वह अपनी दिशा बदल देता है, या वह संकल्पशील कर्म-जीवन में प्रविष्ट होकर उनकी पूर्ति करने लगता है।

किन्तु इसका अर्थ यह नहीं है कि आभ्यन्तरीकृत अनुरोध तथा आग्रह कलाकृति में व्यक्त नहीं होते, या उनके अनुसार कलाकृति निर्मित नहीं होती, नहीं हुआ करती। यह सब कुछ कलाकार की उन आन्तरिक व्याकुलताओं पर निर्भर हैं, जिन्हें मैंने पहले संवेदनात्मक उद्देश्य कहा।

सच बात तो यह है कि सब कुछ कलाकार के व्यक्तित्व-निर्माण के इतिहास, उसके संवेदनात्मक जीवन के इतिहास, और उन सबसे बने हुए कवि-स्वभाव, पर निर्भर है।

किन्तु ऊपर जो पेचीदगियाँ बताई गई हैं, उनका मतलब यह नहीं है कि लेखक-कलाकार बाह्य अनुरोधों या आग्रहों को स्वीकार नहीं करता; अथवा उसके स्वभाव से जो भिन्न और बाह्य हैं—अर्थात् वैसे अनुरोध—उनका वह विरोध ही करता रहता है। नहीं, यह बात नहीं।

इसके विपरीत, सच्चा संवेदनशील लेखक-कलाकार, अपने का बाह्य प्रभावों को ग्रहण करने के लिए छुट्टा छोड़ देता है, या उसे छोड़ देना चाहिए। कलाकार चाहे जितना महान क्यों न हो, जीवन-जगत् की तुलना में उसका अन्तर छोटा ही है। इसलिए, वह जीवन-जगत् के बिम्बों, प्रेरणापूर्ण दृश्यों, भाव-विचारधाराओं के सार-सत्यों को पीता रहता है, या पीते रहना चाहिए।

इस प्रकार की प्रवृत्ति यदि उसमें है, तो वह बाह्य अनुरोधों और आग्रहों को अपने संवेदनशील विवेक द्वारा ग्रहण कर उन्हें अपने ढंग से आत्मसात् करता रहता है। लेखक-कलाकार भले ही इस तथ्य को अस्वीकार कर दे कि वह बाह्य अनुरोधों या आग्रहों को कदापि नहीं मानता, किन्तु सच तो यह है कि वह अपने ढंग से उन्हें किसी-न-किसी रूप में स्वीकार करता रहता है। जहाँ भी और जिसमें भी उसे सत्यांश दिखाई देता है, उस सत्यांश को वह सोख लेता है। निःसन्देह, यह आत्मसात्करण उसके अपने अन्तर्जीवन से सम्बद्ध है। वह उन सत्यांशों को अपने संवेदनशील अन्तर्जीवन में मिला लेता है। इस प्रकार, क्रमशः, लेखक के व्यक्तित्व का विकास होता जाता है।

ऊपर कहा जा चुका है कि लेखक बहुत बार बाह्य अनुरोधों या आग्रहों को स्वीकार करके उन्हें आत्मसात् करके, अपने संवेदनात्मक अन्तर्जीवन में मिलाकर भी, या तो चुप हो जाता है, या अपनी दिशा बदलकर संकल्पशील कर्म-जीवन में प्रविष्ट हो जाता है। किन्तु आत्मसात्कृत उन बाह्य अनुरोधों या आग्रहों के अनुसार कलाकृतियाँ उपस्थित नहीं कर पाता।

यदि हम मान लें कि वे बाह्य अनुरोध और आग्रह उसके अन्तर्जीवन के इतिहास बन चुके हैं:, उसके प्रेरक तत्त्व बन चुके हैं, तो क्या कारण है कि वह वैसी कलाकृतियाँ उपस्थित नहीं कर पाता?

इसका, सम्भवतः, एक कारण यह है कि लेखक के पास उस प्रकार की अभिव्यक्ति का अभ्यास नहीं है, कि जैसी अभिव्यक्ति उन अनुरोधों और आग्रहों की दिशा में चलने के लिए आवश्यक है।

अभिव्यक्ति का अभ्यास कलाकार का एक मुख्य कर्तव्य है। सूचित दिशा में चलने के लिए अनवरत अभ्यास की आवश्यकता है। होता यह है कि लेखक अपने नवीन अनुरोधों (बाह्य अनुरोधों के आत्मसात् प्रभावों से उत्पन्न आग्रहों) द्वारा प्रेरित होकर चलता तो है, उसके पास कहने के लिए भी बहुत-कुछ होता है; किन्तु तदनुसार सक्षम अभिव्यक्ति के विकास के प्रारम्भिक चरण में होने से वह आत्मविश्वास खो देता है। नवीन अनुरोध नवीन कथ्य ले आते हैं, उन कथ्यों को कलात्मक अभिव्यक्ति प्रदान करना सरल कार्य नहीं होता। उन कथ्यों को व्यक्त करने के लिए, प्रभावोत्पादक कलात्मक रूप से प्रस्तुत करने के लिए, तदनुसरणशील अभिव्यक्ति-पद्धति का विकास करना पड़ता है। अतएव लेखक, वस्तुतः शुरू में, सक्षम अभिव्यक्ति के विकास के प्रारम्भिक चरण ही में, लड़खड़ाता रहता है।

क्यों लड़खड़ाता रहता है? इसलिए कि अब तक उसने जिस अभिव्यक्ति-पद्धति और सौन्दर्याभिरुचि का विकास किया है, वह—एस्थेटिक पैटर्न—नवीन कथ्य की अनुसारिणी सक्षम अभिव्यक्ति के पथ पर चलनेवाले मन को मोड़ती रहती हैं, भावों

और शब्दों को व्यवस्था-बद्ध करनेवाली (ग़लत शब्दों को, और अनायास उत्पन्न हुए किन्तु सन्दर्भ न रखनेवाले भावों और शब्दों को, स्वीकार करनेवाली) उसकी आलोचन-संशोधन-सम्पादन दृष्टि में बाधा और व्यतिरेक, सन्देह और शंका उत्पन्न कर देती हैं। बार-बार यह घटना होने पर लेखक उस विषय-क्षेत्र के उस पथ पर आत्म-विश्वास खो देता है, लड़खड़ा जाता है, और हाथ में लिया हुआ काम फेंक देता है।

किन्तु, यदि वह कथ्य अन्तर्जीवन में स्थायी बना हुआ है, उस कथ्य को संवेदित करनेवाली अन्तर्बाह्य स्थिति-परिस्थितियाँ बराबर बनी हुई हैं, अथवा जीवन-जगत् का वातावरण ऐसा है, देश-समाज और साहित्य-क्षेत्र का वातावरण ऐसा है, कि उस विशेष प्रकार के कथ्य को महत्त्व प्राप्त हो गया है, तो लेखक श्रमपूर्वक, तथा पुनः-पुनः प्राप्त असफलताओं के बावजूद, सक्षम अभिव्यक्ति प्राप्त करने के बारम्बार प्रयत्न में स्वयं कलात्मक अभिव्यक्ति प्राप्त कर लेता है, और साहित्य-क्षेत्र में, निज-विशिष्ट स्थान बना लेता है।

मनुष्य का स्वभाव है कि जो सुकर है, जो सुगम है, उसे अपनाता है; जो कठिन है, जो श्रम साध्य है, उसे बाह्यतः मूल्य प्रदान करते हुए भी अपनाता नहीं। उसकी यह आदत अपने जीवन ही के मूल्यवान तत्त्वों को अभिव्यक्ति प्रदान नहीं करने देती। परिणामतः, स्वयं के ही कुछ आवृत्त और पुनरावृत्त भावों और अभिव्यक्ति-पद्धति को—भले ही वे उसके जीवन में, वस्तुतः विशेष स्थान न रखते हों—दुहराता रहता है, उन्हीं की जुगाली करता रहता है। परिणामतः, उसका वास्तविक अन्तर्जीवन (और उसका व्यक्तित्व तथा जीवन-प्रसंग भले ही किसी अन्य उपन्यासकार का विषय हो जाए) उसकी कला में व्यक्त नहीं हो पाता। ऐसी स्थिति में, यह कहना कि कलाकृति में कवि-कलाकार आत्मोद्घाटन करता है, अत्यन्त संकुचित और वायवीय अर्थ ही में सही हो सकता है।

कलाकृति में व्यक्त भाव किन्हीं विशेष सन्दर्भों में लेखक के लिए महत्त्वपूर्ण होते हैं। कोई लेखक मात्र आत्मग्लानि अथवा किसी बुभुक्षित वासना का दमित रूप अथवा अन्य कोई सामाजिक आलोचन प्रकट करता है। किन्तु जो विशेष भाव लेखक प्रकट करता है, केवल वे ही उसके हृदय में हैं, तथा अन्य नहीं, यह मानना ग़लत है। होता यह है कि लेखक व्यक्त किये जानेवाले भावों को कोई अतिरिक्त मूल्य प्रदान करता है, शेष भावों को नहीं। परिणामतः, केवल वे ही भाव तथा उनके आस-पास लगे हुए भाव ही वह प्रकट करता है। शेष को छोड़ देता है। दूसरे शब्दों में, लेखक अपनी मूल्य-भावना के अनुसार आभ्यन्तर भावों को प्रस्तुत करता है। और उसके अन्तःकरण में एक मूल्य-भावन होती है जो उसे किन्हीं विशेष भावों को

प्रकट करने के लिए तैयार करती रहती है। दूसरे शब्दों में, लेखक अपना एक एस्थेटिक्स तैयार कर लेता है।

मानव-अन्तःकरण में आलोचन-धर्म मूलभूत है। वह संवेदनात्मक अनुभवों से, प्राथमिक अवस्था में, अविच्छिन्न होता है। किन्तु आगे चलकर वह सामान्यीकरणों के रूप में, जीवन तथ्यों के सामान्यीकरणों के रूप में, प्रकट होता है। इस प्रकार मानव-अन्तःकरण में संवेदनात्मक आधारों पर, अनुभवात्मक आधारों पर, एक विशेष प्रकार की जीवन-ज्ञान-व्यवस्था उत्पन्न और विकसित हो जाती है। यह जीवन-ज्ञान-व्यवस्था मूल्य-भावनाओं और आलोचना-सूत्रों को अपने में सम्मिलित किये रहती है। संक्षेप में, जीवन-ज्ञान-व्यवस्था में मूल्य-भावना और आलोचन-सूत्र होते ही हैं। यह जीवन-ज्ञान-व्यवस्था जीवन-यात्रा के क्रम में विकसित होती जाती है। किन्तु यह आवश्यक नहीं है कि इसके अन्तर्गत समाया हुआ जो विश्व-बोध या जीवन-जगत् बोध है, जो मूल्य-भावना है, जो विचार-व्यवस्था है, जो आलोचन-सूत्र हैं, वे परिष्कृत हों, निज-बद्धता से परे होकर वे संशोधित-सम्पादित किये गए हों।

इस जीवन-ज्ञान-व्यवस्था की, विचार-व्यवस्था की, एक विशेषता ध्यान में रखने योग्य है। उसमें जीवन-व्याख्यान के जो सूत्र होते हैं, वे उस दृष्टि के अंग हैं, कि जो दृष्टि भोक्ता मन ने जीवन-यात्रा में निजगत प्रयासों और बाह्य प्रभावों से प्राप्त और विकसित की है। यह दृष्टि और मूल्य-भावना बाह्य और अन्तर के योग से प्राप्त और विकसित होती है। चूँकि उसकी वास्तविक जीवन-प्रणाली एक विशेष वर्ग के क्षेत्र में ही चलती रहती है, अतएव उस वर्ग में प्रचलित सामान्य भाव-धारा भी उसके विकास में सहयोग प्रदान करती है। इस प्रकार उस मूल्य-भावना तथा दृष्टि के विकास में जितना निजगत योग है, उतना ही पारिवारिक तथा वर्गीय क्षेत्रों का भी उसके विकास में सहयोग है। इस प्रकार, एक ही साथ, वह दृष्टि निजगत तथा जीवन-क्षेत्रगत अर्थात् वर्गगत प्रयासों के योग का एक परिणाम है, भले ही संवेदना के रूप में, अनुभूति के रूप में, उसके तत्त्व तथा कार्य निजी मालूम हों।

संवेदनात्मक-अनुभवात्मक आधारों पर उपस्थित यह जो विचार-व्यवस्था है, यह जो जीवन-ज्ञान-व्यवस्था है, वह उसके साहित्य में, उसकी रचना में, उसकी कलाकृति में, तरह-तरह से प्रकट होती है। मेरे अपने ख़याल से वह मुख्यतः दो प्रकार से प्रकट होती है। एक तो वह भाव-दृष्टि, जीवन-आलोचन, जीवन-विवेक अथवा विचार-चित्रण या भावांकन के रूप में प्रकट होती है। किन्तु इसके अतिरिक्त वह कलात्मक विवेक का रूप धारण कर, कला-सम्बन्धी विचारधारा भी बन जाती है, और उसके प्रभाव से वह कलाकृति का अन्तर्बाह्य संगठन भी करती है।

किन्तु, महत्त्व की बात यह है कि उसके अन्त:करण में स्थित यह जो जीवन-ज्ञान-व्यवस्था है—जिसके मूल-जाल संवेदनात्मक-अनुभवात्मक होते हैं—उस जीवन-ज्ञान-व्यवस्था को जीवन-जगत् की व्याख्या के साथ, अर्थात् किसी व्यापक विचार-धारा के साथ, किसी दर्शन के साथ, जोड़ने का प्रयत्न होता रहता है। एक ओर, लेखक स्वयं जीवन-जगत् की व्याख्या चाहता है, तो दूसरी ओर, साहित्य-क्षेत्र में विभिन्न प्रकार की विचारधाराएँ और दर्शन जीवन-जगत् की व्याख्या को लेकर उपस्थित होती हैं। इस प्रकार लेखक के अन्त:करण में उपस्थित संवेदनात्मक-अनुभवात्मक जीवन-ज्ञान-व्यवस्था के साथ जीवन-जगत् की दार्शनिक व्याख्या का समन्वय हो जाता है, और वह दार्शनिक धारा लेखक को आत्म-विस्तार के रूप में ही दिखाई देती है।

यह आवश्यक नहीं है कि लेखक जिस जीवन-ज्ञान-व्यवस्था को लेकर चलता है, उसमें विकास नहीं होता, अथवा जिस दार्शनिक धारा को लेकर चलता है, उसमें वह अपनी ओर से कोई नवीन तत्त्व नहीं जोड़ता।

इसके विपरीत, वह स्वयं भी अपने-आपको उस दार्शनिक धारा द्वारा परिपुष्ट करता है, अपने स्वयं की जीवन-ज्ञान-व्यवस्था का व्याख्यान उस दार्शनिक धारा की सहायता से करता है, साथ ही उस दार्शनिक धारा को वह अपनी विशेष दृष्टि से व्याख्यात करता हुआ उसमें नवीन अर्थ भर देता है।

किन्तु, अब तक विकास-प्राप्त जीवन-ज्ञान-व्यवस्था, जो लेखक के अन्त:करण में स्थित होती है और कलाकृति में किसी-न-किसी रूप में प्रकट होती है, नवीन जीवन परिस्थितियों की पेचीदगियों में पड़कर नवीन जीवन-प्रसंगों में ठेस खाकर जब नवीन तत्त्व ग्रहण करने लगती है, तब ऐसे नवीन संवेदनात्मक अनुभव-तत्त्वों के स्तर-के-स्तर हृदय में बन जाने के उपरान्त, या तो कलाकार पूर्व-प्राप्त दार्शनिक धारा को ही लचीली बनाकर उसमें नवीन अर्थ भरते हुए उसे नये रूप में, किन्तु पुराने नाम से ही, विकसित कर लेता है, अथवा जीवन-जगत् की व्याख्या करनेवाली ऐसी नवीन विचारधारा को ग्रहण करता है जिसमें उसके नव-प्राप्त अन्तर्तत्त्वों की व्याख्या प्राप्त हो सके।

संक्षेप में, इस प्रकार हम देखते हैं कि दार्शनिक विचारधारा लेखक की एक निजी आवश्यकता होती है। वह दार्शनिक विचारधारा कितनी दार्शनिक है, अथवा वह कितनी व्यवस्थाबद्ध है, वह कितनी सत्याधारित है, यह एक भिन्न प्रश्न है। महत्त्व की बात (लेखक के लिए) इतनी ही है कि वह अन्त:करण-स्थित जीवन-ज्ञान-व्यवस्था को व्यापक दृष्टिकोण से व्याख्या करती है।

लेखक कलाकृति में उस दार्शनिक भाव-धारा को ज्यों-का-त्यों प्रकट नहीं करता, वरन् वह उसे एक दृष्टि-रूप में ग्रहण कर उसके अनुसार जीवन-व्याख्यान

या जीवन-आलोचन (जैसा और जितना कलाकृति में सम्भव है) उपस्थित करता है। उस दृष्टि द्वारा उसके हृदय में मूल्य-भावना विकसित होती है, और उस मूल्य-भावना के अनुसार, वह किन्हीं विशेष अन्तर्तत्त्वों को महत्त्व प्रदान कर शेष को अभिव्यक्ति-क्षेत्र से बहिर्गत कर देता है, अथवा उन्हें उपेक्षित करता है।

कलाकृति में—कलाकार के कार्य में—यह मूल्य-भावना बहुत सक्रिय होती है। वह किन्हीं विशेष भाव-दशाओं, किन्हीं विशेष जीवन-तत्त्वों को अभिव्यक्ति-महत्त्व प्रदान करती हुई, उन्हें विशेष कोण से, विशेष दृष्टि से ही स्थापित करती है। यह कोण, यह दृष्टि, क्या है? वह उस ज्ञानात्मक भाव-धारा का ही एक रूप है जिसे मैंने दार्शनिक विचारधारा कहा।

अतएव, कलाकार अपने औचित्य की स्थापना के लिए, आत्म-विस्तार के लिए, अपने को उच्चतर स्थिति में उद्‌बुद्ध करने के लिए, अपना अन्त संगम दार्शनिक भाव-धाराओं से करता है। चूँकि वह कलाकार है, इसलिए वह कला में जीवन-चित्र ही प्रस्तुत करता है, न कि दर्शन की व्याख्या। किन्तु, उसके पास अपना एक वैचारिक दृष्टिकोण रहता ही है, जो एक मूल्यांकनकर्त्री और नियंत्रणशील शक्ति के रूप में उसकी कलाकृति के रूप तत्त्व और तत्त्व-रूप को नियमित करता है। अतएव यह कहना ग़लत है कि लेखक के पास जीवन-जगत् की व्याख्या अर्थात् विचारधारा का नितान्त अभाव है।

हाँ, यह कहना सही हो सकता है कि अपनी एक विशेष अवस्था में वह एक सर्वांगीण जीवन-जगत्-व्याख्या—ऐसी व्याख्या जो सब दृष्टियों से उसे सन्तोष प्रदान कर सके—उसने अभी प्राप्त नहीं की है, अतएव उसने अमुक विचारधारा से अमुक तत्त्व लेकर, भिन्न भाव-धारा से कोई अन्य तत्त्व लेकर, किसी दूसरी फ़िलॉसफ़ी से कोई तीसरी बात लेकर, अपने-आपको परिपुष्ट करने का प्रयत्न किया है, अथवा जीवन-जगत् के वास्तविक क्षेत्र में किसी सामान्य ज्ञान से बहुत-सी बातें लेकर उसने अपने को सन्तुष्ट कर लिया है। यह सब हो सकता है। सम्भवतः आज की नई काव्य-प्रवृत्ति के क्षेत्र में ऐसा ही कुछ है।

बात जो भी हो, यह निश्चित है कि लेखक के व्यक्तित्व का एक पक्ष वैचारिक है, और यह वैचारिक पक्ष अपनी पूरी वैचारिकता भले ही कलाकृति में उपस्थित न करे, वह स्वयं ओझल रहकर, किन्तु एक शक्ति के रूप में, उसके उस संवेदनात्मक-अनुभवात्मक पक्ष का, जो कि कलाकृति में उपस्थित होता है, नियमन-नियंत्रण अवश्य ही करता है।

इन्हीं बातों को देखते हुए, लेखक के इस वैचारिक पक्ष के महत्त्व को ध्यान में रखते हुए, साहित्य के क्षेत्र में अनेक विचारधाराएँ उपस्थित की जाती हैं, उपस्थित

होती हैं—आध्यात्मिक, समाजवादी तथा समाजवाद-विरोधी तथा अन्य।

कलाकार का अन्तर्मन विचारों को आत्मानुभूत जीवन-सन्दर्भों से एकाकार करके ग्रहण करता है। अन्तर्मन में उपस्थित वास्तविक जीवन विचारों में प्रवाहित होता है। विचारों की यह प्रवहणशीलता लेखक की सारी संवेदनाओं से मिलकर उसके अन्तर्जीवन का अंश बन जाती है।

किन्तु जहाँ ये विचार कलाकार के अन्तःकरण में संवेदनात्मक रूप से उपस्थित जीवन-सन्दर्भों द्वारा ग्रहण नहीं किये जाते, वहाँ वे बाहरी ही रह जाते हैं। ऐसे न मालूम कितने विचार हैं, जो अपने-आपमें सुसंगत और न्यायोचित रहते हैं। किन्तु कलाकार के लिए वे उसी ढंग से बाहरी हो जाते हैं, जिस प्रकार बाज़ार घर के बाहर ही होता है।

ऐसी स्थिति में, लेखक के द्वारा आत्मानुभूत न हो पानेवाले विचारों का आग्रह यदि उससे किया जाए, अथवा लेखक यह समझे कि ऐसे विचारों को उस पर लादा जा रहा है, तो मन-ही-मन अथवा प्रकट रूप से वह विक्षुब्ध होकर विद्रोह कर उठता है।

लेखक चूँकि किसी-न-किसी रूप से जीवन का चित्रण करता है, इसीलिए उसकी जीवनानुभूतियों को, उसकी भावनाओं-कल्पनाओं और जीवनानुभूति-रंजित बुद्धि को, उत्तेजित और प्रोत्साहित करने या कर सकनेवाली शब्दावली और शैली में जब तक कोई समीक्षा या सिद्धान्तवाद या विचारधारा प्रस्तुत नहीं की जाती, तब तक वह उसे प्रभावित या प्रोत्साहित अथवा प्रेरित नहीं कर सकती।

यह विशेषकर उस स्थिति में होता है जब लेखक उस विचारधारा या भावधारा या सिद्धान्तवाद को अपने वायुमंडल से नहीं खींच पाता, क्योंकि यह विचारधारा या भाव-धारा या सिद्धान्तवाद उस वायुमंडल में होता ही नहीं, न उस समय उसके होने की कोई सम्भावना ही दिखती है।

किन्तु जब किसी विशेष स्थिति-परिस्थिति में, वैसी विचार-धारा या भाव-धारा या सिद्धान्तवाद स्वाभाविक हो उठता है, अर्थात् उस विशेष स्थिति-परिस्थिति में जब उस ढंग के झुकाव या रुझान या उन्मुखताएँ स्वाभाविक रूप से उपस्थित होती हैं तब वैसी स्थिति-परिस्थिति में कलाकार उस विचारधारा को, उसकी बौद्धिक-सैद्धान्तिक शब्दावली को, अनायास ग्रहण कर लेता है, अर्थात् वह विवेचनात्मक-सैद्धान्तिक शब्दावली यदि उसके निकट नहीं तो दूर भी नहीं मालूम होती।

किन्तु ऐतिहासिक युगों में ऐसी भी विशेष स्थिति-परिस्थितियाँ होती हैं, जब समीक्षा या सिद्धान्त-विवेचना और सिद्धान्तों का बौद्धिक प्रयोग एक विशेष स्तर पर चलता रहता है, तथा कलाकार का जीवन-चिन्तन या जीवन-अनुभव और उनकी

कलात्मक अभिव्यक्ति किसी भिन्न स्तर पर चलती रहती है, और ये दोनों स्तर एक-दूसरे से सामानान्तर चलते रहते हैं, और बावजूद उनकी टकराहट के, कलाकार का जीवन-चिन्तन और कलात्मक अभिव्यक्ति समानान्तर चलती रहती है। ऐसी भी एक परिस्थिति होती है।

इसका परिणाम यह होता है कि सिद्धान्त-विवेचन अर्थात् विचारधारा की मूल दृष्टि या तो स्वयं बदलकर कलाकार के समीप आने लगती है, अथवा उस विवेचन की मूलधारा एक स्वतंत्र विचार-सरणि बनकर, बदलते हुए जीवन के मूल स्रोतों से विच्छिन्न होकर अपने-आपको जड़ीभूत अवस्था में परिणत कर लेती है। विचारधाराओं की जड़ीभूत स्थिति यही सूचित करती है कि जीवन द्वारा उपस्थित नये सत्यों, तथ्यों तथा समस्याओं से उसने अपने-आपको अलग करके कूटस्थ ब्रह्म की स्वयंपूर्ण सम्पूर्ण इयत्ता स्थापित कर ली है।

इस प्रकार उस विचारधारा के क्षेत्र में जब सृजनशील और जीवनजन्य उद्वेगों से परिपूर्ण चिन्तन रुक जाता है तब, वैसी स्थिति में, उसमें उदात्त और उच्च गौरव-गर्वपूर्ण अहंकार की भव्यता भले ही झलकने लगे, वह बावजूद उसमें स्थित महत्त्वपूर्ण सत्यों के, जीवन-विकास के लिए निरुपयोगी हो उठती है—अपनी जड़ता के कारण, सत्यांशों के कारण नहीं।

दूसरे शब्दों में, समीक्षात्मक विवेचन तथा कलाकार के जीवन-चिन्तन की समानान्तरता तथा परस्पर-संवाद के अभाव की स्थिति जब स्पष्टत: दिखाई देने लगती है, तब यह सोचना आवश्यक हो जाता है कि उस विचारधारा के क्षेत्र में काम करनेवाले लोग अपनी स्वयं की अक्षमताओं की घनी परछाईं अपनी स्वयं की विचारधारा के क्षेत्र में तो नहीं डाल रहे हैं। दुर्भाग्य की बात यह है कि किसी भी विचारधारा के क्षेत्र में, या कहिए, समीक्षात्मक विवेचन के क्षेत्र में, काम करनेवाले लोगों में आत्मालोचन और आत्म-समीक्षा बहुत कम दिखाई दी है। अपनी अनेकानेक असफलताओं के दोष, अपनी प्रभावहीनता के अपराध, का कुछ भी भाग अपने हिस्से में न रखकर उन्होंने सर्वथा कलाकार के मत्थे मढ़ा है।

कलाकार होने मात्र से कोई व्यक्ति, बहैसियत एक कलाकार के, कोई देवता, सन्त या वांछनीय कलाकार नहीं हो जाता। अगर ऐसा होता तो औरंगजेब की प्रशस्ति में काव्य करनेवाला कवि कालिदास [त्रिवेदी (एक रीतिकालीन कवि)], बहैसियत एक कलाकार के, और औरंग़ज़ेब से सम्बन्धित कविताओं में भी जीवन-सत्य की कलात्मक अभिव्यक्ति कर रहा होता। उन कलाकृतियों में, अर्थात् उन सवैयों-कवित्तों में, वह चाटुकार का कार्य कर रहा था। प्रसिद्ध कवि पद्माकर ने अपने संरक्षक हिम्मत बहादुर की बहादुरी के जो गीत गाए हैं, उससे यही प्रमाणित होता है कि कलाकार,

केवल रचना-कर्म के कारण ही, अपने-आपमें कोई देवता या सन्त या वांछनीय कलाकार नहीं हो जाता। वह कहाँ तक, किस हद तक, किस सीमा तक, वांछनीय कलाकार है, यह उसकी कलाकृति के अपने रूप-स्वरूप पर, उस कलाकृति की मूल प्रेरणा पर, उस कलाकार के व्यक्तित्व पर (जो उस कलाकृति में प्रकट हुआ है), तथा उस कलाकृति में जो जीवन-मर्म प्रकट किये गए हैं (यदि वे प्रकट किये गए हैं तो)—इन सब पर और उनके प्रभावों के स्वरूप पर, इन सब परस्पर-सन्निविष्ट बातों पर, एक साथ निर्भर करेगा। कलाकार होने मात्र से, रचनाकार होने मात्र से, कोई व्यक्ति श्रेष्ठ वांछनीयता का अधिकारी नहीं होता।

समीक्षक के अहं-बद्ध विचारों का तुषार जिस भाँति उसके उग्र अहंकार का ही द्योतक होता है, उसी प्रकार कलाकार का अहंकार भी एक बड़ी अजीब चीज़ होती है। ऐसी अहंकारात्मक मनीषा जब प्रतिभा के नाम से खुलकर खेलती है, तब साहित्य का 'कल्याण' हो जाता है। समीक्षा और कला की यह टकराहट, असल में, महामहिम व्यक्तियों या महत्त्वाकांक्षी किन्तु पदहीन महानुभावों की आपस की टकराहट है।

कला, चाहे वह यथार्थवादी कला ही क्यों न हो, एक आत्मपरक प्रयास है। यह उसकी विशेषता है, बहुत बड़ी विशेषता। कला न केवल एक आत्मपरक प्रयास है, वरन् उसकी अपनी एक सापेक्ष स्वतंत्रता है। वह व्यक्ति-सापेक्ष है, जीवन-सापेक्ष है, वर्ग-सापेक्ष है, युग-सापेक्ष है। वह स्वतंत्र भी है। वह स्वतंत्र इस अर्थ में है कि जो भाव-बीज कलाकार के अन्तःकरण में उदित होकर, उसके सारे संवेदनों और अनुभवों द्वारा परिपोषित होकर, विस्तार ग्रहण करके, उसके अन्तर्मन को आच्छादित करते हुए अपनी अभिव्यक्ति-लक्ष्य की ओर विकास-यात्रा करता है, तो उस भाव-बीज की विकास-यात्रा और उसकी अभिव्यक्ति अपने-आपमें विभिन्न और अनुकूल-विपरीत तत्त्वों का एक गतिशील किन्तु संगतिबद्ध और सामंजस्यबद्ध रूप बन जाती है।

उस भाव-बीज की (इस प्रकार की) गतिशील अभिव्यक्ति के दौरान में, यह सामंजस्य-बद्धता का, तथा उसके भीतर के तत्त्वों के विभिन्न अन्तःसम्बन्धों में एक गतिशील संगति की स्थापना का, यह जो शब्दात्मक-भावात्मक प्रयास है, उसके अपने विशेष-विशेष नियम हैं, जो कलाकार द्वारा अपने अन्तःकरण में अपने-अपने ढंग से अनुभूत तथा विकसित होते हैं।

यही कारण है कि दॉस्टॉवस्की की उपन्यास-रचना का शिल्प और शैली तुर्गनेव की उपन्यास-रचना के शिल्प और शैली से भिन्न है। यही कारण है कि उपन्यास-कला के किन्हीं सिद्धान्त-ग्रन्थों को पढ़कर, उनमें बताए नियमों का अनुसरण करते हुए, उन नियमों पर चलने की पूरी पाबन्दी बताते हुए, कलाकृति प्रस्तुत नहीं की जाती।

कला की स्वतंत्रता का अर्थ है कला-तत्त्वों की अन्तःसंगठनशील, गतिशील संगति

का, अर्थात् कला की स्वाभाविकता का, निर्वाह। इस गतिशील संगति की स्थापना के कार्य में जो भी अन्दर या बाहर के व्यवधान उत्पन्न होते हैं, वे कलातत्त्व की (अभिव्यक्ति रूप धारण करनेवाली) आत्म-विकासशील गति में बाधा डालते हैं, अतएव वे कला की स्वतंत्रता की उपेक्षा करते हैं।

कला की स्वतंत्रता और कलाकार की स्वतंत्रता, ये दोनों समानार्थी अथवा समीपार्थी शब्द नहीं हैं। कला की स्वतंत्रता जीवन-सापेक्ष है, व्यक्ति-सापेक्ष है। क्योंकि यदि कलाकार अन्तर्तत्त्वों की गतिमानता में उनके विशिष्ट अन्तःसम्बन्धों को अनुभूत करके उनमें संगति और सामंजस्य स्थापित नहीं करता—अर्थात् काव्य-निर्वाह नहीं करता—तो इसका अर्थ ही यह है कि अन्तर्तत्त्वों की गति जिस दिशा की ओर जाना चाहती है, वहाँ से उसे मोड़कर (क्यों मोड़कर? एस्थेटिक पैटर्न के मोह से ग्रस्त होने से? अथवा अन्य आदर्श, निष्कर्ष, उपदेश, शैली-सौन्दर्य आदि के सम्मोह से जड़ होकर?) कोई भिन्न दिशा देना चाहता है। वैसी स्थिति में उसके अन्तःकरण में भावना, कल्पना, बुद्धि—इन तीनों का तथा जीवनानुभूति और उसको प्रकट करने का संवेदनात्मक उद्देश्य, इन दोनों का, योग न होकर वे अलग-अलग पड़ जाते हैं। इस प्रकार कलाकृति बाधाग्रस्त हो जाती है।

इस बात को हम यों कहेंगे कि लेखक के अन्तःकरण में संचित जो भाव-तत्त्व हैं, जो जीवन-ज्ञान-व्यवस्था है, और उस व्यवस्था के अन्तर्गत जो दृष्टि है, उनसे परिचालित और परिपुष्ट जो संवेदनात्मक उद्देश्य हैं—उन [सब] के कलाभिव्यक्ति अपनी अभिव्यक्ति के लिए अपेक्षा रखती है, उन पर निर्भर करती है अपने रूप-तत्त्व के विकास के लिए। इस प्रकार कला की स्वतंत्रता लेखक के अन्तर पर, लेखक के अन्तर में उपस्थित-जीवन-तत्त्वों पर, कलाकार के अन्तर में उपस्थित भाव-दृष्टि तथा जीवन-ज्ञान-व्यवस्था पर, निर्भर है और उन्हीं से मर्यादित है।

दूसरे शब्दों में, इस अन्तःस्थित भाव-दृष्टि तथा जीवन-ज्ञान-व्यवस्था से भिन्न, पृथक् तथा बाह्य तत्त्वों के दबाव में आकर लेखक जब-जब कलाकृति में संशोधन करता है, अथवा ऐसे तत्त्वों के दबाव में आकर वह नवीन रचना उपस्थित करना चाहता है, करता है, तो वैसी स्थिति में कला की आत्मतंत्रता-स्वधर्मिता में बाधा होने से उसकी स्वतंत्र स्थिति नष्ट हो जाती है।

संक्षेप में, कला की स्वतंत्रता जीवन-सापेक्ष है—वह जीवन जो भाव-रूप में अन्तःकरण-स्थित है। वह उसी पर निर्भर है। कलाकार की स्वतंत्रता का अर्थ यह है कि कलाकार मनचाहे जैसे भावों को मनचाही जैसी रूप-शैली में प्रकट कर सकता है। यहाँ उसकी कला के स्वरूप पर, और उस स्वरूप का कवि अन्तःकरण से जो सम्बन्ध है उस पर, दृष्टि नहीं है, वरन् उस अधिकार पर दृष्टि है जिसे कलाकार अपना

अधिकार समझता है। कलाकार की, लेखक की, यह स्वतंत्रता समाज-सापेक्ष और समाज-स्थिति-सापेक्ष है। पूँजीवादी देशों में साम्यवादी साहित्य पर न मालूम कितनी बार, साम्यवादी लेखकों पर न मालूम कितनी बार, प्रगतिशील चित्रकारों पर न मालूम कितनी ही बार, अंकुश लगाया गया, उनकी कृतियाँ ज़ब्त की गईं, उन रचयिताओं को जेल की हवा खानी पड़ी। जब तक अपनी कलाकृति में आप समाज की आलोचना ऐसे ढंग से करते रहेंगे कि जिससे आग सुलगेगी, तब तक आपकी कुशल नहीं। आप अपनी चाल बदलिए, नहीं तो मार खानी पड़ेगी।

मेरा सरीखा एकान्तप्रिय निःसंग व्यक्तिवादी स्वभाववाला लेखक एक पुस्तक लिखता है—भारत : इतिहास और संस्कृति। मध्य प्रदेश के शिक्षा-विभाग द्वारा पुस्तक स्वीकृत हो जाती है। एक सरकारी पाठ्यपुस्तक समिति उसे स्वीकार कर लेती है। किन्तु उसके बाद मध्य प्रदेश सरकार का गृह-विभाग क्रुद्ध होकर उस पर पाबन्दी लगा देता है। वह पुस्तक अब इस राज्य में ख़रीदी-बेची नहीं जा सकती। वह यहाँ ग़ैर-क़ानूनी घोषित हो गई है। (देखिए 19 सितम्बर, 1962 का सरकारी गज़ट। वह दिन मेरे लेखक-जीवन की एक महान तिथि है!)

संक्षेप में, लेखक की स्वतंत्रता तथा कलाकार की स्वतंत्रता, वस्तुतः, अभिव्यक्ति के अधिकार की स्वतंत्रता है, किन्तु यह स्वतंत्रता समाज-सापेक्ष और समाज-स्थिति-सापेक्ष है। कुछ बातें कहने का, कुछ बातें शब्दबद्ध करने का मुझे अधिकार नहीं है, भले ही सैद्धान्तिक रूप से विद्वान लोग अपनी विद्वत्ता का परिचय देते हुए पूँजीवादी जनतंत्र की प्रशंसा करें, और यह कहें कि वैसी बातें मुझे लिखने-करने का बराबर अधिकार है।

चूँकि मैंने अपनी पुस्तक का उल्लेख किया, इसलिए कह दूँ कि उस पुस्तक में (अ) क्रान्तिकारी आवाहन नहीं है, (ब) हिंसा का प्रचार नहीं है, (स) वह अश्लील भी नहीं है। फिर भी उसमें कुछ ऐसे महत्त्वपूर्ण सत्यांश हैं जो नागवार गुज़रे हैं। बस, उसके ग़ैर-क़ानूनी क़रार दिये जाने का यही रहस्य है।

दूसरे शब्दों में, लेखक और कलाकार की स्वतंत्रता समाज-सापेक्ष है, समाज-स्थिति-सापेक्ष है। मानव-गौरव और उच्च अभिरुचि को ध्यान में रखते हुए भी जो रचनाएँ आती हैं, उनमें ऐसे सत्यांश हो सकते हैं जो अप्रिय हों। अतएव वे सत्ताधारी अथवा सम्पन्न या प्रभावशाली वर्गों की भावना को ठेस पहुँचा सकते हैं।

इस बात को ध्यान में रखते हुए समाज में उन सत्यों के विरुद्ध ऐसी मनोग्रन्थियाँ तैयार कर दी जाती हैं कि जिससे अमुक-अमुक लेखक को प्रकाशक न मिल सके।

जनमत और लोकाभिरुचि बनाने का ठेका जहाँ उच्च-सम्पन्न वर्गों ने ले लिया है, वहाँ किसी भी बात की परिभाषा जो उनकी दी हुई होती है, ख़ूब चलती है। और

उस परिभाषा को विश्वविद्यालयों से लेकर छोटे-मोटे प्रकाशकों तक में इस तरह स्वीकृत करा लिया जाता है कि जिससे उसी के माप-मान चल पड़ते हैं। संक्षेप में, एक भाव-प्रवाह, विचारधारा, सत्य और सत्यांश के विरुद्ध मनोग्रन्थियाँ स्थापित करा दी जाती हैं। कलाकार या तो इस तरह की मनोग्रन्थियों को स्वयं शिकार हो जाता है, और अपनी ज़िन्दगी के एक हिस्से को अभिव्यक्ति के क्षेत्र से निकालकर फेंक देता है, अथवा यदि वह बहुत ही आतुर है तो चुपचाप लिखता जाता है, छपाता नहीं, छिपाता है, और बाह्य प्रोत्साहन के अभाव में बहुत बार वह रचनाएँ अधूरी छोड़ देता है। पूरी नहीं करता, इसलिए कि उसकी अभिव्यक्ति का भाव-बिन्दु प्रकट हो गया होता है, किन्तु उसका सांगिक, सावयव अन्त:संगठन उपस्थित करने की उसे आवश्यकता नहीं रह जाती।

विभिन्न समाजों में इस प्रकार की मनोग्रन्थियाँ जो क्रमश: अथवा अचानक प्रचार द्वारा उत्पन्न की जाती हैं, विकसित की जाती हैं, वे अच्छी हैं या बुरी, यह एक भिन्न प्रश्न है। एक ख़ास ढंग की अलिखित सोशल सैंक्शंस, अर्थात् समाज-मान्यताएँ और समाज-अस्वीकृतियाँ, उचित होंगी, अमरीका में वे स्वतंत्रता की कसौटी घोषित की जाएँगी, भले ही फिर हब्शियों को, एफ़्रो-अमेरिकनों को, गोरों के हाटलों और रेस्तराओं से अलग रखा जाए। वह चल जाएगा। लेकिन साम्यवादी समाज-रचना को उलट देने या उसको निन्दनीय ठहराने की गरज से लिखे गए साहित्य या उसमें प्रकट भाव-दृष्टि को लेखक और कलाकार की स्वतंत्रता की कसौटी माना जाएगा। हाँ, चार्ली चैपलिन की ओर ध्यान मत दिलाओ।

कलाकार की स्वतंत्रता समाज-सापेक्ष और समाज-स्थिति-सापेक्ष है, यह निर्विवाद है। सम्पूर्ण स्वतंत्रता कहने-भर की बात है। कलाकार को तो केवल यह देखना है—यदि वह मानव-धर्म और मानव-न्याय-बुद्धि की भावना रखता है (सब कलाकार ऐसे नहीं करते)—कि वह सर्वोच्च मानव-मूल्यों की, मानव-मुक्ति के लक्ष्य की, स्थिति कहाँ पाता है, और कहाँ नहीं पाता, अर्थात् किस प्रकार की भाव-दृष्टियों में वह अपनी अनुकूलता पाता है, और किस प्रकार की भाव-दृष्टियों में नहीं। दूसरे शब्दों में, किस प्रकार के सोशल सैंक्शंस उसके अनुकूल हैं और किस प्रकार के नहीं।

मूलभूत अन्तर्विरोधों से ग्रस्त समाजों में, नि:सन्देह लेखक-वर्ग में भी, कलाकार-वर्ग में भी, सोशल सैंक्शंस अर्थात् सामाजिक निर्बन्धों के प्रति भिन्न-भिन्न दृष्टियाँ होती हैं; तथा न केवल वे दृष्टियाँ भिन्न-भिन्न होती हैं, वरन् परस्पर-विरोधी भी हो सकती हैं।

ऐसी स्थिति में, कोई एक भाव-दृष्टि अथवा कुछ समानतापूर्वक भाव-दृष्टियों का समूह, सामाजिक प्रभाव तथा प्रतिष्ठा-सम्पन्न उच्च पदासीन वर्गों द्वारा मान्यता-प्राप्त हो जाते हैं तथा शेष दृष्टि या दृष्टियाँ मलिन भाव की सूचक, निम्न भाव की

सूचक, निम्न पदासीन तथा रिक्त और अर्थहीन करार दी जाती हैं।

इस प्रकार का यह दृष्टि-भेद, या यों कहिए कि दृष्टि-संघर्ष, सदा-सर्वदा तथा अनिर्वायतः नये और पुराने का झगड़ा नहीं होता, वरन् यह वर्गों का संघर्ष होता है। साथ ही यह भी ध्यान में रखना चाहिए कि वह नये और पुराने का भी संघर्ष हो सकता है। वह वैसा है या नहीं, यह देखने-समझने की बात होती है।

एकाध उदाहरण अप्रासंगिक न होगा। छायावाद तथा द्विवेदीयुगीन काव्य-प्रवृत्ति, दोनों एक ही मध्यवर्ग से निःसृत हुईं। अपने-अपने ढंग से दोनों आदर्शवादी और अध्यात्मवादी थीं। फिर भी भाषा, भाव, शैली, तीनों क्षेत्रों की भिन्नता ने संघर्ष का रूप भी धारण कर लिया, यह किसी से छिपा नहीं। उसी प्रकार प्रयोगवादी या नई कविता का जन्म भी मध्यवर्ग में हुआ। छायावाद और इस आधुनिकतावादी प्रवृत्ति में संघर्ष रहा, यह सर्वविदित है। यह नये-पुराने का झगड़ा है।

किन्तु, मध्यवर्ग केक्षेत्र में प्रयोगवादी प्रवृत्ति का उदय, विकास और प्रसार, और फिर उसी मध्यवर्गीय क्षेत्र में उसी प्रगतिवादी प्रवृत्ति की क्षीणता और दुर्बलता का ऐतिहासिक सत्य यही तो प्रकट करता है कि इस मध्यवर्गीय क्षेत्र को, एक ओर, वैभव-सम्पन्न उच्चवर्गीय प्रवृत्ति हथियाना चाहती है तो, दूसरी ओर, समाजवादी आदर्श का समर्थन करनेवाली शक्ति—सर्वहारा शक्ति—उसे अपने प्रभाव में लाना चाहती है।

मध्यवर्गीय क्षेत्र में इन दोनों के प्रचार-प्रसार का ख़ूब क्षेत्र भी है। उच्च-मध्यवर्गीय आभिजात्य-मानवतावादी आध्यात्मिकता, व्यक्ति-स्वातंत्र्यवादी प्रणाली के नाम पर, साहित्य-क्षेत्र से समाजवादी प्रभाव का उन्मूलन करना चाहती है। उसका मूल सामाजिक आधार है—उच्च-मध्यवर्गीय लोग और उनकी सौन्दर्याभिरुचिपूर्ण जगमागहट से मोहमुग्ध वे निम्न-मध्यवर्गीय लेखक, जो लोभग्रस्त और पिपासु होकर उनके आस-पास मँडराते हैं, या व्यक्तिगत आधार पर उनसे घृणा करते हुए भी उनके पद-चिह्नों पर चलने में अपनी कलात्मक प्रवृत्ति की सार्थकता समझते हैं।

इसके विपरीत, इसी मध्यवर्ग में भिन्न-भिन्न स्थानों पर ऐसे लोग भी हैं, जो न अत्यन्त दरिद्र निम्न-मध्यवर्गीय हैं, न ऐसे जिन्हें हम आर्थिक दृष्टि से किसी भी हालत में सुखी कह सकते हैं। यह श्रेणी साहित्य तथा कला के क्षेत्र में भी काम करती है, तथा वह ज्ञान-भिक्षु है, यह कहा जा सकता है। इसकी मनोवृत्ति में प्रगतिवादी प्रवृत्तियों के प्रति समीपता, सम्भवतः पाई जा सकती है, और वह बहुत-कुछ अंशों में अभी भी देखी जा सकती है। प्रगतिवादी जीवन-मूल्य भी इनमें देखे जा सकते हैं। यह है सामाजिक आधार, उस सर्वहारा आन्दोलन के, मध्यवर्ग के ऊपर, प्रभाव का।

इसके बावजूद, प्रगतिवादी आन्दोलन यदि बहुत-कुछ हटा है, तो इसका कारण यह नहीं है कि मध्यवर्ग पूरा-का-पूरा अवसरवादी हो गया है, यद्यपि उच्च-मध्यवर्गीय

प्रभुता तथा बल-सम्पन्न पूँजी की सत्ताधारिता ने भी इसमें अत्यन्त महत्त्वपूर्ण योग दिया है। किन्तु इसका एक कारण यह भी है कि प्रगतिवादी प्रवक्ताओं ने अपनी वही पुरानी छर्रेवाली बन्दूक और वही पुराने तमंचे निकाले जिनकी आज कोई क़ीमत नहीं। संक्षेप में, उनके पास प्रगतिवादी प्रवक्ताओं के पास, मध्यवर्गीय अन्ध-सिद्धान्तवादी अहंकार तो था, किन्तु कला की सृजनशील प्रक्रिया में, कला-सम्बन्धी समस्याओं में, वह सूक्ष्म गति नहीं थी, जो कि एक जीवन-मर्मज्ञ और कला-मर्मज्ञ के लिए आवश्यक होती है। यही नहीं, लेखकों से, विशेषकर नये ढंग के लेखकों से, वे तनकर अलग रहते थे। सिद्धान्तों के आइवरी टॉवर में रहकर (अपनी ठाठदार रोज़ी-रोटी का सवाल वे पहले ही हल कर चुके थे) वहाँ के बुर्जों से वे लेखकों के नयेपन पर, और नये लेखकों के यूथ पर, अपने तीर-कमान का प्रयोग करते थे, ख़ूँख़ार होकर। निःसन्देह उनमें से कुछ ने नई प्रवृत्ति के साथ चलने का प्रयत्न किया भी तो लँगड़ाते हुए। सच तो यह है कि वे घिसे-पिटे थे और अपने घिसे-पिटेपन को सिद्धान्तवादिता का जामा पहनाकर सर्वमान्य होने का प्रयत्न करते थे।

यहाँ उनकी आलोचना करने का मेरा अभिप्राय नहीं है। मैं तो यह कह रहा हूँ कि प्रगतिवादी धारा का जो पीछे हटना हुआ, उसमें प्रगतिवाद के प्रवक्ताओं की निःसंज्ञ अक्षमता और जड़-बधिर-अन्ध-पंगु प्रतिभा का भी विलक्षण योग था।

हिन्दी साहित्य-क्षेत्र में शीत-युद्ध अब भी चला हुआ है। साहित्य-क्षेत्र में मध्यवर्ग ही क्रियाशील है, और, सम्भवतः आगामी दसियों वर्षों तक वह क्रियाशील रहेगा। मध्यवर्ग के ही लेखक आज भी हैं। जीवन की समस्याएँ जटिलतर होती जा रही हैं। ये समस्याएँ भिन्न-भिन्न प्रकार की हैं। समाज में आज उत्पीड़न और शोषण की मात्रा, अतिचार और अत्याचार की मात्रा, और भी अधिक, और भी तीव्र हो रही है। अवसरवाद, भ्रष्टाचार, नैतिकता का ह्रास, मानवतावादी मूल्यों की अवनति और व्यक्तिबद्ध अहंवादी मूल्यों का बढ़ता हुआ प्रभाव, लूटखसोट आदि-आदि बातों से सामान्य मानव का दुःख अपरिसीम होता जा रहा है।

ऐसी स्थिति में, शीत-युद्ध के एक केन्द्र को यह चिन्ता सता रही है कि कहीं यह सन्तप्त मानव समाजवाद और साम्यवाद का शिकार न हो जाए। ऐसी स्थिति में, वह पाता है कि पश्चिमी जगत् का उच्च साहित्य साम्यवादी या समाजवादी प्रभाव को रोकने में विशेष सहायक नहीं होता। हाँ, यह सही है कि समाज की जो आलोचना उसमें की गई है, वह कोई साम्यवादी दृष्टि या समाजवादी दृष्टि से नहीं। यहाँ तक कि कभी-कभी उस दृष्टि की आलोचना समाजवादी भी करते हैं। किन्तु फिर भी वह आलोचना तो हुई है। ऐसी स्थिति में, वे अमरीकी प्रयोगवादी और श्रेष्ठ उपन्यासकारों का, अथवा ब्रिटेन या फ्रांस के उच्च साहित्य का, प्रचार नहीं करते, क्योंकि आज के

सन्दर्भ में उनके लिए वे उपयोगी सिद्ध नहीं होते।

आज तो उन्हें पाश्चात्य जगत् की अराजकतापूर्ण स्थिति को, तथा उससे उत्पन्न मानव-दु:ख को, इस प्रकार परिभाषित करना है कि जिससे मनुष्य संकल्पधर्मा बनकर महान कार्यों के लिए, मुक्ति-कार्यों के लिए, उद्युक्त न हो।

उदाहरणत:, वीरता की व्याख्या लीजिए। वीरता क्या है ? अपने लघुत्व को ढाँकने का एक तरीक़ा है। फिर लोग उस ओर उन्मुख क्यों होते हैं ? इसलिए कि वे अपने लघुत्व की वास्तविकता से घृणा करते हैं। निष्कर्ष : (1) मानव निरन्तर लघु है। (2) इसलिए उसका दु:ख स्थायी है। (3) वह दु:ख से मुक्ति के प्रयत्न में वीरता बताता है, किन्तु यह वीरता वस्तुत: उसके लघुत्व ही का मानसिक विक्षेप है। (4) यह मानसिक विक्षेप उसमें क्यों होता है ? इसलिए कि उसमें बहुत बार आत्म-घृणा और आत्म-दया होती है, अतएव अपने लघुत्व से घृणा करते हुए वह अपनी ऊँचाइयाँ प्रदर्शित करने के लिए वीरता के दृश्य प्रस्तुत करता है। (5) वीरता के दृश्य प्रस्तुत करने से वह महान नहीं हो जाता, क्योंकि वह निरन्तर लघु है। (6) इसलिए उसका दु:ख स्थायी है। (7) अतएव मानव-मुक्ति के लिए प्रयत्न वृथा है, क्योंकि मुक्ति-जैसी कोई चीज़ नहीं है—एक दु:ख से दूसरे दु:ख की ओर जाने का वह प्रयत्न है।

यह मानवतावादी अद्यतन दर्शन है। मानव के सम्बन्ध में यह एक प्रकार का नकारवाद है। मानवीय भाग्य और वर्तमान स्थिति के सम्बन्ध में यह एक प्रकार का निराशावाद है।

[इस] विचारधारा के दो पक्षों की तरफ़ हमारा ध्यान जाना ज़रूरी है। एक तो यह कि मुख्यत: मानव-मुक्तिवादी विचारधाराओं के विरुद्ध है। उसकी तीखी नोक खासकर साम्यवादी धारणाओं के विरुद्ध है, क्योंकि साम्यवादी धारणाओं में यह बताया गया है कि मनुष्य चाहे तो अपना भाग्य-परिवर्तन कर सकता है। मनुष्य के अन्त:करण में वे शक्तियाँ मौजूद हैं जो व्यक्ति और समाज, इन दोनों में सामंजस्य स्थापित करते हुए मनुष्य को अधिक पूर्ण, अधिक सक्षम और अधिक सुखी बना सकती है। उसमें यह बताया गया है कि जन-साधारण में महान सम्भावनाएँ छिपी हुई हैं। मनुष्य ने अपने श्रम और बुद्धि द्वारा महान उपलब्धियाँ प्राप्त की हैं, और मनुष्य का सच्चा सुख और मुक्ति तथा उपलब्धि सर्वजनहितार्थ उसकी सृजनशीलता में ही निहित है, उसके सृजनशील कार्यों में ही। इस कारण साम्यवादी नैतिक जगत् की विचारधारा लोगों को आकर्षित करती है, बहुत आकर्षित करती है।

इस आकर्षण के प्रतिरोध के लिए यह आवश्यक है कि ऐसी भाव-धारा प्रचलित की जाए, जिससे दु:ख को शाश्वत मानकर उससे समझौता करते हुए, समाज-परिवर्तन और मानव-परिवर्तन के स्वप्न को छोड़ दिया जाए।

इस भाव–धारा की यह विशेषता ऐसी है जो मानव–प्रगति के चक्र में रोध और बाधा उत्पन्न करती है। दु:ख के स्थायित्व, लघुत्व की मूल स्थिति, तथा उच्चतर गुणों के माया–स्वप्तत्व का पाठ पढ़ाकर, मनुष्य को मानव–सत्ता के उच्चतर रूपान्तर के कार्यों और कार्यक्रमों से अलग करने का उद्देश्य और प्रेरणा उसमें समाई हुई है।

हिन्दी काव्य–सृष्टि की वर्तमान गतिविधि में इस भाव–धारा का प्रभाव स्वाभाविक होता जा रहा है।

कारण क्या है ? कारण है—वर्तमान देशकालावस्था की कतिपय विशेषताएँ। देश में, सामान्यत:, अवसरवाद, अनाचार, स्वार्थपरता, लाभ–लोभ और व्यक्तिवादी महत्त्वकांक्षा का प्रभाव विभिन्न सामाजिक क्षेत्रों में लगातार बढ़ता जा रहा है। परिणामत: जनसाधारण का जीवन मलिन और दु:खपूर्ण तथा वैयक्तिक आशाहीनता और भविष्यहीनता के भावों से ग्रस्त हुआ जा रहा है। काव्य में भी यही भविष्यहीनता तथा आशाहीनता के अराजक भाव बढ़ते जा रहे हैं। बाह्य समाज के जो सामान्य दृश्य कवि को दिखाई दे रहे हैं, वे उत्साह–संहारक, प्रेरणा–नाशक और हृदय–विदारक हैं।

शीत–युद्ध के दौरान में, नवीन भाव–धारा ने विगत जनतंत्रवादी विचारधारा से भी युद्ध किया और प्रगतिवादी विचारधारा से भी। इसको दुहराने की आवश्यकता नहीं। महत्त्व की बात यह है कि लेखक में साम्यवाद–विरोधी, राजनीति–विरोधी और अब जन–विरोधी, मनोग्रन्थियाँ पहले से ही तैयार कर दी गई हैं। वे अब और भी अधिक दृढ़ बनाई जा रही हैं।

ध्यान में रखने की बात है कि सभ्यता, समाज, व्यक्ति—इन सबकी (इनकी दृष्टि से देखी गई) वर्तमान स्थिति की आलोचना के तत्त्व इन कवियों में ख़ूब प्रचलित हैं, किन्तु ये आलोचना के तत्त्व अत्यन्त व्यक्तिवादी दृष्टि की उपज हैं।

इस आलोचना का सारांश यह है कि रूस हो या अमरीका, सर्वत्र औद्योगिक सभ्यता है। औद्योगिक सभ्यता व्यक्तित्व का नाश करती है। व्यक्ति में आत्म–निर्णय, विवेक की शक्ति का ह्रास हो जाता है। उसका व्यक्तित्व भी विखंडित हो जाता है। साम्यवादी जगत् और 'स्वतंत्र' जगत्, इन दोनों में अन्तर केवल यह है कि 'स्वतंत्र' जगत् में व्यक्ति, बावजूद व्यक्तित्व–विभाजन के, बावजूद व्यक्तित्व–नाश के, अपने स्वतंत्र निर्णय के लिए स्वतंत्र है।

व्यक्ति अपना स्वतंत्र निर्णय तब तक नहीं कर सकता, जब तक वह भीड़ का अंग है। समाज में जब तक व्यक्ति पृथक्–पृथक् हैं और मनन के जगत् में रहकर निर्णय करने को स्वतंत्र हैं, तब तक ही वह व्यक्ति है। तब तक वह आत्मा का केन्द्र है। किन्तु ज्योंही वह एक हो जाता है, वह जन–यूथ के मनोविज्ञान की धारा में बहता है, स्वतंत्र निर्णय की उसकी शक्ति या तो क्षीण हो जाती है या लुप्त हो जाती है।

इसलिए, ये जो सड़कों पर जुलूस चल रहे हैं, ये जो हड़तालें हो रही हैं, ये जो सामूहिक-राजनीतिक आक्रमण-प्रत्याक्रमण हो रहे हैं, वे सब भीड़ की मनोवृत्ति के परिचायक होने से, स्वतंत्र निर्णय के अभाव की अन्ध शक्ति को ही सूचित करते हैं। परिणामतः, लेखक—जो कि अकेले ही में रहता है—उसे अकेले में रहना ही अच्छा है। तभी वह मानवता के उच्च गुणों को (यदि वे हैं तो) प्रतिष्ठापित कर सकता है। जनवाद, समाजवाद भीड़ की मनोवृत्ति के परिचायक हैं। जुलूस, हड़ताल आदि राजनीतिक सामूहिक कार्य ग़लत हैं। जनता ढोर है, वह पशु है, क्योंकि वह नेताओं के बहकावे में आती है, क्योंकि उसमें 'स्वतंत्र' निर्णय करने की शक्ति नहीं है।

व्यक्ति अपनी व्यक्ति-सत्ता में अद्वितीय है, निःसंग है। और ऐसी बाह्य प्रभावहीन निःसंग स्थिति में ही, अपने इस प्रकार के एकान्त में ही, वह स्वतंत्र निर्णय कर सकता है, अन्यथा नहीं।

दुःख की स्थिति प्रायः स्थायी है। मनुष्य लघु है। लघुत्व में पूर्ण मनुष्य अपने लघुत्व से घृणा करता है, इसलिए कुछ काल के लिए वह 'वीर' बन जाता है। वीरता या महानता भ्रमात्मक है। लघुत्व मनुष्य की मूल प्रकृति है। अतएव, हे महोदय, महानों और वीरों के चक्कर में मत पड़िए।

दूसरे शब्दों में, यह जो विद्यमान स्वार्थग्रस्त अहंग्रस्त व्यक्ति-सत्तात्मक स्थिति है—जिससे कि यह समाज बना हुआ है—उसको पहचानना, और उस यथार्थ को पहचानकर अपनी अद्वितीयता की रक्षा करना आवश्यक है।

अद्वितीयता की यह रक्षा उन दार्शनिक या कहिए, धार्मिक अथवा आध्यात्मिक या रहस्यात्मक अनुभवों में हो सकती है, जिनकी परिभाषा करना, जिनके स्वरूप की व्याख्या करना, उनका काम है जिनको इसमें दिलचस्पी है।

और, इस प्रकार की अन्तिम व्याख्या और अन्तिम परिभाषा—वह जो भी है—यदि व्यक्ति-सत्ता की एकमेव अद्वितीयता की रक्षा करती है तो उस स्थिति में वह मानव की सर्वोच्च परिभाषा, उसकी निजी शक्तियों की, आत्म-शक्तियों की सर्वोच्च परिभाषा भी होगी।

मैंने इस भाव-धारा की कतिपय विशेषताओं को अपने शब्दों में रखने का प्रयत्न किया है, न कि भाव-धारावालों के शब्दों में। अतएव इसमें उनके विचारों को सम्भवतः भद्दा बनाकर भी रखा गया है। किन्तु, भले ही मैंने उसे हल्के ढंग से या भद्दे ढंग से रखा हो, उसका सार-सत्य वही है जो मैंने कहा।

उपर्युक्त भाव-धारा सम्पूर्ण-सर्वांगपूर्ण अथवा व्यवस्था-बद्ध या सुसंगठित रूप से सब कवियों में नहीं पाई जाती है। किसी में उसका कोई अंश है, तो किसी में कोई और। इन कवियों की आभ्यन्तर जीवन-ज्ञान-व्यवस्था में इस भाव-धारा का योग

है, वह कितना और कैसा योग है, यह एक भिन्न प्रश्न है।

यह भी ध्यान में रखने की बात है कि सब प्रयोगवादियों या नये कवियों की यह विशेषता नहीं है। सभी में यह भाव-धारा पाई जाती है—यह कहना यथार्थ के अनुसार नहीं।

महत्त्व की बात केवल यह है कि यह भाव-धारा नितान्त प्रतिक्रियावादी है। इसके सारे आघात का मुख्य लक्ष्य कवि-कलाकार को लेखक-समाज से, सामाजिक-मानवीय भावनाओं से, सामाजिक-मानवीय लक्ष्यों से, सामाजिक-मानवीय सत्ता के उच्चतर रूपान्तर के स्वप्न-लक्ष्य और प्रयत्न से, पृथक् नि:संग और विरोधात्मक रूप में स्थापित करना है।

इस लेखक का मुख्य उद्देश्य इस भाव-धारा के मुद्देवार खंडन उपस्थित करना नहीं है। इसका मुख्य उद्देश्य वर्तमान स्थिति पर अपनी बुद्धि अनुसार प्रकाश डालते हुए यह बताना है कि आख़िर किस प्रकार इस भाव-धारा से छुटकारा प्राप्त हो सकती है।

यह जानना ज़रूरी है कि आख़िर इस क्षेत्र में इस भाव-धारा का प्रचार क्योंकर हुआ। बाह्य परिस्थिति वैसी थी, यह कहकर छुट्टी लेना ग़लत है। आन्तरिक अवस्था का भी इस भाव-धारा के प्रचार-प्रसार में योग है। यह आन्तरिक अवस्था साहित्य-क्षेत्र की आन्तरिक अवस्था तथा अन्त:करण के भीतर की अवस्था भी है।

काव्य एक आत्मपरक प्रयास है। भारतीय साहित्य—विशेषकर हिन्दी साहित्य—में आत्मपरक काव्य की परम्परा रही आई। उसी प्रकार साहित्य के तत्त्वों के विश्लेषण और उसके प्रभाव के विश्लेषण की भी परम्परा रही है।

प्रगतिवादी समीक्षा और प्रगतिवादी साहित्य ने मनुष्य के मात्र सामाजिक-राजनीतिक पक्ष पर ही ख़ूब ज़ोर दिया। उसके शेष पक्षों पर, तुलनात्मक दृष्टि से, बहुत कम बल रहा, या नहीं ही रहा। परिणामत:, पाठक के सामने मनुष्य का जो चित्र प्रस्तुत हुआ, वह एकपक्षीय ही था, उसमें मानव-सत्ता की सर्वांगीण प्रगतिशील दृष्टि का प्रकटीकरण नहीं था।

इसका प्रभाव प्रगतिशील साहित्यकारों के व्यक्तित्व पर भी हुआ। एक ओर, वे अनेकानेक रचनाओं में केवल उद्‌बुद्ध सामाजिक-क्रान्तिकारी भाव-दृष्टि प्रकट करते थे; तो दूसरी ओर, उनके वास्तविक जीवन में जो दृश्य बहुत-बहुत लोगों ने समीपता से देखा है, उसमें उच्चवर्गीय संकीर्णता, विलास-लोलपुता, अपने पास अधिकाधिक उच्चवर्गीय सामाजिक प्रभाव तथा अधिकाधिक वस्तु-संग्रह और कीर्ति-संग्रह की लालसा प्रत्यक्ष दिखाई दे रही थी। इसी मनोवृत्ति के उदाहरण अधिकतर दिखाई दे रहे थे। अपवाद कुछ थे, वे अत्यन्त अल्प थे। संक्षेप में, इन लेखकों के वास्तविक

जीवन में प्रगतिशील दृष्टि का अनुशासन नहीं था, और उस प्रगतिशील दृष्टि से जीवन–संगठन नहीं था। उच्च और सुखपूर्ण वैयक्तिक जीवन ही उनका प्रधान जीवन–लक्ष्य था।

वैसे ही उनके सामाजिक सम्बन्ध भी थे। उन सामाजिक सम्बन्धों के कारण और उनके द्वारा ही वे भौतिक उन्नति के सोपानों पर चलते जा रहे थे। यदि समाजवाद के द्वारा उनका निजी प्रभाव बढ़ता है तो वह भी अच्छा ही है—यह मानकर माानो कि वे चलते थे। उच्च वर्गों में उनके गहन सामाजिक सम्बन्धों ही के कारण, उन्हें अपने प्रगतिवाद से कोई आर्थिक या सामाजिक हानि नहीं हुई।

परिणामत: उनके वास्तविक जीवन और आचरण के द्वारा कोई विशेष प्रेरणा नहीं मिल पाती थी। अपने भौतिक अस्तित्व की रक्षा का संघर्ष, जो एक साधारण मनुष्य को, एक ग़रीब आदमी को करना पड़ता है, वह उनके लिए मानो कि नहीं था, और अगर था भी तो वह एक ऐसे ढंग से था जिसे हम मोटर–कारवालों पर लदे हुए कर्ज़ से छुटकारे का संघर्ष कह सकते हैं। दूसरे शब्दों में, ये लोग मानव, मानवता, संघर्षशील मानवता, मुक्ति–संघर्ष, जनवाद, किसान–मज़दूर क्रान्ति, आदि शब्दों का प्रयोग करते थे, और विभोर होकर, भक्ति–भावपूर्वक, उन सब तत्त्वों का प्रतिपादन भी करते थे।

इसका परिणाम यह हुआ कि, जैसाकि दिखाई देता था, उनकी विभिन्न कल्पनाएँ अतिसरलीकरण पर आधारित हो गई थीं। ज़िन्दगी की पेचीदगियों पर उनका ध्यान न जाकर, सामान्य विशेषताओं पर ही दृष्टि टिक जाती थी। इसलिए उनका 'प्रगतिशील' मानव एक निष्ठावान क्रान्तिकारी मानव था, जो प्रगतिशील मूल्यों की स्थापना के लिए जूझ पड़ता है। उसके हृदय में कहीं भी कोई शंका, अपने व्यक्ति–सुख के सम्बन्ध में कोई चिन्ता, अथवा अपनी परिस्थितियों से कोई घबराहट, नहीं थी—यद्यपि यह साफ़ था कि वास्तविकता बराबर यह सूचित करती रहती थी कि वास्तविक 'प्रगतिशील' मनुष्य, जो कि हमें काम करते हुए दिखाई देता है, प्रगतिशील कविता में दिखाई दे रहे प्रगतिशील मानव से कहीं अधिक उलझाव–भरा, कमज़ोर और विविधपक्षीय रुझान रखनेवाला मनुष्य है। संक्षेप में, प्रगतिवादी मानव–बिम्ब जो काव्य में उपस्थित हुआ, प्रगतिवादी मानव के वास्तविक जीवन–संघर्ष और वास्तविक व्यक्तित्व से बहुत कुछ दूर होकर, अतिसरलीकरण पर आधारित कल्पना के रूप में था। साथ ही, उसका केवल [एक] ही पक्ष—सामाजिक–राजनीतिक पक्ष ही—सामने आता था, दूसरे पक्ष नहीं।

परिणामत: प्रगतिवादी काव्य एक हद तक, एक सीमा तक, ही प्रभावित करता था। सारे जीवन का, मन–वचन कर्म को—जीवन–यापन–पद्धति को—हृदय, आत्मा और बुद्धि को, एक केन्द्र से अनुशासन और नियंत्रण करनेवाले प्रगतिवादी आदर्श

और प्रगतिवादी जीवन-मूल्यों और उनके कार्यात्मक तथा अनुभवात्मक रूपों का चित्रण हमें दिखाई देता था, न आन्तरिक तथा बाह्य समस्याओं का चित्रण जो कि इस प्रकार के आत्मैक्य (?) से स्वभावतः उत्पन्न होता है।

इसके विरुद्ध प्रतिक्रिया स्वाभाविक थी। प्रगतिवाद के कतिपय प्रवक्ता अपने प्रवचनों को विशुद्ध मार्क्सवाद और उसका विशुद्ध प्रयोग समझते हुए, और इस महान कार्य से प्रसूत अहंकार के प्रतिनिधि बनकर, जिस प्रकार आलोचना करते जाते थे उससे, देश में वामपन्थी समाजवादी राष्ट्रवाद के बढ़ते हुए प्रभाव की धारा की उच्च लहरों पर चढ़कर, वे नित्य-नूतन विजय प्राप्त करते जाते थे। वह युग ही वैसा था।

महत्त्व की बात यह है कि [उन्होंने] प्रयोगवादी और नई कविता का आरम्भ ही से विरोध किया। वे उसकी सूरत देखकर ही चिढ़ते थे। किसी विशेष साहित्य-धारा की उत्पति-विकास के मूलभूत कारणों का तटस्थ विश्लेषण न कर, उसका विस्तृत स्वरूप-विश्लेषण और उस पर आधारित मूल्यांकन न कर, वे केवल उसको नष्ट-भ्रष्ट कर डालने के लिए ही कटिबद्ध रहे।

ख़ैर, यह पुरानी बात हो गई। दु:ख की बात यह है कि आज भी उनके द्वारा [सिवाय] केवल विरोध के, विशुद्ध विरोध के, और कुछ नहीं हो पाता। ऐसी स्थिति में, जब नये प्रकार के लेखकों से उन्होंने अपने को अलग कर डाला, वे कैसे प्रतिक्रियावादी विचारधाराओं से मोर्चा ले सकते थे, उन्हें बचा सकते थे?

आज आवश्यकता इस बात की है कि नये काव्य-क्षेत्र में एक विशेष केन्द्र से प्रतिक्रियावादी, जन-विरोधी, विचारधारा का परिचालन किया जाता है, इसको रोका जाए। किन्तु यह कौन कर सकता है? क्या यह नये काव्य के स्वरूप ही से भड़कनेवाले लोगों से ही सिद्ध होगा?

मेरे सामने मुख्य प्रश्न यह है कि समीक्षा की भाषा, समीक्षा-शैली, समीक्षा के अन्तर्गत विचारधारा की अभिव्यक्ति, इस प्रकार से हो कि लेखक यह समझ सके कि समीक्षक उसका शत्रु नहीं, उसका मित्र है, उसका भ्राता है। तभी वह लेखकों का विश्वास प्राप्त कर सकेगा।

लेखक लम्बी-चौड़ी सिद्धान्तवादी शब्दावली से न प्रभावित होता है, न उसे जान ही पाता है। अतएव यह आवश्यक है कि इस ढंग से बात की जाए कि जिससे समीक्षक और लेखक की दूरी कम हो, वे दो विभिन्न पृथक् लोकों में न रहकर, एक ही जगत् में रहकर, एक ही भाषा बोलते-से प्रतीत हों।

महत्त्व की दूसरी बात यह है कि साहित्य-क्षेत्र में जिन केन्द्रों से जो प्रतिक्रियावादी विचारधारा प्रचारित और प्रतिचालित होती है, उन केन्द्रों और उनकी प्रतिक्रियावादी विचारधाराओं की मूलगामी और प्रखर आलोचना करते हुए—इस प्रकार आलोचना

करते हुए कि जिससे प्रगतिशील मानवतावाद का मार्मिक और सर्वांगपूर्ण तथा प्रेरणापूर्ण चित्र उपस्थित हो सके—अनेक व्यापक विवेचन और मन्थन करनेवाली पुस्तकें लिखी जाएँ, लेख लिखे जाएँ तथा उस चुनौती को सहर्ष स्वीकार किया जाए जो भारतीय मानवता को विचारधारा के रूप में विशेष केन्द्र या केन्द्रों से दी गई है।

दूसरे शब्दों में, समीक्षा एक ऐसा सिद्धान्त-संगत, जीवन-ज्ञानपूर्ण, जीवन-संवेदनपूर्ण, मार्मिक मानव-चित्र प्रस्तुत करे, जो आज की व्यापक दु:ख और कष्ट की स्थिति-परिस्थिति से ग्रस्त लेखक की विभिन्न वास्तविक मनोदशाओं के लिए न केवल ग्राह्य हो, वरन् उसके विभिन्न पूर्वग्रह-ग्रस्त भावों को छिन्न-भिन्न करते हुए उसे प्रेरणा प्रदान करे—ऐसी प्रेरणा जो एक ही साथ उसकी समस्याओं और विश्व की समस्याओं के समाधान का एक नम्र, किन्तु अत्यन्त भाव-संवेदनशील प्रयत्न हो।

सिद्धान्त जीवन-जगत् के विभिन्न सामान्यीकरणों ही पर तो आधारित होते हैं। वे मानव के अन्त:करण में स्थित जीवन-ज्ञान-अवस्था का ही तो एक ऊर्ध्व-विकास रूप हैं। अतएव मेरा यह आग्रह है कि समीक्षा में आज के लेखक के परिवेश, उसकी रचना-प्रकिया, उसके अन्त:करण के संवेदन-पुंजों को समझते हुए, उसकी विशेष सन्दर्भयुक्त भाषा को समझते हुए, और यह मानते हुए कि लेखक मानव-जीवन ही की अभिव्यक्ति कर रहा है—संक्षेप में, लेखक के अन्त:करण और काव्य में सहानुभूतिशील अन्तर्दृष्टि को परिचालित करते हुए—कार्य किया जाए। विरोधी विचारधारा के क्षेत्र में तथा स्वरूप-विश्लेषण करनेवाली वास्तविक साहित्य-समीक्षा के क्षेत्र में क्या ऐसी अपेक्षा करना ग़लत है?

[सम्भावित रचनाकाल : 1959–64 के बीच। नये साहित्य का सौन्दर्यशास्त्र में संकलित]

आत्म-वक्तव्य : एक

मालवे के विस्तीर्ण मनोहर मैदानों में से घूमती हुई क्षिप्रा की रक्त-भव्य साँझें और विविध-रूप वृक्षों की छायाएँ मेरे किशोर कवि की आद्य सौन्दर्य-प्रेरणाएँ थीं। उज्जैन नगर के बाहर का यह विस्तीर्ण निःसर्ग-लोक उस व्यक्ति के लिए जिसकी मनोरचना में रंगीन आवेग ही प्राथमिक हैं, अत्यन्त आत्मीय था।

उसके बाद इन्दौर में प्रथमतः ही मुझे अनुभव हुआ कि यह सौन्दर्य ही मेरे काव्य का विषय हो सकता है। इसके पहले उज्जैन में स्वर्गीय रमाशंकर शुक्ल के स्कूल की कविताएँ—जो माखनलाल स्कूल की निकली हुई शाखा थी—मुझे प्रभावित करती रहीं, जिनकी विशेषता थी बात को सीधा न रखकर उसे केवल सूचित करना। तर्क यह था कि उससे वह अधिक प्रबल होकर आती है। परिणाम यह था कि अभिव्यंजना उलझी हुई प्रतीत होती थी। काव्य का विषय भी मूलतः विरह-जन्य करुणा और जीवन-दर्शन ही था। मित्र कहते हैं, कि उनका प्रभाव मुझ पर से अब तक नहीं गया है। इन्दौर में मित्रों के सहयोग और सहायता से मैं अपने आन्तरिक क्षेत्र में प्रविष्ट हुआ और पुरानी उलझन-भरी अभिव्यक्ति और अमूर्त करुणा छोड़कर नवीन-सौन्दर्य-क्षेत्र के प्रति जागरूक हुआ। यह मेरी प्रथम आत्म-चेतना थी।

उन दिनों भी एक मानसिक संघर्ष था। एक ओर, हिन्दी का यह नवीन सौन्दर्य-काव्य था, तो दूसरी ओर मेरे बाल-मन पर मराठी साहित्य के अधिक मानवतामय उपन्यास-लोक का भी सुकुमार परन्तु तीव्र प्रभाव था। तॉल्स्तॉय के मानवीय समस्या-सम्बन्धी उपन्यास या महादेवी वर्मा? समय का प्रभाव कहिए या वय की माँग, या दोनों, मैंने हिन्दी के सौन्दर्य-लोक को ही अपना क्षेत्र चुना; और मन की दूसरी माँग वैसी ही पीछे रह गई, जैसे अपने आत्मीय राह में पीछे रहकर भी साथ चले चलते हैं।

मेरे बाल-मन की पहली भूख सौन्दर्य, और दूसरी विश्व मानव का सुख-दुःख—इन दोनों का संघर्ष मेरे साहित्यिक जीवन की पहली उलझन थी। इसका स्पष्ट वैज्ञानिक समाधान मुझे किसी से न मिला। परिणाम था कि इन अनेक आन्तरिक द्वन्द्वों के कारण एक ही काव्य-विषय नहीं रह सका। जीवन के एक ही बाजू को लेकर मैं कोई सर्वाश्लेषी दर्शन की मीनार खड़ी न कर सका।

साथ ही जिज्ञासा के विस्तार के कारण कथा की ओर मेरी प्रवृत्ति बढ़ गई। इसका द्वन्द्व मन में पहले ही से था। कहानी-लेखन आरम्भ करते ही मुझे अनुभव हुआ कि कथा-तत्त्व मेरे उतना ही समीप है जितना काव्य। परन्तु कहानियाँ मैं बहुत ही थोड़ी लिखता था, अब भी कम लिखता हूँ। परिणामतः, काव्य को मैं उतना ही समीप रखने लगा जितना कि स्पन्दन। इसीलिए काव्य को व्यापक करने की, अपनी जीवन-सीमा से उसकी सीमा को मिला देने की, चाह दुर्निवार होने लगी। और मेरे काव्य का प्रवाह बदला।

दूसरी ओर, दार्शनिक प्रवृत्ति—जीवन और जगत् के द्वन्द्व—जीवन के आन्तरिक द्वन्द्व—इन सबको सुलझाने की, और एक अनुभव-सिद्ध व्यवस्थित तत्त्व-प्रणाली अथवा जीवन-दर्शन आत्मसात् कर लेने की, दुर्दम प्यास मन में हमेशा रहा करती। आगे चलकर मेरी काव्य की गति को निश्चित करनेवाला सशक्त कारण यही प्रवृत्ति थी। सन् 1935 में काव्य आरम्भ किया था, सन् 1936 से 1938 तक काव्य के पीछे कहानी चलती रही। 1938 से 1942 तक के पाँच साल मानसिक संघर्ष और बर्गसोनीय व्यक्तिवाद के वर्ष थे। आन्तरिक विनष्ट शान्ति के और शारीरिक ध्वंस के इस समय में मेरा व्यक्तिवाद कवच की भाँति काम करता था। बर्गसों की स्वतंत्र क्रियमाण 'जीवन-शक्ति' (elan vital) के प्रति मेरी आस्था बढ़ गई थी। परिणामतः, काव्य और कहानी नये रूप प्राप्त करते हुए भी अपने ही आस-पास घूमते थे, उनकी गति ऊर्ध्वमुखी न थी।

सन् 1942 के प्रथम और अन्तिम चरण में मैं एक ऐसी विरोधी शक्ति के सम्मुख आया, जिसकी प्रतिकूल आलोचना से मुझे बहुत-कुछ सीखना था। शुजालपुर की अर्द्ध-नागरिक रम्य एकस्वरता के वातावरण में मेरा वातावरण भी—जो मेरी आन्तरिक चीज़ है—पनपता था। यहाँ लगभग एक साल में मैंने पाँच साल का पुराना जड़त्व निकालने की सफल-असफल कोशिश की। इस उद्योग के लिए प्रेरणा, विवेक और शान्ति मैंने एक ऐसी जगह से पाई, जिसे पहले मैं विरोधी शक्ति मानता था।

क्रमशः मेरा झुकाव मार्क्सवाद की ओर हुआ। अधिक वैज्ञानिक, अधिक मूर्त और अधिक तेजस्वी दृष्टिकोण मुझे प्राप्त हुआ। शुजालपुर में पहले-पहले मैंने कथातत्त्व के सम्बन्ध में आत्मविश्वास पाया। दूसरे, अपने काव्य की अस्पष्टता पर मेरी दृष्टि गई। तीसरे, नये विकास-पथ की तलाश हुई।

यहाँ यह स्वीकार करने में मुझे संकोच नहीं कि मेरी हर विकास-स्थिति में मुझे घोर असन्तोष रहा, और है। मानसिक द्वन्द्व मेरे व्यक्तित्व में बद्धमूल है। यह मैं निकटता से अनुभव करता आ रहा हूँ कि जिस भी क्षेत्र में मैं हूँ वह स्वयं अपूर्ण है, और उसका ठीक-ठीक प्रकटीकरण भी नहीं हो रहा है। फलतः, गुप्त अशान्ति मन के अन्दर घर किये रहती है।

मैं कलाकार की 'स्थानान्तरगामी प्रवृत्ति' (माइग्रेशन इंस्टिंक्ट) पर बहुत ज़ोर देता हूँ। आज के वैविध्यमय, उलझन से भरे, रंग-बिरंगे जीवन को यदि देखना है, तो अपने वैयक्तिक क्षेत्र से एक बार तो उड़कर बाहर जाना ही होगा। बिना उसके, इस विशाल जीवन-समुद्र की परिसीमा, उसके तट-प्रदेशों के भूखंड, आँखों से ओट ही रह जाएँगे। कला का केन्द्र व्यक्ति है, पर उसी केन्द्र को अब दिशाव्यापी करने की आवश्यकता है। फिर युग-सन्धि काल में कार्यकर्त्ता उत्पन्न होते हैं, कलाकार नहीं, इस धारणा को वास्तविकता के द्वारा ग़लत साबित करना ही पड़ेगा।

मेरी कविताओं के प्रान्त-परिवर्तन का कारण है यही आन्तरिक जिज्ञासा। परन्तु इस जिज्ञासा-वृत्ति का वास्तव (ऑब्जेक्टिव) रूप अभी तक कला में नहीं पा सका हूँ। अनुभव कर रहा हूँ कि वह उपन्यास द्वारा ही प्राप्त हो सकेगा। वैसे काव्य में जीवन के चित्र की—यथा वैज्ञानिक 'टाइप' की—उद्भावन की, अथवा तीव्र विचार की, अथवा शुद्ध शब्द-चित्रात्मक, कविता हो सकती है। इन्हीं के प्रयोग मैं करना चाहता हूँ। पुरानी परम्परा बिलकुल छूटती नहीं है, पर वह परम्परा है मेरी ही और उसका प्रसार अवश्य होना चाहिए।

जीवन के इस वैविध्यमय विकास-स्रोत को देखने के लिए इन भिन्न-भिन्न काव्य-रूपों को, यहाँ तक कि नाट्य तत्त्व को, कविता में स्थान देने की आवश्यकता है। मैं चाहता हूँ कि इसी दिशा में मेरे प्रयोग हों।

मेरी ये कविताएँ अपना पथ ढूँढ़नेवाले बेचैन मन की ही अभिव्यक्ति हैं। उनका सत्य और मूल्य उसी जीवन-स्थिति में छिपा है।

[तारसप्तक : 1944 में प्रकाशित]

आत्म वक्तव्य : दो

पिछले पन्द्रह वर्षों में, अपनी साहित्यिक जीवन-यात्रा की विशेषताएँ प्रस्तुत करने का मोह होता है। यह मुश्किल काम है। एक बात निश्चित है और वह यह कि इस अवधि में व्यक्ति और समाज के भीतर का संकट बहुत बढ़ गया। अब तक चली आई सांस्कृतिक परम्पराओं के पास इन वास्तविक संकटों का ऐसा कोई निदान न था जो मनुष्य को क्रियावान बनाकर विश्व तथा मनुष्य में आवश्यक परिवर्तन करे तथा साथ ही उसे आवश्यक आध्यात्मिक आत्मविश्वास और सुख प्रदान करे। निःसन्देह, यह एक अभूतपूर्व परिस्थिति थी जो अभी भी क़ायम है। इस परिस्थिति की विलक्षणताओं और विचित्रताओं से अपना सन्तुलन स्थापित करते हुए, सफलता, सिद्धि और व्यक्तिगत योगक्षेम की प्राप्ति के लिए भ्रष्टाचारी चातुर्य और अवसरवादी बुद्धि की आवश्यकता थी, जो कि अभी (यहाँ पांडुलिपि का अगला पृष्ठ अप्राप्य)... यदि जीवन-धारण की नितान्त मूलभूत आवश्यकताओं को विवेक को यदि विवेक बना रहना था तो निःसन्देह उसे अपने सामाजिक वास्तव से असन्तुलन और बेबनाव की स्थिति को न केवल क़ायम रखना था, बल्कि उसका स्वागत भी करना था। यह बेबनाव उसका किया नहीं था। यह फल था उस प्रक्रिया का जो मनुष्य को, उसके अन्तःस्वभाव के विकृतीकरण के विरुद्ध सावधान करती रहती है, साथ ही जो अपने वर्ग-प्राप्त स्तर के अनुरूप जीवन-धारण की मूलभूत आवश्यकताओं को पूरा करने में आड़े आती है।

ऐसी स्थिति में, प्रतिकूल बाह्य से—बेबनाव और असन्तुलन ग्रस्त मन, और भी अधिक अन्तर्मुख हुआ। किन्तु इस अन्तर्मुखता के भीतर क्या था?

यह वह प्रश्न है, जिसे मैं स्वयं अपने से पूछ रहा हूँ। और, पाता हूँ कि इस अन्तर्मुख लोक में यहाँ बाह्य समाज और उसके अनुकूल और प्रतिकूल तत्त्व, साथ ही उनके प्रति व्यक्ति की प्रतिक्रियाएँ, रुख़ और रवैये आ बसे थे। यह अन्तर्मुखता किसी वायवीय सैद्धान्तिक दर्शन की उपज न थी। यह अन्तर्मुखता उस पर लादी गई थी। मनुष्य का यह स्वभाव है कि वह विजय के मार्ग पर चले—बाह्य विश्व-जगत् से अपना अधिक-से-अधिक विस्तार करता जाए। किन्तु उसकी बाह्योन्मुख

स्वाभाविकता के विरुद्ध यह अन्तर्मुख अस्वाभाविकता लादी गई थी। कम-से-कम निम्न-मध्यवर्गीय जनों की तो यही स्थिति है, जिनकी सबसे बड़ी वीरता, इसी बात में है कि वे जी रहे हैं। हाँ, उनके लिए मानवीय जीवन-धारण, आज के ज़माने में, पराक्रम से कम नहीं है, भले ही समाज में उनके इस पराक्रम की कोई क़ीमत न हो।

इस अन्तर्मुखता, प्राचीन सांस्कृतिक अन्तर्मुखता के बिलकुल विरुद्ध, एक लादी गई अप्राकृतिक स्थिति है—जिसके अन्तर्गत मन अनेक फ़ैंटेसियों द्वारा बाह्य विश्व से अपने अन्त:सम्बन्धों के विविध रूपदृश्य प्रस्तुत करता है। यह अन्तर्मुखता एक भयानक चीज़ है, उसमें अपार कष्ट है। इस कष्ट की कालिख से मेरी कविताएँ रँगी हुई हैं। कविता के इस मर्म को समझने के लिए, विद्वान अथवा साहित्यिक अथवा मार्क्सवादी होने की ज़रूरत नहीं। (पांडुलिपि यहाँ खंडित है),...क्योंकि निम्नमध्यवर्गीय जन, जिसे थोड़ी शिक्षा प्राप्त है, इसी प्रकार की अन्तर्मुखता रखता है।

मेरी कठिनाई यह नहीं रही कि मेरी कविताएँ अजीबोग़रीब होने से दु:साध्य है, वरन् यह कि अपने व्यक्ति से पलायन की प्रवृत्ति, हिन्दी साहित्य के शीर्षस्थों से लेकर अतिसाधारण जनों तक विद्यमान है। इस पलायन की टाँग को पकड़कर उसे फिर से व्यक्ति के भीतर खींच ले जाने के काम को करने का मैंने प्रयत्न किया है।

तो तात्पर्य यह है कि इस अन्तर्मुखता में समाज (पांडुलिपि यहाँ खंडित है)... विश्व के आन्तरिक और बाह्य मुक्ति की प्रेरणा भी सम्मिलित है। उसमें एक मनुष्य-स्वप्न है, एक विश्व-स्वप्न है।

तो, इसलिए, मेरे पास जो भी इमेजरी है, वह इन्हीं...।

[अपूर्ण। सम्भावित रचनाकाल : 1957-58। वसुधा-89 : अक्टूबर-दिसम्बर, 2011 में प्रकाशित। रचनावली के संशोधित एवं परिवर्द्धित संस्करण में पहली बार संकलित]

आत्म–वक्तव्य : तीन

अपनी ज़िन्दगी के पिछले वर्षों की ओर मुड़कर देखना सम्मोहक भले ही हो, वह काफ़ी मुश्किल काम है। मुश्किल इसलिए कि हम आगत में प्राप्त भावनाओं की दृष्टि से विगत की ओर देखने लगते हैं, जिससे होता यह है कि हम विगत की प्रकृति, उसके अन्तःस्वभाव के प्रति अन्याय करने की ओर प्रवृत्त भी हो सकते हैं। यह सम्भावना, निःसन्देह, एक ऐसा ख़तरा है जिस पर ध्यान जाना और जिससे सँभलकर रहना ज़रूरी है। जीवन नित्य विकासमान है। किन्तु, विकास की वर्त्तमान अवस्था से आच्छन्न होकर, विगत की प्रयासशील प्रगति के [यहाँ पांडुलिपि में दो पृष्ठ अप्राप्य हैं।—सं.] संघर्षशील और परिवर्तनशील विश्व की चेतना थी, किन्तु साथ ही, उनका प्रथम और अन्तिम आश्रय, अधिकतर, उनका अपना 'व्यक्ति' था, और इस प्रथम और अन्तिम के बीच जगत् पसरा हुआ था।

उनका अपना एक आदर्शवाद था। उस आदर्श के तत्त्व विभिन्न कवियों के लिए भले ही भिन्न–भिन्न रहे हों, उनमें से कइयों ने अपने–अपने आदर्शों की प्रेरणा से अपने स्वार्थों के पैरों पर कुल्हाड़ी मार ली थी। दूसरे शब्दों में, वे उसी ज़माने में तथाकथित सांसारिक सफलता प्राप्त कर सकते थे। किन्तु उनकी जीवन–जगत्–सम्बन्धी संवेदना उन्हें अपने–अपने वर्ग से और समाज से सामंजस्य स्थापित नहीं करने देती थी। 'शिक्षा–विवाह–नौकरी–सफलता–यश' के क्रमशः विकसित होते हुए ढर्रेबाज़ रास्ते पर वे नहीं चले। फलतः वे बेबनाव और अनबने के एक लम्बे दौर में से गुज़रे। उन्होंने अपनी ज़िन्दगी में अजीबोग़रीब ख़तरे उठाए। उन्हें असाधारण परिस्थितियों और मनःस्थितियों का सामना करना पड़ा। वे 'काव्य में प्रयोग' के पूर्व, वस्तुतः, अपने–आप पर ही प्रयोग कर रहे थे, अपनी ज़िन्दगी पर ही प्रयोग कर रहे थे। जब वे अपने जीवन को ही संस्थापित न कर सके तो वे साहित्यिक क्षेत्र में अपने को कैसे प्रस्थापित करते! शायद उन्हें उसका मोह भी न था। असल में, उनमें से अधिकतर अपने पितृ–गृह को त्याग चुके थे। वे दो पीढ़ियों के संघर्ष के एक ध्रुव थे। और उस संघर्ष की धारा में सामाजिक, राजनीतिक और व्यक्तिगत संघर्ष आ मिले थे। जीवन अपनी सचेत सर्व–साधारणता में असाधारण हो उठा था, उसकी अनवस्था में एक व्यवस्था उत्पन्न

हो रही थी। जिज्ञासा, सम्मोह, साहस, कौतूहल, निष्ठा और तत्परता ज़िन्दगी को नये-नये क्षेत्रों में ले जाती। कभी यह ज़िन्दगी शिखर पर चढ़ जाती और मज़ा आ जाता। कभी वह निचले अँधेरे खड्डे में जा गिरती, और नैराश्यमूलक उत्तेजना सर पर सवार हो जाती। अपने-अपने व्यक्तित्व-चरित्र और स्वभाव के अनुसार, तारसप्तक के कवि अपना-अपना संघर्ष कर रहे थे।

तारसप्तक का वह ज़माना था। तब उस वेदना के पास कोई लाउडस्पीकर न था, कोई मंच न था, कोई प्रवक्ता भी न था, पब्लिसिटी के कोई साधन भी न थे। तारसप्तक के कवि, एक-दूसरे से अलग-अलग, पृथक्-पृथक्, एक-दूसरे से दूर और स्वतंत्र रूप से, अपनी-अपनी मौलिक शैलियों को ढाल रहे थे। केवल नम्रता के वशीभूत होकर ही उन्होंने अपने काव्य को 'प्रयोग' कहा था।

यद्यपि तारसप्तक दुनिया को आकर्षित न कर सका, उसकी कविताओं का ज़माना बहुत ही महत्त्वपूर्ण युग था। सन् 1939 से लेकर 1942 तक की मेरी कुछ कविताएँ उसमें संगृहीत हैं। सन् 1943 में वह पुस्तक प्रकाशित हुई। दूसरा सप्तक के प्रकाशन तक का काल नई कविता के लिए अन्धकार-युग था। किन्तु वह अन्धकार-युग बहुत ही ज्योतिष्मान था। वे बड़ी कठिनाइयों के दिन थे। वह बहुत ही साहस का ज़माना था। यद्यपि तारसप्तक के कवि अलग-अलग जगह रहते थे, फिर भी वे, अदृश्य संवेदना के सूत्रों से परस्पर बँधे हुए थे।

तारसप्तक की मेरी कविताएँ मुझे अभी भी प्रिय हैं। उनमें मौलिक द्रव्य का कच्चापन और अनगढ़पन है। उनमें कहीं चुनौती का, कहीं निष्ठा का, कहीं प्रश्न और जिज्ञासा का, कहीं संघर्ष का स्वर है। तारसप्तक की मेरी कविताओं के विषय अभी भी नये हैं। अगर मैं यह बताऊँ कि वे कविताएँ मुझे क्यों प्रिय हैं, तो उसमें मेरी ही तारीफ़ हो जाएगी। केवल इतना कह दूँ कि मेरी इन कविताओं में से केवल नैराश्यमूलक कविताओं को लेकर ही मेरी कठोर आलोचना की गई। यह ग़लत था।

किन्तु मेरी वर्तमान काव्य-प्रवृत्तियों के रूप-गुण तारसप्तक की कविताओं में नहीं पाए जाते। जिसे मैंने 'अन्धकार युग' कहा है, वह मेरे लिए काफ़ी महत्त्वपूर्ण रहा है। सन् 1943 के ज़माने से लेकर सन् 1952-53 के काल-खंड में जो जीवन-ज्ञान मुझे प्राप्त हुआ, वह नहीं होना चाहिए था। मानव-मूल्य गिरते जा रहे थे, मनुष्य-सम्बन्ध गँठीले और उलझे हुए हो रहे थे। छोटी-छोटी और अत्यन्त तुच्छ बातों के लिए घनघोर संघर्ष हो रहा था। महत्त्व, प्रतिष्ठा, पद-प्राप्ति के पीछे बड़ी-बड़ी 'प्रतिभाएँ' पड़ी हुई थीं। तारसप्तक की कविताओं के ज़माने में ही, हमने अपने आस-पास जो जीवन-जगत् पाया था, उसके कंठ-रोधक रूपस्वरूप के प्रति हमने अस्वीकार का भाव जताया था। किन्तु आगे चलकर तो परिस्थिति और भी बिगड़ गई। अवसरवादी सामंजस्य

करने का हमारा स्वभाव न था। किन्तु अब तो जीने ही के लाले पड़ गए थे।

मानव-सम्बन्धों की इस गिरावट के ज़माने में, मेरी कविता की सारी इमेजरी—बिम्ब-माला—विकसित हुई। उसमें घने और काले, लाल और नीले, जामुनी और बैंगनी रंग है। इन कविताओं में से अधिकांश अप्रकाशित हैं। यह इमेजरी कहाँ से कैसे पैदा हुई, यह कहना मुश्किल है। केवल इतना कहना चाहूँगा कि मनुष्य-सम्बन्धों की भीषण गिरावट के बीच, मनुष्य-दीप्ति के जो प्रकाशमान दृश्य मेरे सामने आए, उन्हीं के सहारे मेरा जीवन आगे बढ़ता रहा। दृश्य और अदृश्य सहस्रों कोमल स्पर्शों ने संयुक्त रूप से मन की रचना कर डाली। ये स्पर्श जिन ज्वलन्त जनों के हैं, वे कम नहीं, अनगिन हैं। उन्हीं के सहारे अनवस्था व्यवस्था-बद्ध होने लगी। वेदना सोचने के लिए बाध्य हुई। संवेदना डिफ़रेंशियल कैलक्युलस करने लगी। तब कहीं उसे मालूम हुआ कि ऋतु-रेखा, वस्तुतः वक्र-रेखा का ही एक विशिष्ट उदाहरण मात्र है, और प्रकृति एक-धन-एक-बराबर-दो के गणितिक नियम को, अनिवार्यतः, स्वीकार नहीं करती।

तो मतलब यह कि तारसप्तक की कविताओं के अनन्तर, मनुष्य-सम्बन्धों की गिरावट के भीषण दृश्यों के बीच भी, मुझे कोई ध्रुव-सा प्राप्त हो गया था। तत्कालीन कविताओं में, जो नया साहित्य, प्रतीक तथा हंस में प्रकाशित हुईं, इस तथ्य का स्पष्ट इंगित है। राजनीतिक-सामाजिक क्षेत्र के अधःपतन-सम्बन्धी कविता, जो मैंने बंगाल के अकाल पर लिखी, नया साहित्य में प्रकाशित हुई। इसी सम्बन्ध में एक कविता हंस में भी निकली, जो तीन-तीन पंक्तियों की है। इसी भीषण परिवेश में, इस स्याह परिपार्श्व में, मेरे मन के भीतर ग्लानि, दुःख, और व्यक्तिगत जीवन के सम्बन्ध में निराशा का भाव रहना स्वाभाविक ही था। ऐसी ही किसी भीषण मनःस्थिति में, इलाहाबाद के प्रतीक में मेरी एक कविता प्रकाशित हुई, जो मुझे अभी भी अत्यन्त प्रिय है। वह है, 'मुझे पुकारती हुई पुकार खो गई कहीं'। एक बेकार का मनोवैज्ञानिक चित्र प्रस्तुत करती हुई एक कविता हंस में प्रकाशित हुई। वह भी मेरी अत्यन्त प्रिय कविताओं में से है। परिवार के भीतर उत्पीड़न, शोषण, विषमता और अत्याचार के जो दृश्य दिखाई देते हैं, उनसे विक्षुब्ध होकर मैंने एक कविता लिखी थी, किसी से। इस शीर्षक के अधीन वह कविता हंस में प्रकाशित हुई। वे सब कविताएँ, जो तारसप्तक के प्रकाशन के अनन्तर निकली हैं, उस ज़माने की हैं जब विक्षोभ मेरा एक स्थायी भाव हो गया था। उन दिनों दूसरा सप्तक के कवि इधर-उधर छिटपुट दिखाई देते थे।

यद्यपि आगे के वर्षों में धीरे-धीरे मेरी कविता के काले रंग घुलने लगे, किन्तु मेरी इमेजरी बढ़ती ही गई। विषय भी विभिन्न और विस्तृत होते गए। यहाँ तक कि सन् 1952-53 के आगे मेरी कविताओं ने अपना रूपाकार बढ़ा लिया। यद्यपि पहले

की कविताएँ बहुत छोटी न थीं, किन्तु अब की तो, वस्तुतः प्रदीर्घ हो उठीं।

यह सब क्यों हुआ ? इमेजरी क्यों बढ़ने लगी ? विषय क्यों विस्तृत हुए ? कविताएँ क्यों प्रदीर्घ हो उठीं ? इसका उत्तर देना मेरे बस का काम नहीं है। मेरे लिए, वस्तुतः, यह एक सवाल ही है।

मैं उन सौभाग्यशाली व्यक्तियों में से हूँ, जिसे अपने गली-कूचे में रहनेवालों का स्नेह प्राप्त हुआ। वे मेरी ही भाँति छोटी-छोटी हस्तियाँ हैं। किन्तु उनके पेचीदा संघर्ष, अथाह प्रेम करने का उनका हार्दिक सामर्थ्य, और बौद्धिक जिज्ञासा के साथ-ही-साथ, उनकी साहसिक पहल, उसकी रोमैंटिक कल्पना, उनकी राजनीतिक आशा-आकांक्षाएँ, उनके समाजनैतिक स्वप्न मेरे चारों ओर चक्कर लगाने लगे। मेरी परिस्थिति अब विस्तृत हो गई, वह फैलकर मैदान बन गई, मैदान बनकर फैलती हुई वह पूरी पृथ्वी बन गई। मेरी चहारदीवारी अब पीछे-पीछे हटने लगी और क्षितिज में विलीन होती हुई दिखाई दी। चेहरे अब सुन्दर हो उठे। मनोहर ज्योति से चमकती आँखें अब मुझसे बातचीत करने लगीं। उनमें से एक अरुण दीप्तिमान मुख न मेरे व्यक्तित्व पर लगे हुए ज़माने के रहे-सहे कीचड़ को भी धो डाला। मैं एकबारगी मुक्त और स्वतंत्र हो उठा।

यह एक नया जीवन्त वास्तव था। इस वास्तव में संघर्षशील मनुष्य की अनगिनत परिस्थितियाँ, मनःस्थितियाँ और वस्तु-स्थितियाँ थीं। उन्हें कुछ व्यापक सामान्यीकरणों में ढालकर काव्य-रूप देने की आवश्यकता थी। मैंने उस दिशा में शक्ति-भर कोशिश की है। प्रदीर्घ-कविताएँ उसी की उपज हैं। मैं चाहता हूँ कि आगे इसी काव्य-प्रकार को और भी अधिक सुधारूँ। उसमें अधिक दीप्ति और प्रकाश लाऊँ। मैंने इन्हीं विचारों से प्रेरित होकर एक लम्बी प्रणय-सम्बन्धी कविता भी लिखी है।

यह बात सन्देह के परे है कि सच्चा आशावाद मनुष्य की ज्वलन्त वास्तविक ऊष्मा से उत्पन्न होता है, केवल भविष्य-स्वप्न से नहीं।

आज की परिस्थितियाँ ऐसी हैं कि जब कष्ट-ग्रस्त मानव-श्रेणी को अपने उद्धार का रास्ता स्वयं अपने हाथों बनाना होगा। निःसन्देह, इस मानव-श्रेणी की राजनीति और समाजनीति टुच्ची-ओछी स्वार्थग्रस्त राजनीति नहीं है। उसके पास न केवल एक विश्व-स्वप्न है, वरन् विश्व के क्रान्तिकारी अनुभवों का एक ख़ज़ाना भी है। भले ही हिन्दी साहित्य में इस परम्परा का व्यापक विकास न हुआ हो, किन्तु इस परम्परा की प्रेरणा कुछ हृदयों को तो आकुल कर ही सकती है।

आज के मेरे-जैसे कवि के सामने मुख्य प्रश्न यह नहीं है कि शिल्प का विकास किस प्रकार किया जाए, वरन् यह है कि जीवन तथा हृदय पर नित्य आघात-प्रत्याघात करनेवाले कारणों को किस प्रकार समेटा जाए। उन्हें किस प्रकार काव्य में रूपबद्ध किया जाए। वास्तविकता तो यह है कि आज के ज़माने में मेरे लिए मुख्य प्रश्न कॉण्टेंट

की कमी और शिल्प के आधिक्य का नहीं, वरन् कॉण्टेंट के अतिरेक और शिल्प की अपर्याप्तता का है। इसीलिए, मेरी मुख्य समस्या यह है कि कॉण्टेंट के वैविध्य को किस प्रकार समेटा जाए, किस प्रकार उसे रूपबद्ध किया जाए।

तारसप्तक के इस नये संस्करण में, मैं अपनी एक ताज़ा कविता सम्मिलित कर रहा हूँ। उसके सम्बन्ध में एक विशेष निवेदन यह है कि इस कविता में जानबूझकर जो रूपक बाँधा गया है, वह साभिप्राय और सोद्देश्य है। भारत के कुछ सक्रिय राजनीतिक क्षेत्रों में—जिसका कि मुझे व्यक्तिगत निजी अनुभव है—जनता को ढोर समझा जाता है। साथ ही उससे भय भी अनुभव किया जाता रहा है। हाँ, यह रुख या भाव अख़बारों से, मंच से, नहीं प्रकट किया जाता, अथवा ड्राइंगरूमों में भी नहीं बताया जाता। यह भाव प्रकट किया जाता है, निजी बैठकों में, निजी मंडली में। शासक-वर्गों के इस लोक-भय से विक्षुब्ध होकर ही, 'लकड़ी का रावण' शीर्षक कविता लिखी गई है। हाँ, कविता की शैली नितान्त आत्मपरक है, और तथाकथित प्रगतिशील व्याख्याकार यह अर्थ लगा सकते हैं कि मैं उस भावना का भागी हूँ। किन्तु कोई भी मर्मज्ञ पाठक इस कविता के वस्तु-सत्य तक सहज पहुँचकर निर्णय कर सकता है।

[रचनाकाल सम्भवत: 1963-64। तारसप्तक के दूसरे संस्करण के लिए लिखा गया किन्तु अप्रकाशित वक्तव्य]

नई कविता एवं मेरी रचना-प्रक्रिया

यह विषय मेरे लिए नया है। कोई सोच नहीं सकता कि वह किस तर्ज से लिखता है। आधुनिक काव्य की जो रचना-प्रक्रिया है, उस पर निर्णय लेना पाठकों का कार्य है। आधुनिक यथार्थ के कुछ बिम्ब आधुनिक काव्य-प्रक्रिया के अंग हैं। जिस तरह की काव्यधारा चली, या जैसी शैली चली, उसका प्रभाव मुझ पर भी पड़ा। कारण कुछ भी हो, कह नहीं सकता, शायद इसलिए कि हिन्दी साहित्य के बड़े-बड़े केन्द्रों से मेरा निकट का सम्बन्ध रहा या और भी कुछ। फिर सारी स्थितियों के घात-प्रतिघात भी रचना-प्रक्रिया का अंग बनते हैं।

सामाजिक संवेदन का प्रभाव शैली पर पड़ता है। आधुनिक काव्य-प्रक्रिया पर भी यह प्रभाव है, ऐसा मैं मानता हूँ। अद्यतन प्रवृत्ति उसमें है कि नहीं, [मैं नहीं] कह सकता। जिनका प्रभाव हम सब पर होता है, उनकी क्रिया-प्रतिक्रिया लेखक पर, कवि पर भी होती है। वह प्रतिक्रिया न केवल मेरी कविता बल्कि नई काव्य-प्रक्रिया पर भी है।

शैली आदि की बात छोड़ दीजिए। साधारण तौर पर मेरे मन में यदि किसी बात की प्रतिक्रिया होती है तो क्षण दो क्षण के लिए [नहीं] होती, बल्कि वह परिस्थिति काफ़ी देर तक बनी रहती है, एक विशेष प्रकार का परिवेश बना रहता है। मैं काफ़ी दिनों तक चिन्तन एवं संवेदनात्मक स्थिति में डूबा रहता हूँ। उदाहरण के तौर पर, गत वर्ष मेरी एक पुस्तक जब्त हो गई। तत्काल कोई गहरी प्रतिक्रिया नहीं हुई। मुझ पर तुरन्त कभी कोई प्रतिक्रिया नहीं होती, और होती भी है तो काव्य रूप में नहीं। और यदि मैं उसे काव्य रूप में प्रकट करूँ तो असफल हो जाऊँगा। पुस्तक ज़ब्त होने की प्रक्रिया अभी कुछ दिन पूर्व अकस्मात् हुई और कविता की कुछ पंक्तियाँ बनीं :

जल रही है लाइब्रेरी
पार्सिपालिस की
मैंने सिर्फ़ नालिश की
मैंने सिर्फ़ नालिश की
अँधेरी जिस अदालत में...

उक्त कविता अधूरी है। अभी अधूरी है, बन जाएगी तो काव्य के पूरे पहलू सामने आएँगे। पुनः लिखने पर सारी सुषुप्त भावनाएँ जाग्रत् हो जाती हैं। जब कभी भूल जाता हूँ तो कविता अधूरी रह जाती है। उसी तरह जब कभी कोई अधूरी कविता छह महीने-साल-भर में उठाता हूँ तो सूत्र मिल जाता है। और पूरा स्ट्रक्चर बन जाता है। कविता के पूर्ण हो जाने पर पूर्ण शान्ति मिलती है।

लेकिन जब तक यह विश्वास नहीं हो जाता कि जो कुछ मुझे कहना था, वह कविता में कह सका हूँ, तब तक शान्ति नहीं मिलती। यही कारण है कि मेरी बहुत-सी कविताएँ प्रकाशित नहीं हुईं। बहुत-सी रचनाएँ अधूरी पड़ी हैं। जिन्हें जानता हूँ कि व्यर्थ हैं, उन्हें ख़त्म करता जाता हूँ।

मानव-मन या मानव-मूल्य पर चोट पहुँचानेवाली कोई बात होती है तो संवेदनशील चिन्तन मन-ही-मन चलता रहता है। बिम्ब रूप पूरा कैसे होगा, कह नहीं सकता, पर डूब जाऊँ तो शाखा-प्रशाखा अपने आप निकलती जाती है और पूरी बात, पूरा चित्र आ जाता है। कहाँ तक प्रभावोत्पादक है—मैं नहीं जानता। इस सम्बन्ध में मेरी स्थिति बहुत दुविधाजनक है, क्योंकि मैं कवि के साथ-ही-साथ आलोचक भी हूँ और जो कवि आलोचक भी होता है, उसकी ऐसी-की-तैसी हो जाती है।

कुछ कमज़ोरियाँ भी हैं। कभी-कभी लगता है, यह कमज़ोरी नहीं है। वस्तुतः मैं बिना चित्र प्रस्तुत किये, लिखता नहीं। यदि लगता है कि मेरा चित्र यथार्थ नहीं है तो नहीं लिखता—कोई भी विचार यदि अभिभूत कर देता है तभी ठीक से लिख पाता हूँ।

मैं कविता में लय को आवश्यक मानता हूँ। इससे कुछ-न-कुछ नियंत्रण रहता है। कविता में विन्यास बड़ी बात है, बिम्ब से भी अधिक महत्त्वपूर्ण है विन्यास। कथ्य शृंखलाबद्ध रूप से आना चाहिए। विन्यास तब तक ठीक नहीं होगा जब तक शृंखला न हो। कवि-कर्म अत्यन्त महत्त्वपूर्ण है। विन्यास से अंकुश रहता है। भाव इधर-उधर भटकते नहीं। अंकुश इसलिए ज़रूरी है कि सही-सही बिम्बों को बाँधकर रखता है। कविता पूरी हो जाने के बाद विन्यास किया जा सकता है। मेरा यह अपना ख़याल है। मैं तो उसे एक स्तर से देखता हूँ। विन्यास का वास्तविक स्वरूप सामने सुषुप्त अवस्था से जाग्रत अवस्था में आने पर आता है। मेरी बहुत-सी कविताएँ मुझे अधूरी लगती हैं। ढूँढ़ता हूँ तो लगता है, कोई बात और थी जो इसमें नहीं है। इसी प्रक्रिया को कुछ आलोचकों ने कृत्रिमता बताया है। मैं इस आरोप को नहीं मानता। तत्त्वगत, आकारगत संवेदना आ जाए तभी कविता पूर्ण होती है।

[17 दिसम्बर, 1963 को प्रायोजित परिसंवाद में वक्तव्य। रिपोर्ट जबलपुर समाचार, 5 जनवरी, 1964 में प्रकाशित। नई कविता का आत्मसंघर्ष, दूसरा संस्करण, 1983 में और अब रचनावली में पहली बार दूसरे संस्करण में संकलित]

◆◆◆